《课程思政教学研究》
编委会

学术顾问（按姓氏笔画排序）

冯　俊　孙正聿　张异宾　张勇传　潘　垣

主　编

董尚文

副主编

杨海斌　程新宇

编　委（按姓氏笔画排序）

杨家宽　别祖云　张廷国　张明新　张勇慧
岳　奎　周华民　夏增民　倪素香　徐　敏
高　亮　梅景辉

编辑部成员（按姓氏笔画排序）

叶金州　闫俊懂　杨海斌　吴兰丽　邹维瑁
闻　骏　徐　敏　董尚文　程新宇　舒年春
廖晓炜

CNKI中国知网学术文献总库收录
https://www.cnki.net

主　编　董尚文

课程思政教学研究

第3辑·第2卷
(总第6卷)

主　管　华中科技大学
主　办　华中科技大学哲学学院
　　　　华中科技大学课程思政教学研究中心

华中科技大学出版社
http://press.hust.edu.cn
中国·武汉

图书在版编目(CIP)数据

课程思政教学研究. 第3辑. 第2卷:总第6卷/董尚文主编. -- 武汉:华中科技大学出版社,2024.6. -- ISBN 978-7-5772-0997-5

Ⅰ.G641

中国国家版本馆CIP数据核字第2024V6S065号

课程思政教学研究　第3辑·第2卷(总第6卷)　　　　　　　　　　董尚文　主编
Kecheng Sizheng Jiaoxue Yanjiu　Di 3 Ji·Di 2 Juan (Zong Di 6 Juan)

策划编辑:周晓方　杨　玲

责任编辑:苏克超

封面设计:原色设计

责任校对:张汇娟

责任监印:周治超

出版发行:华中科技大学出版社(中国·武汉)　　　电话:(027)81321913
　　　　　武汉市东湖新技术开发区华工科技园　　　邮编:430223

录　　排:华中科技大学出版社美编室

印　　刷:湖北恒泰印务有限公司

开　　本:787mm×1092mm　1/16

印　　张:15.75　　插页:4

字　　数:283千字

版　　次:2024年6月第1版第1次印刷

定　　价:78.00元

本书若有印装质量问题,请向出版社营销中心调换
全国免费服务热线:400-6679-118　竭诚为您服务
版权所有　侵权必究

办好《课程思政教学研究》，助力高等学校立德树人。

潘垣

题于喻家山麓

2021年9月

———— 中国工程院院士潘垣教授为本集刊题词 ————

科学术真
人文扬善
思政教育
净化灵魂

辛丑 智仁

中国工程院院士张勇传教授为本集刊题词

导言

习近平总书记在党的二十大报告中指出,教育、科技、人才是全面建设社会主义现代化国家的基础性、战略性支撑。思政教育正是全面贯彻党的教育方针、落实立德树人根本任务的关键所在。高校教师须深入把握中国特色社会主义教育强国建设规律和高校思政教育规律,持续开创高校思政教育新局面,不断丰富建设教育强国的生动实践,为我国现代化建设强化人才支撑。《课程思政教学研究》也秉持着这种精神,乘时代潮流大步向前迈进,切实体现着我们对时代号召的回应。我们将一如既往砥志研思、力学笃行。

本卷理论研究部分共 4 篇论文。马丽的论文《习近平关于劳动教育重要论述融入课程思政教学路径研究》细致地探讨习近平关于劳动教育重要论述融入课程思政教学的路径和方法。后三篇文章均采用以点带面、以小见大的形式进行课程思政理论研究。闭思明的论文《新媒体时代下应用文写作课程思政的策略研究》揭示了应用文写作课程思政教育的价值意义,提出与时俱进开拓思政教育的策略及途径,即"三个创新三个促进":创新教育理念,促进应用技能培养与思政教育有机融合;创新教育内容,促进教材内容与新媒体教育资源有机融合;创新教育形式,促进传统教学方式与新媒体教学手段有机融合,从而提高课程思政教育成效。胡随的论文将《愚公移山》的文学背景、创作环境与图像分析结合,从三方面深入探究了作品所具有的首创精神、拼搏精神、共进精神,并试图以此为切入点开展课程思政,在提升学生的专业素养的同时,促进其养成使命感、责任感。赵祚福、汪波的论文《高校网球课程思政元素:挖掘、渗透与融合》从"网球课程思政元素"的角度出发,论述了高校网球课程思想政治教育的重要性，挖掘高校网球课程可融入的思政元素，探究了思政元素与网球教学的融合方式。

本卷实践探索部分共4篇论文。以张瑜、杨振坤、康彦青、高英为共同作者的论文，探讨了"应用电工技术"课程的思政融入目标设计及内容和元素分析与研究的实践方法，并基于目标设计完成了具体的应用实施。以云茂金、王美、刘眉洁、王进、郝伟、滕冰为共同作者的论文是他们多年的"物理光学"教学实践和探索的结晶，论文结合"物理光学"课程实用性强、时代性突出的特点，对课程教学内容进行进一步梳理，深挖教学内容所蕴含的课程思政元素，将其有机融入课堂教学。徐彤、赖祎华的论文基于情境模拟的交替传译教学模式，尝试构建多维度的量表评价体系，并进行量表的信度与相关性研究，探索交替传译课程思政教学中运用情境模拟法对于学生专业口译技能与思政素养双提升的成效及各维度间的相关性，进而提出相应教学建议。张佳音、任宇涵、张建勋的论文《基于Rubrics量表的课程思政评价研究与设计》试图通过不断改进，将Rubrics量表变成教学评价、课程思政评价的利器。

本卷教学设计部分共5篇论文。前两篇为理工科类：张勇撰写的《"大学物理"课程思政教学案例研究》对"大学物理"课程进行了课程思政教学设计；安树、王勇、郭鑫撰写的《"信号与系统"课程思政教学建设与实践》对"信号与系统"课程进行了课程思政教学设计，并探索了实施方法。后三篇为社科类：王琼、肖华东对"金融风险管理"课程进行了课程思政教学设计；汪媛媛、陈发祥、程玉凤以高校大学生心理健康课程思政教学改革与实践为基点，对"大学生时间管理"进行了课程思政教学设计；吴艳的论文对"国际贸易理论"的课程思政教学进行了探索和设计。

本卷增加了热点研讨专题，编发了6篇关于"习近平新时代中国特色社会主义思想概论"课程的教学研究和改革论文。其中，覃愿愿基于湖北省某高校课程调研的分析，以"讲好中国故事"为重要抓手，探讨了如何推动习近平新时代中国特色社会主义思想更好入脑入心、见行见效。江文路、彭佳捷的论文《人工智能赋能"习近平新时代中国特色社会主义思想概论"课程的逻辑理路、创新进展与优化路径》强调，应以大数据、人工智能为核心，构成数字引擎，赋能高校思政课程，推进课程的数字化、智能化建设，切实提高习近平新时代中国特色社会主义思想进教材、进课堂、进学生头脑的实效。潘博、邓帅的论文探索了"习近平新时代中国特色社会主义思想概论"课程实践教学环节的优化路径。翁俊芳的论文具体阐释了"习近平新时代中国特色社会主义思想概论"课程教学的数字化转型的趋势、困境与出路。李文爽、吕宏山讨论了"习近平新时代中国特色社会主义思想概论"课程教学目前存在的现实问题与优化对策。王锐则以"习近平新时代中国特色社会主义思想概论"课为例,分析和论述了校本资源融入高校思政课教学体系的路径。

本卷观点撷英部分以"课程思政教学研究的新进展"为主题,介绍了第二届全国"课程思政教学研究"学术研讨会中与会学者在课程思政教学研究方面取得的成绩,以及他们在会议发言中表达的主要观点。

《课程思政教学研究》已开设独立公众号("课程思政教学研究"),公众号定期更新部分推文,并贴出了征稿启事、会议通知等。欢迎广大高等教育工作者积极关注、踊跃投稿。

目 录

理论研究   1

习近平关于劳动教育重要论述融入课程思政教学路径研究   马 丽   3
新媒体时代下应用文写作课程思政的策略研究   闭思明   12
徐悲鸿《愚公移山》作品中的课程思政元素探析   胡 随   21
高校网球课程思政元素：挖掘、渗透与融合   赵祚福 汪 波   29

实践探索   43

高校工科类教材融入思政元素的路径探索与实践——以"应用
电工技术"教材为例   张 瑜 杨振坤 康彦青 高 英   45
"物理光学"课程思政教育的探索与实践   云茂金 王 美 刘眉洁
   王 进 郝 伟 滕 冰   59
基于情境模拟的交替传译课程思政教学研究   徐 彤 赖祎华   65
基于 Rubrics 量表的课程思政评价研究与设计   张佳音 任宇涵
   张建勋   80

教学设计　　　　　　　　　　　　　　　　　　　　　99

"大学物理"课程思政教学案例研究　　　　　　　　张　勇　101

"信号与系统"课程思政教学建设与实践　安　树　王　勇　郭　鑫　110

"金融风险管理"课程思政建设的探索与实践　　王　琼　肖华东　121

高校大学生心理健康课程思政教学改革与实践——以"大学生
　　时间管理"为例　　　　　　　　汪媛媛　陈发祥　程玉凤　129

"国际贸易理论"课程思政实践与探索——以"比较优势
　　理论"为例　　　　　　　　　　　　　　　　　吴　艳　138

热点研讨　　　　　　　　　　　　　　　　　　　　　149

讲好中国故事：推动习近平新时代中国特色社会主义思想
　　入脑入心——基于湖北省某高校课程调研的分析　　覃愿愿　151

人工智能赋能"习近平新时代中国特色社会主义思想概论"
　　课程的逻辑理路、创新进展与优化路径　　　江文路　彭佳捷　163

"习近平新时代中国特色社会主义思想概论"课程实践教学环节的
　　优化路径研究　　　　　　　　　　　　　　潘　博　邓　帅　178

"习近平新时代中国特色社会主义思想概论"课程教学的数字化
　　转型：趋势、困境与路径　　　　　　　　　　　翁俊芳　189

"习近平新时代中国特色社会主义思想概论"课程教学的现实问题与
　　优化对策　　　　　　　　　　　　　　　李文爽　吕宏山　201

校本资源融入高校思政课教学体系的路径优化研究——以"习近平
　　新时代中国特色社会主义思想概论"课为例　　　　王　锐　213

观点撷英　　　　　　　　　　　　　　　　　　　　227

　　课程思政教学研究的新进展——第二届全国"课程思政教学研究"
　　　学术研讨会综述　　　　　　　　程新宇　伍　健　吴　皓　229

理论研究

习近平关于劳动教育重要论述融入课程思政教学路径研究

马 丽

摘要：全面加强劳动教育是中共中央、国务院和教育部为落实习近平关于劳动教育重要论述而对高校提出的相关要求，同时教育部要求全国各高校全面推进课程思政建设。本文从课堂教学和实践教学两个环节入手，探讨习近平关于劳动教育重要论述融入课程思政教学路径问题，为课程思政实践发展提供相关建议。

关键词：课程思政；劳动教育；路径研究

一、引言

2018年9月，习近平总书记在全国教育大会上的讲话中强调，要在学生中弘扬劳动精神，教育引导学生崇尚劳动、尊重劳动，懂得劳动最光荣、劳动

基金项目：西北大学2021年本科人才培养建设项目"习近平关于劳动教育重要论述专题课程"（项目编号：XM05211706）。

作者简介：马丽，西北大学马克思主义学院副研究员，主要研究方向为思想政治教育、马克思主义中国化。

最崇高、劳动最伟大、劳动最美丽的道理,长大后能够辛勤劳动、诚实劳动、创造性劳动,要努力构建德智体美劳全面培养的教育体系。2020 年 3 月,中共中央、国务院印发《关于全面加强新时代大中小学劳动教育的意见》(以下简称《意见》)。同年 7 月,教育部印发《大中小学劳动教育指导纲要(试行)》(以下简称《指导纲要》)。在此背景下,劳动教育被提到了前所未有的高度。

学术界从马克思主义劳动观、贯穿古今的劳动理念,以及对马克思主义劳动哲学的继承发展角度来研究习近平劳动教育思想的背景和理论来源。①② 学术界认为,充分尊重劳动、弘扬劳动精神、倡导诚实劳动、鼓励创造性劳动,以及劳动意识、劳动态度和劳动习惯都是习近平劳动教育思想的内容。③④ 另外,有学者提出研究该思想内容的意义和价值,认为研究它对于把握新时代劳动教育发展逻辑、促进"以劳动托起中国梦"目标的实现具有重大意义,它为新时代劳动教育的发展举旗定向,为培养适应新时代发展要求的高素质劳动者提供了根本遵循。⑤⑥ 近年来,对于课程思政方面的研究,学者们从课程思政与专业课、通识课的关系角度,提出课程思政需与学校各类课程有机融合,彰显隐性育人作用。⑦⑧ 课程思政应在润物细无声中立德树人,实现全方位育人目的。⑨ 将伟大建党精神融入高校课程思政能够实现高校课程思政的高质量

---

① 陈世润、王婷:《习近平劳动思想探析》,《学习论坛》2017 年第 11 期。
② 李珂:《习近平新时代中国特色社会主义劳动思想探析》,《思想教育研究》2018 年第 1 期。
③ 张由菊:《习近平劳动思想:基于中国梦视域中的考察》,《学术论坛》2016 年第 3 期。
④ 程德慧:《习近平新时代劳动教育观论析》,《职业技术教育》2019 年第 6 期。
⑤ 谭武、吴天琪:《习近平关于劳动教育重要论述的逻辑体系》,《思想政治课研究》2020 年第 3 期。
⑥ 刘芳芳、吴琼:《习近平关于劳动教育重要论述的思想内涵与时代价值》,《内蒙古社会科学》2021 年第 3 期。
⑦ 赵继伟:《"课程思政":涵义、理念、问题与对策》,《湖北经济学院学报》2019 年第 2 期。
⑧ 刘纯献、刘盼盼:《体育课程思政的内容、特点、难点与价值引领》,《体育学刊》2021 年第 1 期。
⑨ 张宁:《思想政治视域下高校体育教学融入课程思政元素路径研究》,《吉林工程技术师范学院学报》2022 年第 12 期。

发展,积极探索大思政背景下高校课程思政建设途径能够推动各要素协同育人,增强新时代育人合力。①②

目前,无论从高校课程的课堂教学体系,还是实践教学体系看,习近平关于劳动教育重要论述和《意见》《指导纲要》精神方面的研究还有许多努力的空间。因此,在课程思政教学研究方面,我们需要首先从贯彻习近平关于劳动教育重要论述的角度,探讨课程思政教学体系中的着力点。其次从课程思政的整体性角度,开展习近平关于劳动教育重要论述的融入问题。最后从实践教学中更好地贯彻《意见》《指导纲要》精神的角度,探讨提升课程思政教学质量的路径问题。

二、存在的问题

习近平关于劳动教育重要论述融入课程思政教学,能够切实帮助大学生体悟习近平劳动教育重要论述的意蕴和价值,掌握《意见》《指导纲要》精神的实质和精髓,从而为高校人才培养目标的达成奠定基础。要想达到这一教学目的,目前还存在以下问题。

(一)习近平关于劳动教育重要论述融入课程思政教学的合理性依据

1. 内容相关性问题

新时代背景下的高等教育发展,需要高校坚定不移地走以质量提升为核心的内涵式发展道路,这样也要求高校充分发挥人才培养、科学研究、社会服务和文化传承创新四大基本职能。因而,劳动与教育相结合历来在我国教育体系中占有重要地位。习近平关于劳动教育重要论述是在继承毛泽东的劳动观及改革开放后劳动教育相关内容的基础上形成和发展的,这些内容之间本身具有相关性。因此,习近平关于劳动教育重要论述的相关内容能够比较容易地与高校所开设课程的内容相契合。

---

① 张友坤、刘有升、陈丽静:《中国共产党人的精神谱系融入高校课程思政教学研究》,《中国大学教学》2022年第6期。

② 杨波、苏波:《大思政背景下高校课程思政建设刍议》,《学校党建与思想教育》2022年第12期。

2. 目标一致性问题

高校开设课程的育人目标,是培养中国特色社会主义事业的合格建设者和可靠接班人。习近平关于劳动教育重要论述的主要使命是让学生牢固确立"四个最"(劳动最光荣、劳动最崇高、劳动最伟大、劳动最美丽)的劳动价值观,长大后能够辛勤劳动、诚实劳动、创造性劳动,能够为中华民族伟大复兴做出自己应有的贡献。因此,高校课程思政育人目标和习近平关于劳动教育重要论述的主要使命之间是高度统一的,也即二者的目标是一致的,这也为习近平关于劳动教育重要论述融入课程思政教学提供了合理依据。

(二)习近平关于劳动教育重要论述在课程思政教学体系中的着力点

1. 丰富课程思政教学内容

新时代劳动教育的主要使命就是让学生牢固确立"四个最"的劳动价值观,课程思政可以有重点地纳入劳动创造人本身、劳动创造历史、劳动创造世界、劳动不分贵贱等劳动观。同时,在具体过程中,可以将歌颂劳动模范、歌颂普通劳动者的内容作为教学案例,充分阐释中华民族勤劳节俭、艰苦奋斗、百折不挠的精神,从而加强对学生诚实劳动、合法劳动、辛勤劳动等方面的教育,这些都将在教学内容上充实和丰富课程思政的教学内容。

2. 贯穿课程思政教学环节

习近平关于劳动教育重要论述的核心是构建德智体美劳全面培养的教育体系,从而形成更高水平的人才培养体系。这些重要论述的讲授不但应重点体现在课程思政的教学环节中,也要注意和高校所开设的公共课程、专业课程的内容相衔接。所以习近平关于劳动教育重要论述在课程思政中的着力点,应当是将其渗透进相关课程教学环节的全过程。

(三)习近平关于劳动教育重要论述融入课程思政教学的制约性因素

1. 大学生价值观多元化对融入的影响

大学生价值观多元化主要表现为理想信念不坚定、个人主义和利己主义倾向明显、急功近利、价值目标功利化、拒绝崇高、追求娱乐至上、拜金主义等,这些价值观对于劳动教育重要论述的融入会产生消极影响。所以,教师们需要发挥课程思政"隐性育人"的作用,引导学生树立正确的价值观。

2. 教师对相关内容的掌握程度对融入的影响

教师对习近平关于劳动教育重要论述的掌握程度也会影响其融入的效果,如果教师对于这部分内容不熟悉,不能融会贯通地与高校所开设课程的原有教学内容相结合,学生学习起来感觉这部分内容很生硬,就会影响学生的学习效果。所以,任课教师应准确理解习近平关于劳动教育重要论述的时代内涵及实践路径,做到真学、真懂、真信、真用,为传播正确的劳动价值观保驾护航。

3. 高校传统授课方式对融入的影响

部分高校在课程思政教学开展过程中,存在着对知识点的讲授较多而对学生价值观的塑造较少,注重课堂教学环节而实践教学环节较少的情况,这些因素都会影响融入的效果。陈宝生在《人民日报》上撰文,提出对学生的劳动教育不仅要有质的要求,还要有量的规定,不能停留在一般号召上,更不能在课上"听"劳动、在课外"看"劳动、在网上"玩"劳动,要坚决防止形式主义,防止弄虚作假和走过场。① 所以,为达到正确的劳动价值观塑造的目的,高校课程的课堂教学和实践教学的有效结合就显得尤为重要。

三、相关路径

针对习近平关于劳动教育重要论述融入课程思政教学存在的问题,可以尝试通过课堂教学和实践教学两方面的有效结合来予以解决。具体来说教师可以通过专题讲授、任务驱动和项目实践的方法,寻找有利于学生接受劳动教育理念、便于学生体验劳动教育内容的具体路径,从而实现习近平关于劳动教育重要论述融入课程思政教学的目的。

(一)注重课程整体设计,抓好课堂教学活动

在开展好高校各门课程正常的教学工作之外,可以利用课程的教学全过程,以专题讲授、任务驱动等方式,进行习近平关于劳动教育重要论述的融入。

1. 采用专题讲授方法进行课程思政的整体设计,守好课程育人阵地

教师结合教学实践经验,可以采取专题教学法对习近平关于劳动教育重

---

① 陈宝生:《全面贯彻党的教育方针 大力加强新时代劳动教育》,《人民日报》2020 年 3 月 30 日。

要论述分层次进行专题讲授。比如将相关内容设计成专题,即毛泽东劳动观专题、改革开放至党的十八大前的劳动教育专题、习近平劳动教育专题,这些专题均需明确学生应掌握的知识、能力和素质目标,以增强教学内容的针对性。具体课堂教学中,可以让学生通过演讲、讨论、辩论的形式参与具体的课堂教学环节。

第一,毛泽东劳动观专题。这一专题主要包括两部分内容:社会主义改造理论和社会主义建设道路初步探索的理论成果。学生课堂参与的主题为:把握历史脉络、树立民族自豪感。具体活动为:"做可靠的职业人"——理论与实践结合。

第二,改革开放至党的十八大前的劳动教育专题。这一专题主要包括两部分内容:社会主义根本任务理论和科学发展观的主要内容。学生课堂参与的主题为:实践科学发展。具体活动为:本专业如何学习和实践科学发展观?

第三,习近平劳动教育专题。这一专题主要包括四部分内容:坚持与发展中国特色社会主义的总任务、"五位一体"总体布局、内政外交战略、依靠力量与领导核心。学生课堂参与的主题为:如何理解"坚持和发展什么样的中国特色社会主义"。具体活动为:演讲、辩论,实现理论内化。

2. 采用任务驱动方式组织课程思政的课堂教学活动,构建活动育人体系

在具体教学过程中,教师可以按照任务驱动方式组织学生进行"读、写、讲、演"的教学环节,构建"四位一体"活动育人体系,将习近平关于劳动教育重要论述融入课堂活动,不断推进其与教学内容、学生兴趣充分融合,从而提升课堂教学质量。

学生在"读、写、讲、演"环节中的"读",主要指的是学生需要阅读的经典文献和资料,比如《马克思恩格斯全集(第二十五卷)》《劳动·交往·实践:论哈贝马斯对历史唯物论的重建》《发展的反思与探索——马克思社会发展理论的当代阐释》《马克思主义经典作家关于劳动价值理论和剩余价值理论的基本观点研究》《马克思生态文明思想及其当代影响》《习近平向全国广大劳动者致以"五一"节问候》《习近平谈劳动:最光荣、最崇高、最伟大、最美丽》《习近平主持召开中央全面深化改革委员会第十一次会议》《习近平:在教育文化卫生体育领域专家代表座谈会上的讲话》《习近平:在全国劳动模范和先进工作者表彰大会上的讲话》等内容。

教师要求每位学生要认真品读指定的经典文献和资料,鼓励学生以文字的形式表达对劳动教育观的见解和认识,组织学生开展形式多样的课堂展示活动,最后通过情景再现的方式,由学生扮演劳模、英雄来再现事件和故事的内容,力求通过这些环节让正确的劳动价值观深入学生心中。

(二)建设实践育人模式,营造文化育人氛围,筑牢网络育人平台

课程思政的具体实践教学设计,可以采用"项目"的形式来实现。教师可以对课程的实践教学进行一体化设计,通过树立职业榜样、面对"职业人"角色定位,再到实地进行职业岗位实践,整个内容可以贯通课程教学过程。比如根据与劳动教育内容相关的原则,将这部分教学内容分为三个实践主题,从而培养学生树立劳动最光荣、劳动最崇高、劳动最伟大、劳动最美丽的劳动价值观。

首先,将劳动教育融入实践教学,建设实践育人模式。引导学生在实地参观、实地劳动的体验中感悟正确的劳动价值观,在实践中升华对劳动价值观的认识。实践教学主题一:如何理解新时代宏伟蓝图的实现路径和发展思路?具体活动为:参与到实际的岗位中工作,提升职业素质。

其次,将劳动教育融入校园文化,营造文化育人氛围。构建以贯彻《意见》《指导纲要》精神为统领的全方位的校园文化,在潜移默化中让学生接受正确的劳动价值观教育。实践教学主题二:提升国际意识和世界眼光。具体活动为:以祖国完成统一是中华民族的共同心愿为主题,进行校园文化宣传。

最后,将劳动教育融入网络平台,筑牢网络育人平台。加强红色网站建设,以"两微一站"为平台,通过丰富的素材和多样化的互动方式,不断推进《意见》《指导纲要》精神入脑入心。实践教学主题三:爱党、爱人民。具体活动为:我为社会做贡献——走进社区和乡村进行志愿者服务。

(三)课程思政中劳动育人实践教学和高校其他劳动育人环节相衔接

高校劳动育人环节具体包含思想政治教育、创新创业教育和劳动教育等,课程思政中劳动育人实践教学和高校创新创业教育、劳动教育之间应该协同发力,共同提高劳动育人作用。

1.与各专业的实习实践环节相结合

课程思政中劳动育人的实践教学环节需要前往企业、科研机构、城镇乡村

参加实际的劳动,如果这项实践教学环节能够得到各专业的专业课教师指导,能够与学生各自专业的实习实践环节相结合,则可以达到事半功倍的效果,也能够让学生亲身体会到新时代劳动价值观的具体意义。

2. 与高校创新创业教育环节相结合

高校创新创业教育需要有全方位的校园文化氛围,能够更好地在大学生中进行宣传。同时,进行创新创业申请的大学生必须受到正确劳动价值观的引领,才能保障大学生在创新创业道路上保持正确的政治立场和意识形态。因此,创新创业教育所需的校园文化氛围、网络平台宣传,可以与课程思政实践教学所需的校园文化宣传、网络平台等资源相结合。两者可以同步宣传各行各业的劳动模范、大国工匠及人民英雄等榜样,帮助大学生树立正确的劳动价值观。

3. 与高校社会实践志愿者服务环节相结合

课程思政的实践教学环节中有深入社区和乡村进行志愿者服务的环节,与高校共青团举办的各类社会实践的志愿者服务工作有重合的地方。因此,两方面工作可以互相结合,充分利用各类劳动教育资源,结合校外劳动实践基地,加强城乡学生的互动交流,开展学农、学工、学艺等劳动体验活动,让学生在具体实践过程中形成正确的劳动价值观。

四、结论

为响应《意见》《指导纲要》要求,习近平关于劳动教育重要论述融入课程思政教学的路径,可以从习近平关于劳动教育重要论述的时代内涵和价值意蕴贯通课程思政课堂的全过程入手,探讨课程思政在新时代如何融入习近平关于劳动教育重要论述及贯彻落实《意见》《指导纲要》精神的问题。

教师可以通过在课程思政中进行专题讲授、任务驱动、项目实践等教学环节,促使学生通过"读、写、讲、演"等方式参与到课堂教学中来,以把握习近平关于劳动教育重要论述的科学内涵和精神实质,深入贯彻落实《意见》《指导纲要》精神,帮助大学生把握好劳动教育的精髓和内在逻辑为目的。同时,教师要设计好校内实践与校外实践、课堂实践与课外实践、集中实践与分散实践、自我实践与社会实践等多种形式,让学生主动参与实践教学环节。在教学形式上表现为案例分析、专题讨论、主题辩论、社会调研、参观考察、志愿服务等,并采取与各专业实习实践、创新创业教育、社会实践志愿者服务相结合的办法,将课程思政中劳动育人内容与高校其他劳动育人环节相连接。

综上所述,教师和高校要通过多形式和多层次的课堂教学和实践教学活动,有效提高学生参与课程思政教学环节的积极性,使学生增加知识、增长才干,帮助学生树立正确的劳动价值观,做中国特色社会主义的合格建设者和可靠接班人。

新媒体时代下应用文写作课程思政的策略研究

闭思明

摘要：在新媒体时代背景下,高校应用文写作课程如何主动占领思政教育阵地,牢牢把握思政教育主导权,有效提升思政教育功能,是一项重要课题。本文结合教学实践,揭示应用文写作课程思政教育的价值意义,提出与时俱进开拓思政教育的策略及途径,即"三个创新三个促进":创新教育理念,促进应用技能培养与思政教育有机融合;创新教育内容,促进教材内容与新媒体教育资源有机融合;创新教育形式,促进传统教学方式与新媒体教学手段有机融合。从而提高课程思政教育成效。

关键词：新媒体时代;应用文写作;思政教育;策略

高校思政教育曾被认为仅属专职思政课教师的工作范畴,专业课程教师只需负责专业知识讲解。然而,随着经济社会的发展变化,当今世界正经历"百年未有之大变局",在社会变化加剧、不稳定性与不确定性明显增强的情形下,当代大学生对教师"排忧解难""释疑解惑"的思想和心理诉求甚至超过对"知识传授"的需求。习近平总书记在全国高校思想政治工作会议上指出:教师做的是传播知识、传播思想、传播真理的工作,是塑造灵魂、塑造生命、塑造

作者简介：闭思明,上海开放大学航空运输学院,讲师,文学硕士。

人的工作。教师不能只做传授书本知识的教书匠,而要成为塑造学生品格、品行、品位的"大先生"。为此,党和国家在推行教育改革中强调要大力加强思政教育,所有课程都要具有育人的功能,全体教师都是立德树人的执行者,思政教育应参透各个学科和教学的各环节、全过程。本文结合教学实践,就新媒体时代背景下高校应用文写作课程如何主动占领思政教育阵地,把握思政教育主导权,有效提升思政教育功能等重要问题,进行一些探讨。

一、创新教育理念,促进应用技能培养与思政教育有机融合

应用文是各级党政机关、人民团体、企事业单位以及公民个人在处理和解决各种公私事务过程中形成并使用的具有广泛实用价值和惯用体式的文书。应用文写作课程是高校面向广大学生开设的基本技能培养课程,旨在帮助广大学生学习、掌握应用文写作的基础理论知识和实际应用技能。开展应用文写作课程思政教育,首先要创新教育理念,促进应用技能培养与思政教育有机融合。

(一)坚持正确的政治方向是应用文写作的本质要求

党政机关、人民团体、企事业单位在特定的范围内担负着组织、指挥、管理、服务的职责,而实施这些职责的基本工具,就是应用文中最常见的公文。大到国家机器的正常运转,小到一个企事业单位内部工作的有序开展,都跟公文的指挥、管理作用密切相关。《党政机关公文处理工作条例》第三条指出,党政机关公文是党政机关实施领导、履行职能、处理公务的具有特定效力和规范体式的文书,是传达贯彻党和国家的方针政策,公布法规和规章,指导、布置和商洽工作,请示和答复问题,报告、通报和交流情况等的重要工具。由此可见,党政机关公文具有鲜明的政治性、权威性、规范性,是传达贯彻党和国家方针政策,公布法规和规章,依法行政和进行公务活动的重要工具,在党和国家的建设管理中发挥着重要作用。除此之外,公文还是交流信息的重要载体,下行文中的公告、通告、公报、通知、通报,上行文中的报告、请示,还有作为平行文的函,都在促进交流信息、推动工作开展中不可或缺。决议、公报、公告、通报、会议纪要等文体,还有着很明显的宣传教育作用,针对现实生活中普遍存在的某一问题或认识的偏差,通过摆事实、讲道理,进行启发诱导,使大家明白应该确立什么立场,坚持什么原则,应该做什么、怎样做。而涉及公民个人处理公

私事务、表达意愿等应用文,对于个人遵纪守法、遵守单位管理规定、协调工作关系等都有积极作用。因此,无论是从事专业工作,还是从事行政事务,都要通过公文来传达政令政策、处理公务,以保证协调各种关系,保障工作正确高效地进行。这就要求在公文的起草、制作、实施的过程中,必须始终坚持正确的政治方向,坚持以习近平新时代中国特色社会主义思想为指导,坚持正确的立场、观点、方法,贯彻落实党的路线、方针和政策,遵循党和国家的政策法规,坚持实事求是、理论联系实际,以更好地处理各种情况和问题,及时有效地服务于经济社会发展。

(二)提高学生的政治思想水平是应用文写作课程的首要育人目标

立德树人是新时代中国特色社会主义高等教育的根本任务。习近平总书记在全国高校思想政治工作会议上明确提出,高校思想政治工作关系高校培养什么样的人、如何培养人以及为谁培养人这个根本问题。要坚持把立德树人作为中心环节,把思想政治工作贯穿教育教学全过程,实现全程育人、全方位育人,努力开创我国高等教育事业发展新局面。大学生正处于身体的发展成熟期和世界观、人生观、价值观的探索形成期,其思想道德素质和专业技能的发展如同硬币的两面,相互依存,不可或缺。从应用文写作课程来看,其教学育人目标包括提高政治思想水平、提高业务素养、提高思维能力、养成调查研究的习惯等方面。其中,提高政治思想水平是首要的而且是需要长期贯彻落实的育人目标。有学者认为,写作行为的主体和写作系统的枢纽,应用文写作者的政治素养已成为影响和制约写作活动主体的内在因素之一。与时代同步的应用文写作者,应当具备对国家政治背景、国际环境等历史与时政的"深度";具备中国传统文化、时代精神的"厚度";还应当具备文学修养、科学文化知识的"广度"。由此可见,在中国特色社会主义新时代,公文写作者必须具备较高的政治思想素质,以习近平新时代中国特色社会主义思想为指导,认真贯彻落实党的路线方针政策,全面贯彻落实新发展理念,将公文写作的政治性、专业性、规范性等要求,贯彻落实到公文起草、制作、实施的各个环节和全过程。正是从这个意义上说,高校应用文写作课程要深刻回答"培养什么人、怎样培养人、为谁培养人"的重大问题,要把加强思政教育摆在更加突出的重要位置,把提升学生的政治思想水平作为首要的育人目标。

（三）培育和弘扬社会主义核心价值观是应用文写作课程思政教育的切入点

一个国家、一个民族的核心价值观与其自身的历史文化发展有着密切的内在联系；开展核心价值观教育，是一个国家、一个民族传承文化基因、凝聚思想共识的必然要求。习近平总书记指出，社会主义核心价值观既体现了社会主义本质要求，继承了中华优秀传统文化，也吸收了世界文明有益成果，体现了时代精神。要坚持不懈培育和弘扬社会主义核心价值观，引导广大师生做社会主义核心价值观的坚定信仰者、积极传播者、模范践行者。应用型本科高校主动服务地方经济社会发展，面向行业设置专业，在教学中尤为重视知识的复合性、现实性和应用性，重视自身特色的凝练与塑造。因此，应用型本科高校思想政治教育在产教融合发展中更加重视教育的时代性、针对性、思想性、政治性，从而呈现出开放性、系统性、多样性、生本性等多方面特征。在高校课程思政教学中，尽管每一门学科的专业教学内容各有侧重，但是教师都应增强积极性、主动性和创造性，结合教学内容找准社会主义核心价值观的切入点，形成紧密联系的内容体系，使课程思政教育的内容更加丰富、更有吸引力，更有利于启迪学生、开发心智。应用文写作课程从写作者思想素质的要求到具体文种的写作格式训练和内容表达，往往蕴含着国家层面、社会层面、个人层面社会主义核心价值观的更高要求。因此，把社会主义核心价值观作为应用文写作课程思政教育的重要抓手，在大学生中旗帜鲜明地倡导社会主义核心价值观，并通过"润物细无声"的教学方式方法，将应用技能培养与思政教育有机融合，更深层次地影响大学生的思想认识与行为方式，全面提高大学生的政治思想水平，是高校立德树人的必然要求，也是广大教师的努力方向。

二、创新教育内容，促进教材内容与新媒体教育资源有机融合

进入21世纪以来，随着计算机、互联网、大数据、人工智能等新技术的迅猛发展和广泛应用，新媒体从根本上改变了人类社会的信息传播方式。在新媒体时代背景下，加强应用文写作课程的思政教育，既有机遇也有挑战。在全国高校思想政治工作会议上，习近平总书记强调，要运用新媒体新技术使工作活起来，推动思想政治工作传统优势同信息技术高度融合，增强时代感和吸引力。为此，我们要通过"互联网＋"等方式，创新教育内容，促进教材内容与新

媒体教育信息资源有机融合，深化思政教育的内涵，丰富思政教育的内容，提高思政教育的吸引力。

(一)确立"互联网＋"思政教育的目标方向

我们要积极顺应数字时代的发展潮流，确立"互联网＋"思政教育的目标方向，利用新媒体新技术对应用文写作课程实施重建与优化，加快教学内容及教学模式的改革创新，推动高校课程思政与"互联网＋"的深度融合。

首先，利用新媒体拓展应用文写作课程思政教育的新平台。新媒体承载着海量的信息，具有很强的开放性、互动性。在新媒体环境下，信息传播几乎没有任何限制，人们可以全天候、全时段、多领域、多方式地接收信息，还能在同一平台下发表观点，畅所欲言，相互交流。利用新媒体新技术，搭建云课堂、微课、慕课等教学平台，应用文写作教学可以解决以往开展思想政治教育时常用的"灌输式"教育方法，用更加开放的平台、更加丰富的内容，倡导学生积极践行社会主义核心价值观。比如，借助党政机关官方网站和"学习强国"等平台，有效利用触手可及的新闻报道和写作案例，如党和国家发布的法律、法规、规章、公告、通告、公报、通知、通报等，吸引学生的兴趣，激发学生的热情，让学生不仅了解、掌握党政机关公文的不同类型和各自特点，而且促进学生关心国家大事，加深对中国特色社会主义建设和成就的了解，增强"四个自信"，培养爱国主义精神，进而增强广大学生学好专业技能，为国家社会建功立业、做出贡献的历史使命感和责任感。

其次，利用新媒体拓展应用文写作课程思政教育的新内涵。相对于传统教学普遍存在的教学内容枯燥、案例老旧、教学形式单调等问题，借助新媒体新技术，通过云课堂、微课、慕课等教学平台，拓展深化"互联网＋"思政教育新模式，使应用文写作课程的教育内容更加鲜活，使社会主义核心价值观更加贴近学生生活，能够激发大学生的求知欲，在丰富多彩的教育内容中感知教育信息，在更加直观的教育环境中得到思想升华。比如，带领学生学习《中共中央国务院致北京第24届冬奥会中国体育代表团的贺电》，同时利用新媒体展示中国体育健儿拼搏夺冠的精彩场景，不仅让学生了解、掌握贺电、贺信等应用文的基本格式、内容特点，而且激发学生为国争光的爱国热情和团结奋斗的拼搏精神，在精彩生动的教学中提升思政教育的实际成效。同时，由于大学生已成为新媒体的重要使用群体，在应用文写作思政教育中，教师充分利用新媒体的开放性让学生进一步解放思想,增强学生主动思考、表达观点的兴趣,使学生对于教育内容能够从被动接受转变为主动接受。这不仅有助于转变大学生接受思想政治教育的学习习惯,从过去的"要我学"向"我要学"转变,而且对应用文写作学科的建设升级产生积极促进作用。

(二)拓展"互联网+"思政教育的教学内容

结合应用文写作课程的教学目标和内容设置,利用新媒体新技术拓展"互联网+"思政教育的教学内容,重点应加强以下两个方面的结合。

其一,加强课堂教育与课外教育的结合。教师可以利用新媒体新技术加强课堂教育与课外教育有机结合,带领学生制作微电影、微视频等,将丰富鲜活的课外信息资源向课堂教学延伸,向思政教育实践延伸。在拓展课堂教育内容、实现信息资源共享的同时,教师可以鼓励学生自由地表达情感、交流思想,把课堂上不便表达的想法借助微信、微博、QQ、抖音等平台和渠道进行自由表达,深化师生之间的情感交流、思想互动,使教师能够更好地开展思政教育,引领学生积极践行社会主义核心价值观。利用新媒体新技术,教师还可以通过超文本链接功能将有关思政教育的理论著作、时政资料等素材,以文字、图片、网页链接、视频等多种方式发布到新媒体平台上,并转成电子化信息资源库,从而极大地拓展"教学空间"。这既方便学生随时在平台上找到自己所需的资料内容,也缩短他们去图书室查阅文献的时间,帮助学生"时时可学、处处可学",增强学习的全面性、便捷性和可获得性,推动思政教育与时俱进、创新发展。

其二,加强显性教育与隐性教育的结合。显性教育是指学校有目的、有计划、有组织地开展的教学活动,其基本任务是按照教学计划要求,落实各项课程教学内容。传统思想政治教育比较注重显性教育,但由于教学内容以依托教材的课堂教学为主,教学形式以"灌输思想"为主,具有较大局限性,不能完全适应新媒体时代人们接收信息渠道多元、思想观念多元的情况。隐性教育则是指围绕宏观教育目的,通过无计划、间接、内隐的社会活动使学生不知不觉地受到教育的过程。隐性教育由于其具有教育目的和内容的内隐性、教育过程的愉悦性、教育途径的开放性、教育接受的自主性等特点,尤其适合开展新时代思想政治教育。因此,在加强应用文写作课程思政教育中,要重视将显性教育与隐性教育有机结合起来,不能偏废。换言之,基于"互联网+"的高校课程思政教学内容设定方面,不能完全利用网络课堂代替传统课堂,也不能将课堂教学内容单纯移到网络中,而应借助新媒体新技术,积极挖掘各种思想政治教育资源,通过融入式、嵌入式、渗透式等多种方式,将显性教学内容与隐性教学内容有机融合起来,通过新媒体新技术进行传播与展示,让广大学生在学习应用文写作的专业技能的同时,提高思想政治素质,进而达到"潜移默化、润物无声"的课程思政效果。

三、创新教育形式,促进传统教学方式与新媒体教学手段有机融合

新媒体时代背景下,除了要积极拓展"互联网+"思政教育的内容,还要与时俱进创新教育形式,创设开放式、互动型教学平台,增强师生互动,不断提高应用文写作课程思政教育的成效。

(一)依托新媒体平台,加强互动教学

思想政治教育针对的是人的思想,关键要入脑入心,所以要以一种思想启发另一种思想,以一颗心灵唤醒另一颗心灵。为此,在推进应用文写作课程思政教育的过程中,我们要坚持以教师为主导,以学生为主体,加强启发式互动教学。然而在当前的实际教学中,很多教师对这一教育教学理念并未能够真正身体力行。为了追求上课形式的"精彩",很多教师通过精心设计"套路",把教学变成单向输出知识的过程,如教学环节设计是格式化的,案例材料选择是相对固定的,讨论的问题是预设好的,甚至标准答案都是提前准备好的。这种满堂灌的"填鸭式"教学方式,由于没有充分发挥学生的主体作用,师生之间缺乏有效互动,教学过程虽然表面上看起来好似知识环环相扣、论证逻辑严密,但实际上没有摆脱传统教学方式的窠臼。而新媒体时代下的青年学生,最不愿意接受生硬的"说教",其教学效果可想而知。针对新媒体时代背景下经济社会发展多元、信息传播方式多元、学生思想观念多元等特点,在创新课程思政教学方式中,教师应充分利用新媒体新技术开放性强、互动性强、交流便捷的优势,依托网络信息技术创设互动教学平台,如腾讯会议、Classin等虚拟教室,促进传统面授与在线教学活动有机结合,以网络信息技术和丰富多样的教学资源为支撑,创新开展网络化、交互式、富媒体化的教学,加强对学生的引导和启发,激发学生参与思政教育活动的积极性、主动性,将思政教学渗透到教育教学的全过程,不断提高课程思政的教学效果。

(二)结合鲜活教学案例,加强实践环节

应用文写作课程的主要教学任务是帮助学生学习了解不同类型应用文的特点和要求,培养学生掌握应用文写作的基本技能。应用文写作是一项专业性、实践性要求都很高的技能。"纸上得来终觉浅,绝知此事要躬行",学生除了要掌握相应的理论知识,更要通过实践训练来提高应用能力。比如,通知与通告、请示与报告、会议纪要与会议简报等,不同文体有不同的格式、行文及适用范围的要求,只有多练习、多比较,才能真正掌握其写作要求。在加强实践训练环节中,教师应充分利用各级党政机关和企事业单位的官方网站、官方微信,以及"学习强国"等综合性平台,通过学习借鉴各类鲜活案例,帮助学生提高对各类公文的熟悉和掌握程度,以"取法乎上"实现应用文写作基础理论知识的迁移;同时通过设置情境,指导学生写作或共同完成小组文案,并对学生的作业进行针对性点评,使学生对应用文写作不仅"知其然",而且"知其所以然"。总之,通过强化实践训练,指导、帮助学生提高思想政治水平,掌握应用文写作的真本领。

(三)建立科学评价体系,加强教学督导

对教学进行科学评价,加强教学督导,对于提高教学水平、增强教学效果具有积极促进作用。对教学的科学评价,一般包括对教学过程中教师、学生、教学内容、教学方法、教学环境、教学管理、教学效果等方面的评价,主要是对教师教学工作过程的评价和对学生学习效果的评价。因此,为了促进应用写作课程思政教育的实际成效,需要建立科学的评价体系,加强对思政教育教学的督导。评价体系应坚持客观公正、实事求是的原则及定性评价与定量评价相结合的原则,设置教学质量评估方案,由学校领导、教学教务管理人员、专职督导员和学生进行全面评价,重点对教师的教学文件、教学质量、教学方法及学生的学习成绩等进行评价。通过教学督导和教学评价,促进教师增强思政教育意识,积极履行教书育人职责,自觉地将知识传授、能力培养与价值引导、人格塑造有机结合,促进课程建设与思政育人紧密结合,不断提高应用文写作课程思政教育的水平。

参考文献：

[1] 朱平.高校课程思政的动力激励与质量评价[J].思想理论教育,2020(10):23-27.

[2] 侠客岛.关于教育,这是习近平的最新思考[N].光明日报,2017-01-03(1).

[3] 岳海翔.最新应用文写作一点通[M].北京:中国文史出版社,2017.

[4][7][9] 习近平.习近平谈治国理政:第二卷[M].北京:外文出版社,2017.

[5] 文天谷.财经应用文写作教程[M].2版.上海:立信会计出版社,2011.

[6] 彭熙,崔强.应用文作者的"三度"[J].重庆工商大学学报(社会科学版),2017,34(6):122-128.

[8] 蔡立彬.论应用型本科高校思想政治教育机制创新[J].学校党建与思想教育,2019(24):69-71.

徐悲鸿《愚公移山》作品中的课程思政元素探析

胡 随

摘要：徐悲鸿创作的《愚公移山》具有极高的艺术价值和思想价值，也是当前美术课程思政元素的重要来源。本文将作品的文学背景、创作环境与图像分析结合，从移山动机、物象塑造、经营位置三个方面深入探究作品所具有的首创精神、拼搏精神、共进精神。并以此激励学生，提升学生的专业素养、使命感、责任感。

关键词：课程思政；课堂教学；美术；徐悲鸿；《愚公移山》

课程思政之于课堂教学至关重要，是高校全面提高人才培养能力的突破口。[①]习近平总书记在全国高校思想政治工作会议上指出，高校思想政治工作关系高校培养什么样的人、如何培养人以及为谁培养人这个根本问题。[②]习近平总书记在湖南考察时强调，要把课堂教学和实践教学有机结合起来，充分运

作者简介：胡随，南阳师范学院美术与艺术设计学院。

① 杨建义：《全面提高高校人才培养能力视野下的"课程思政"建设》，《思想理论教育导刊》2021年第7期。

② 吴晶、胡浩：《习近平在全国高校思想政治工作会议上强调 把思想政治工作贯穿教育教学全过程 开创我国高等教育事业发展新局面》，《中国高等教育》2016年第24期。

用丰富的历史文化资源,紧密联系中国共产党和中国人民的奋斗历程,深刻领悟马克思主义中国化的内在道理,深刻领悟为什么历史和人民选择了中国共产党和社会主义,进一步坚定"四个自信"。① 这就要求我们教学工作者自觉地在课堂教学过程中灵活运用相应的文化资源并发掘思政元素进行课程教学,以潜移默化的形式让学生在学到专业知识的同时也能锤炼品格,提高思想政治素养,将理论学识自觉转化为内在德性。

对于美术课教学而言,大量的美术图像背后所蕴含的历史内涵和现实意义,就是课程思政的元素来源。徐悲鸿是中国近代著名的美术家、革命文艺工作者、教育家,其作品众多且具有鲜明的时代性和思想性。他曾留学法国,提出"古法之佳者守之,垂绝者继之,不佳者改之,未足者增之,西方画之可采入者融之"②的革新观念,以欧洲古典写实主义改良中国画;在担任北平大学艺术学院院长期间,严格考察教员,整肃教风,提高教学质量;抗战时期,他以笔为援,绘制众多鼓荡革命的作品,并多次在国外举办展览,鬻画赈济,资助国内革命事业,为国家发展做出了重要贡献。《愚公移山》就是在这种革命背景下诞生的一幅巨作。

一、《愚公移山》的创作背景

首先,通过介绍作品的文学背景,增进学生对作品内容的理解。《愚公移山》故事寓意深刻,是中华民族团结一心、砥砺奋进的精神象征,是中国人民迎难而上、前赴后继的真实写照。徐悲鸿作品《愚公移山》题材取自《列子·汤问》。《列子·汤问》中的相关记载为:

> 太形、王屋二山,方七百里,高万仞;本在冀州之南,河阳之北。
>
> 北山愚公者,年且九十,面山而居。惩山北之塞,出入之迂也,聚室而谋,曰:"吾与汝毕力平险,指通豫南,达于汉阴,可乎?"杂然相许。其妻献疑曰:"以君之力,曾不能损魁父之丘。如太形、王屋何?且焉置土石?"杂曰:"投诸渤海之尾,隐土之北。"遂率子孙荷担者三夫,叩石垦壤,箕畚运于渤海之尾。邻人京城氏之孀妻有遗男,始龀,

---

① 杨又华、刘文韬、余蓉:《大道向前·沿着总书记足迹|湖南大学岳麓书院:弦歌起新声》,《湖南日报》2022年4月22日。
② 徐悲鸿:《徐悲鸿论艺》,上海书画出版社2010年版。

跳往助之。寒暑易节,始一反焉。

河曲智叟笑而止之,曰:"甚矣汝之不惠!以残年余力,曾不能毁山之一毛;其如土石何?"北山愚公长息曰:"汝心之固,固不可彻,曾不若孀妻弱子。虽我之死,有子存焉;子又生孙,孙又生子;子又有子,子又有孙:子子孙孙,无穷匮也。而山不加增,何苦而不平?"河曲智叟亡以应。

操蛇之神闻之,惧其不已也,告之于帝。帝感其诚,命夸蛾氏二子负二山,一厝朔东,一厝雍南。自此,冀之南、汉之阴无陇断焉。

其次,通过列举众多学者对"愚公移山"故事的考证,增进学生对作品内容的兴趣。由于《列子》一书原文早已遗失,目前所能看到的版本是东晋学者张湛所注释的,故而众多学者对该书的真伪,以及对相关文章的生成过程、生成时代都做了一定的考证,基本都与儒、释、道三家学说相关联,但因为三家学说的形成年代不一,故而结论也各异。季羡林甚至通过对比分析,举出了确凿证据,认为"《列子》本文完全是张湛伪造的"①,并非出自战国时期列御寇之手,文中多则寓言与印度佛学相关。范子烨接续季羡林的推论,以《列子》中的"愚公移山"为例,通过与《山海经》《佛说力士移山经》等相比较,认为这则寓言是"中印文化的合璧,具有更深的文化意涵"②,同时也认为"愚公移山"的寓言宣传了人类平等思想,表达了一种普通劳动者的奋斗精神,并且在魏晋等级森严的门阀制度下,是一种崇高的书写模式,吸收并反思了传统儒学思想,进一步认为《列子》的儒学背景比较深厚。而郑小九则认为,论及愚公移山精神的文化渊源,多数学者把目光投向传统儒家的价值观,如刚健有为、自强不息、博施济众、勤劳勇敢等,这样的解读虽然有一定道理,但未免有张冠李戴、似是而非之嫌。愚公形象本质上是道家文化的产物,愚公移山精神之所以成为中华民族精神百花园中的一朵奇葩,与其所植根的道家文化土壤密不可分。③ 郑小九强调了"愚公"与道家的密切联系,并且在其论文中论述了在道家文化背景下"愚公"少私寡欲、乐观的生活态度和执着至诚的形式风格。综合三位学者的研究

---

① 《季羡林文集 第六卷:中国文化与东方文化》,江西教育出版社1996年版。
② 范子烨:《"机关木人"与"愚公移山"季羡林〈列子〉成书于西晋说续貂》,《中国文化》2016年第1期。
③ 郑小九:《愚公移山精神的道家底蕴》,《道德与文明》2015年第1期。

可以发现,传为战国时期的《列子》,不仅真伪具有一定的可疑性,而且现存的张湛注版本,其形成背景和"愚公"的内涵也具有内在的复杂性。至于具体受哪一种学说影响较深,我们暂不细究,不过可以明确的是,儒、释、道三种学说一直贯穿于中华民族发展的历史长河中,深深植根于中华民族传统文化之中,合流共生。"愚公移山"不管是受哪种学说的影响,不可否认的是,它是中华文化的重要组成部分,是中国人民千百年来勤劳坚韧、不怕牺牲、团结进取、甘于奉献的象征。

最后,通过分析徐悲鸿绘画作品《愚公移山》创作的环境,引导学生去思考:文艺工作者,在生死存亡之际的革命年代,如何通过自身的专业为国家做出自己的努力?体现着美术家怎样的社会责任感与使命感?徐悲鸿作《愚公移山》,一方面为了宣传中国抗战之决心,另一方面也是以中印艺术之融合,寓意中印团结合作,鼓舞抗战。徐悲鸿构思创作本作品的时间是1940年,而此时正是抗战最艰苦的时期。应泰戈尔之邀,徐悲鸿前往印度进行文化艺术交流。并在南下途中举办展览,筹集资金。徐悲鸿到达印度后受到泰戈尔的热烈欢迎,泰戈尔随后亲自为徐悲鸿的画展揭幕致辞:"吾人欢迎足下为中国文化之使者,君携来印度与吾人者则为精神上之同情,该礼品于无数世纪前已于我辈之祖先间发生联系矣。中国与印度共同分享过大文艺复兴之朝曦,即使今日政治上之沧桑,而其铭感难忘同志之光尚遗存无恙。"① 由此可知,徐悲鸿还带着沟通中印文化的特殊使命在此进行交流。泰戈尔也是印度现代艺术家,故两人在艺术上也有着共同语言。泰戈尔赞扬徐悲鸿的画具有独特的艺术风格。徐悲鸿受邀在印度国际大学进行讲学、授课,他一方面讲解中国传统文化,讲授中国书画技法,另一方面宣传中国抗战精神,鼓励中印团结。在此期间也以印度人为模特,不断酝酿修改《愚公移山》草稿,终于他在印度大吉岭写生期间完成了这幅中印融合的巨制。

二、《愚公移山》图像与民族精神表达

本课程采用多媒体的方式进行启发式教学,并分小组进行课堂讨论,最后通过问卷的形式形成课堂反馈。《愚公移山》题材来源于中华优秀传统文化,蕴含着中华传统美德,而在革命时期,也具有重要的内在含义。王泽庆评论

---

① 王震:《徐悲鸿年谱长编》,上海画报出版社2006年版。

说,《愚公移山》这则寓言在历史上流传了几千年,徐悲鸿第一次用大幅中国画揭示了它的深刻含意,表现了中华民族的伟大精神和把民族民主革命进行到底的决心。"①故而,徐悲鸿的这幅国画作品也是抗战时期民族精神的形象再现。

(一)移山动机:明晰环境、敢于突破的首创精神

引导学生联系《愚公移山》的文学背景,思考愚公面对严峻的生活环境,并没有安于现状,而是带领族人周而复始、日复一日地劳动,体现了一种什么样的精神,而徐悲鸿在1940年创作本作品的动机又是什么。从愚公的家面对太行山和王屋山两座大山,出行迂回盘旋,极为不便,年纪将近90的愚公就同家人说,要将面前险峻的大山铲平,直通汉水南岸。面对妻子对其身体状况的质疑,愚公不为所动,在解决了石头该放在哪的问题之后,便带领儿孙行动起来。从移山的动机可以看出愚公是一个积极上进的人,面对周围恶劣的社会环境,并没有选择安然度日,而是寻求改变之道。下定决心移山,是一种敢于突破现状的勇气,一种前无古人、后无来者的首创精神。正如王晓玉所说:"变"本质上是被生存环境逼仄而出的一种奋发的、刚健的体验。②。徐悲鸿面对近代中国画的发展困境,毅然决然地走自己的路,不固守传统,因时而变,将西方写实主义方法融入中国画,由写意转向写实。面对近代动荡的社会环境,写实或许更能反映现实,让大众更能够读得懂艺术,以大众为中心,同呼吸、共命运,这是徐悲鸿的技法之变。中国共产党自成立之日起,就义无反顾地肩负起实现中华民族伟大复兴的历史使命,在这一过程中,我们的人民军队,不怕牺牲、攻坚克难,正是这种开天辟地精神的体现。徐悲鸿将这种精神蕴含在中国传统文化的寓言之中,赋予其新的生命内涵和时代动机。他追求"艺术真实",不再拘于历史细节的真实,转而突出故事情节背后的精神因素。③

(二)物象塑造:不畏艰难、坚忍不拔的拼搏精神

分小组分别从人物的动势、衣着、身形、面部表情及画中其他出现的物象进行讨论,引导学生去思考,这样塑造的目的是什么,表现出一种什么样的精

---

① 王震:《徐悲鸿评集》,漓江出版社1986年版。
② 王晓玉:《论刘勰"通变"观的文化渊源》,《社会科学家》2018年第2期。
③ 华天雪:《徐悲鸿的中国画改良》,上海书画出版社2007年版。

神。面对从山上挖下的大量泥石,愚公选择带领儿孙将其搬运到遥远的渤海边上,冬夏换季,才能往返一次,且不说石头的重量,仅仅是这么多数量的大石,就要耗费不知多长时间,况且只能靠人肩挑,这没有坚忍不拔的毅力是万万不能的。徐悲鸿的画面中人物虽然都是以印度人为模特,但是对于模特的选择,他也是别具匠心,画面中人物高矮胖瘦都有,有的大腹便便,有的肌肉强壮,充满力量感。右边四个男子都是以裸体的形式出现,这并不符合中国人的劳作习惯。任真汉先生就曾提出了批评意见:画中人物全身裸露,几个大人和小孩同样一丝不挂……试想中国人怎么会有那样的裸体生活呢?① 实际上,我们摈弃这种传统观念去看这幅画,这或许是徐悲鸿独到的艺术见解。挖山凿石非常辛苦,经常挥汗如雨,所以赤膊干活也是现实生活中常有的现象,很真实。但是以裸体的方式表现,可能是徐悲鸿先生的一种艺术张力,通过肌肉的视觉冲击力来表现出一种强韧的意志,传达出坚持到底的决心。画面前面从左至右,三个男人都举着工具,一前一后,蓄势待发,肋骨突显,力量集中,第四个男人弯腰挖石,肌肉紧绷,第五个男人、第六个男人依然是准备的态势,第七个男人从背影可以看出非常强壮,挑着石块准备运石,旁边还有一头大象。大象可以驮重物,也是愚公及族人决心坚如磐石的象征。竹子在中国传统书画意象里一直是品德高洁、意志坚定的象征。"千磨万击还坚劲,任尔东西南北风",故而,画中的竹子也是坚强毅力的表现。最后面还有一些牛车,牛也是勤恳、坚实的象征。所以,画面中从人到物都透露出顽强、坚毅的精神。结合当时的时代背景,常任侠先生认为《愚公移山》画作表现出人民群众坚强不屈、勇往直前、反抗民族压迫的民族气概。② 另外,选印度人作为模特,一方面可能是由于徐悲鸿在印度居住一年,受到印度风土人情的感染;另一方面,通过传统中国画题材与印度人物相结合,可以达到一种展现中印团结的艺术效果。

(三)经营位置:自强不息、团结进取的共进精神

引导学生对图像中人、物的布局安排进行详细的分析,并进一步思考作品构图的方式和目的,展示出一种怎样的精神气概。愚公的移山大业,参与者不仅有他的儿孙,还有邻居家的男孩,这是愚公团结众人的表现。从画面中可以

---

① 王震:《徐悲鸿的艺术世界》,上海书画出版社1994年版。
② 王震:《徐悲鸿的艺术世界》,上海书画出版社1994年版。

明显看出,愚公正在与女人交谈,旁边两个裸体的小孩一个在吃饭,一个在搬石头,石头似乎也具有艺术夸张的效果,与小孩的身躯明显不匹配,实则也是表现孩子吃苦耐劳的品质。面对智者的讥讽,愚公慷慨陈词,虽老矣,但子子孙孙,绵延其事,一定能够实现目标,让智者哑口无言。讥讽愚公的智者并未参与其中,可见智者也有不为、安于现状的时候。画面中愚公满头白发,拿着锄头,矗立而息,正好回应了智者对于其年龄的质疑,虽然愚公年迈,却依然壮心不已、辛勤劳动。对愚公这种"世代移山"的说法在画中也有具体的表现,那就是画面最左边的一只脚,意味着至少还有一个人,一生二、二生三、三生万物,此处的隐喻正是对愚公"子子孙孙无穷尽"的表现。通过画面中的构图,我们可以发现,作为主人公的愚公并未处在正中的位置,而是处在画面的一侧,隐没在人群中,这可能是徐悲鸿有意为之,或许他想表达愚公是一个精神象征,并不是作为一个主体人物而存在,他的人格及精神已经深入人群之中,人民群众的力量才是最强大的,所以这种经营位置的方式也是重点表现人民的力量,展现人民奋发图强、同心合力的精神面貌。

本环节引导学生从移山动机、物象塑造、经营位置三个方面探究图像的构成,并结合故事背景、现实环境思考作者的创作意图和传达出的民族精神。

三、结语

此次课程取得了非常好的教学效果。一方面使学生在专业学习中领悟作者的创作思想和创作方式,另一方面通过经典作品的学习,提升了学生的思想政治素养。美术专业的学生,在学习绘画作品的时候,不仅要能看懂图像,领悟作品的思想内涵,更要通过绘画感受到创作者的格调与品位。徐悲鸿作为一名美术工作者,在革命时期,毅然承担起美术家的责任与使命,通过绘画作品表现人民的力量,通过中国古典寓言象征人民知大理、明大义、识大局,在国家生死存亡之际,团结一心、不怕牺牲、前赴后继的拼搏奉献精神,是值得美术专业学生学习的。在新时代,当下美术专业学生也有新的时代责任和历史使命。习近平总书记曾在文艺工作座谈会上指出,中华优秀传统文化是中华民族的精神命脉,是涵养社会主义核心价值观的重要源泉,也是我们在世界文化激荡中站稳脚跟的坚实根基。要结合新的时代条件传承和弘扬中华优秀传统文化,传承和弘扬中华美学精神。① 新时代美术专业学生,首先要坚定文化自信,美术创作以人民为中心;其次要深入人民生活、扎根人民,在继承中华优秀传统文化的基础上不断推陈出新、革故鼎新,熟练运用各种绘画工具、技法描绘新时代的新变化、新气象,创作出具有中国风格、无愧于时代、无愧于人民、有温度、有深度的美术作品。

---

① 《习近平主持召开文艺工作座谈会强调 坚持以人民为中心的创作导向 创作更多无愧于时代的优秀作品 刘云山出席》,《美术》2014年第11期。

高校网球课程思政元素：挖掘、渗透与融合

赵祚福　汪　波

摘要：本文从"网球课程思政元素"的角度出发，运用文献研究法和逻辑分析法，首先论述了高校网球课程思想政治教育的重要性。其次探究了高校网球课程可以融入的思政元素：爱国主义、民族精神、社会主义核心价值观、社会主义道德、公平竞争和诚信意识、团队合作和社会责任。指出网球课程可以通过教学内容、教学方法、教学评价、网球竞赛，渗入思想政治教育元素。最后，从教师角色的转变、教材建设与课程资源的整合、校园文化氛围的营造、线上课程思政平台的渗透四个方面入手，全面推动思政元素与网球教学的融合。

关键词：网球课程；思政元素；挖掘；渗透；融合

从2004年的《关于进一步加强和改进大学生思想政治教育的意见》到2020年的《高等学校课程思政建设指导纲要》等一系列思想政治教育文件的发布，说明了国家对思想政治教育的高度重视，并明确指出思想政治教育工作要始终贯穿于教育教学的全过程。网球具有广泛的普及性和较高层次的受众群

基金项目：皖西学院网球课程思政示范项目（项目编号：WXXY2021117）、教学研究项目（项目编号：WXXY2023099）

作者简介：赵祚福,硕士,皖西学院体育学院讲师,主要研究方向为学校体育学、体育人文社会学；汪波,博士,皖西学院体育学院教授,主要研究方向为高校体育教学改革理论与实践。

体。高校网球课程蕴含着丰富的思政元素,能够培养学生的思维能力、判断力、领导力等综合素质,有助于培养全面发展人才;通过网球课程挖掘思政元素,可以丰富思政教育的形式,更好地提升大学生的网球运动兴趣和参与度,提高思政教育的效果。在网球课程教学中,挖掘出课程蕴含的思政元素,将其渗透到网球教学的各个环节,提高网球课程的教育效果和带动作用,有利于提升全方位育人的效果,有利于使学生成为德才兼备、全面发展的时代新人,成为中国特色社会主义事业的合格建设者和可靠接班人。[1]

网球课程思政元素是指将思想政治教育的理念、内容、方法贯穿于网球教学活动中的要素,是网球教育与思想政治教育有机结合的具体实践。网球课程思政元素不仅是网球教育的重要组成部分,也是思想政治教育的有效载体,在网球课程教学中融入思想政治教育元素,不仅可以发挥出网球课程隐性育人的优势和功能,提升网球课程的教育价值和实际效果,使"立德树人"得以具体落实,也是革新网球课程教育教学改革并使之迈向新时代的重大举措,使高校实现"三全育人"的根本任务。因此,研究高校网球课程思政元素的挖掘、渗透与融合,具有较大的现实意义和重要价值。

一、高校网球课程思想政治教育的重要性

高校网球课程不仅有助于学生的全面发展,而且成为思想政治教育的有力辅助和推动因素。一方面,高校网球课程不仅可以增强身体素质与运动技能,也是体育文化教育的重要内容之一,可以进一步深化学生对网球文化的认识和理解,增强学生体育文化素养。另一方面,高校网球课程有助于塑造学生积极向上、团结协作、顽强拼搏等良好品质。高校网球课程不仅仅是为了学生的体育技能的培养,更重要的是把思想政治工作贯穿网球教育教学全过程,完成对大学生的价值引领、知识传授、人格养成、能力建设"四位一体"的人才培育目标。高校网球课程思想政治教育的重要性体现在以下几个方面。

(一)高校网球课程思想政治教育有助于促进大学生的全面发展

大学生的全面发展不仅仅包括学术和专业能力的培养,更重要的是思想和道德的提高,以及身心健康的全面发展。网球作为一项体育运动,不仅可以提高大学生的身体素质,而且网球课程思想政治教育可以让学生在网球运动中体验到团队合作及竞争与合作的平衡,培养他们的领导力和团队精神。此

外,思想政治教育还可以提高学生的文化素养和社会意识,使他们具备批判性思维和创新能力,为将来的职业发展打下坚实的基础。

(二)高校网球课程思想政治教育有助于推动网球课程教学改革

传统的网球课程教学往往注重技术训练,重视学生的技术水平和比赛成绩,而忽视了对学生综合素质的培养。思想政治教育的引入可以使网球课程更加注重培养学生对公平竞争、规则、团队合作等方面的认识,培养学生的道德意识、竞争意识、自律自强品质、社会责任感及对国家与社会的认同感,为他们成为有用之才打下坚实的思想基础。此外,思想政治教育还可以丰富网球课程的内容,使学生在学习网球技术的同时,了解体育精神、体育文化等方面的知识,增强学生的综合素质。

(三)高校网球课程思想政治教育有助于贯彻落实立德树人的根本任务

高校作为培养人才的重要阵地,肩负着培养学生全面发展的使命。立德树人是高校教育的根本任务,而思想政治教育是实现立德树人的重要途径。网球运动蕴含着丰富的思政元素,通过网球课程思想政治教育的开展,不仅可以培养大学生的道德品质和精神风貌,还可以引导学生树立正确的人生观、价值观和世界观,以及正确的竞争观、合作观和责任观。这些观念的培养对于学生的全面发展和成长至关重要,也是立德树人的根本任务所要求的。同时,思想政治教育还可以加强学生的国家意识和社会责任感,培养学生的爱国情怀和社会公德,使他们成为中国特色社会主义事业的合格建设者和可靠接班人。

二、高校网球课程思政元素的挖掘

网球不仅仅是一项运动,它还具有深刻的精神内涵,包含多种思政元素。在网球课程中挖掘出的思政元素具有独特性,网球课程涉及真实的比赛场景,学生在实践中能够更加直观地感受到思政元素的体现,这些元素可以帮助教师潜移默化地影响大学生的思想、情感、价值观等方面的发展。作为体育教育的重要组成部分,网球课程应当承担起培养学生社会主义核心价值观以及全面发展的目标,通过挖掘网球课程中的思政元素,可以使学生在参与网球运动的过程中,深入感受和理解社会主义核心价值观及其他重要思政元素,帮助学生建立正确的人生观、价值观和世界观。在网球课中可以挖掘的思政元素如下。

(一) 爱国主义

爱国主义是中华民族的精神和品格的核心。爱国主义是中国人民的传统美德,也是大学生必须具备的品质之一。在网球课程中,教师应该引导学生了解我国网球运动的发展历程,强调我国网球运动在国际舞台上取得的成绩和荣誉,激发学生的民族自豪感和爱国情怀。可通过介绍国际网球比赛的一些历史,国家队的成员及其荣誉,等等,让大学生了解中国在国际体育舞台上的地位,引导大学生爱国主义情感的培养。同时,教师还应该引导学生关注国际网球赛事,关注中国选手在国际赛事中的表现,增强学生的民族自信心和民族凝聚力。在网球课上融入爱国主义元素,例如利用网球课堂休息时间组织学生合唱爱国主义歌曲等活动,既活跃了课堂气氛,又能增强大学生的爱国心,涵养家国情怀,培养国家意识,增强国家意识和荣誉感。

(二) 民族精神

民族精神是中华民族价值观的重要组成部分。网球是源于国外的体育项目,要想在中国得到发展,就要融入中国传统文化的精髓,例如道家的"以柔克刚""无为而治",儒家的"中庸之道"等。在网球课程中,可以适当地引入这些元素,让大学生了解传统文化对现代体育运动的影响,激发他们对传统文化的兴趣和热爱,弘扬民族精神。在网球学习的过程中需要教育、引导学生树立热爱祖国、热爱民族文化的思想。网球运动在我国的发展相对较短,但是国家队的成绩在国际比赛中十分优异。例如,通过讲解李娜曾多次夺冠,提出问题:李娜能够成功的原因,是身体素质、技术手段、战术策略?还是何种能力?引导学生思考。同时,教师通过与学生的探讨,从中探寻体现在李娜身上的民族精神元素,例如自信、坚韧不拔、拼搏精神等,引导学生对民族精神的培养,从实践上增强学生的道德观念,深化他们对民族文化的认同感。

(三) 社会主义核心价值观

社会主义核心价值观是网球课程的重要组成部分。网球课教师在教学中要善于挖掘思政元素,让大学生感受到思政教育的力量。例如,孙甜甜和李婷获得雅典奥运会网球女子双打冠军,为中国夺得首枚网球奥运金牌,这是"体育强则中国强,国运兴则体育兴"的生动写照。通过网球案例等,使大学生感受到社会主义核心价值观的力量。网球运动处处体现出社会主义核心价值观。网球课程要求运动员在比赛中遵守规则和尊重裁判、尊重对手、诚实守信,这体现了社会主义核心价值观。在网球比赛中,虽然是单打或双打比赛,但是运动员之间也需要相互配合,鼓励运动员发挥团队合作精神和团队的力量,与搭档配合默契,共同战胜对手,这能培养社会主义核心价值观。同时,在网球比赛中,裁判员也要认真、公正地判好每一分球,这体现了社会主义核心价值。另外"法安天下,德润人心",民主、法治是社会主义核心价值观的重要内容,也是体育竞技中的重要规范。在网球课程中,教师要引导学生遵守比赛规则、尊重裁判员的判决、正确处理比赛中的纠纷等,教育学生知晓和遵守规则。

(四)社会主义道德

"国无德不兴,人无德不立"。社会主义道德伴随着中国现代化之路,也是国家基本价值的体现。社会主义道德以为人民服务为核心,以集体主义为原则,以诚实守信为重点,以社会主义公民基本道德规范和社会主义荣辱观为主要内容。在网球课程中,我们可以通过挖掘社会主义道德元素,培养学生的道德素养,提高学生的综合素质。首先,网球课程可以培养学生为人民服务的意识。一名网球运动员,不仅要追求个人荣誉和成绩,更要为人民服务,为社会做出贡献。在比赛中,运动员需要遵守规则和裁判的判决,否则将会受到相应的处罚。这就要求学生在日常训练中严格遵守规则,不做违反规则的事情。同时,学生还需要尊重对手和裁判的决定,不得有不正当的行为。这样的规则和精神,可以让学生从小就树立起为人民服务的意识。其次,网球课程可以培养学生的集体主义精神。在双打比赛中,学生需要与搭档密切合作,共同配合,才能取得胜利。这就要求学生在日常训练中,不仅要注重个人能力的提升,更要做好团队协作。只有团结协作,才能在比赛中获得胜利,这样的精神也可以在学生日常生活中得到体现。再次,网球课程可以培养学生诚实守信的品质。在比赛中,运动员需要遵守规则和裁判的判决,不能有任何作弊行为。同时,在日常训练中,学生也应该注重诚实守信,这样不仅可以让学生在比赛中取得好成绩,更可以让学生在日后的人生道路上成为一名诚实守信的公民。最后,网球课程可以培养学生的社会主义荣辱观。在比赛中,运动员需要尊重对手和裁判的决定,不得有不正当的行为。同时,运动员也需要正确对待自己的胜利和失败,不骄不躁,不过分自信,也不过分失落。

(五)公平竞争和诚信意识

公平竞争是一种公正、公平、合理的竞争方式,其中体现了一个人的思想道德方面的素质,如尊重他人、信任他人、合作共赢、不欺凌欺骗等。网球强调公平竞争和诚信意识,运动员需遵守规则并尊重对手,这与社会主义道德要求完全相符。在网球课程中,教练可以通过讲解和强调规则,让学生了解比赛规则和精神,引导学生遵守规则,言行一致,尊重对手,独立自主,勇于担当等,培养学生的公平竞争意识以及鼓励他们运用公平竞争的思维方式去认真思考、学习和竞争。

诚信意识也是一种重要的思想道德素质,其中涵盖了诚实守信、尊重他人等方面的内容。在网球课程中,选手需要尊重规则。例如,业余网球比赛大多采用没有裁判的信任制比赛,压线球一般对面的球员是看不清楚的,需要具备良好的诚信素质,不能把压线的界内球呼报为界外球。网球课教师在课堂上可用案例教学的方式对学生进行思政教育。网球是一项竞技运动,在网球比赛中,竞争的是各个运动员之间的实力和技术水平,而不是其他因素,选手需要诚实守信,不能有作弊行为。同时,选手也要尊重对手的权益,不进行恶意犯规、干扰等行为。通过比赛中的实践活动,引导学生诚信守规,树立正确的竞争观和诚信意识。

(六)团队合作和社会责任

团队合作和社会责任是网球课程非常重要的思政元素。通过网球课程,可以培养学生的团队合作意识和社会责任感。例如,在网球比赛中,团队合作是非常重要的,球员必须熟悉彼此的能力和弱点,需要与搭档进行配合,互相帮助,以便能够赢得比赛。首先,团队合作可以使学生树立正确的人际关系观念。在网球赛场上,每个人都要扮演好自己的角色,以协调整个团队的表现。这意味着球员必须相互支持、相互信任,并始终牢记整个团队的目标。这种正确的人际关系观念在人们的日常交往中也同样适用,有利于促进人们之间的和谐与相互尊重,从而建立团结、友爱和互助的人际关系。其次,团队合作可以提升大学生的沟通和协商能力。在网球比赛中,每个球员都必须在紧张的比赛场合下与团队成员保持紧密沟通和协商,以确保他们能够更好地合作。这种沟通和协商技巧对学生的日常生活和职场发展十分重要。

社会责任是网球课程另一个重要的思政元素。它不仅教导学生如何在比赛中表现自己,还着重强调学生的社会角色。这种社会责任教育可以帮助学生更好地理解他们自己应该承担的个人和社会责任,并对社会更加关注。首先,通过网球比赛实践,使学生更好地理解自己在社会中的角色。这意味着学生必须意识到他们所扮演的角色以及如何在比赛中发挥自己的作用,使对方球员和观众也能够感受到他们的表现。其次,社会责任教育可以推进社会正义和增强道德价值观。学生们通过打网球和与其他球员比赛,理解和感受到其道德和社会价值,这可以通过尊重他人等方式来实现。

三、高校网球课程思政元素的渗透

将思想政治元素渗透网球课程,对于培养大学生的思想政治素质和道德品质具有重要意义。在深入挖掘思政元素的基础之上,我们还要在网球课程中通过教学内容、教学方法、教学评价和网球竞赛渗透思政元素的方式实现思政教育效果。

(一)教学内容的渗透

1.教学内容思政元素设计

网球课程教学内容的设计需要充分考虑思政教育的内容和要求,将网球礼仪与文化及网球基本技战术、比赛规则与思想道德、文化、历史等方面结合起来,使学生在学习网球的同时也能够接受思政教育。例如,在网球比赛中介绍网球运动员的个人经历、文化和精神面貌等方面的内容,在网球比赛中注重对学生的公平竞争、诚实守信等思想道德品质的培养。同时,在网球课程设计中,可以有意识地渗透思政元素。例如,可以设计相关的网球活动和任务,让学生在参与活动和完成任务的过程中,感受到思政元素的渗透。另外,应挖掘多学科课程的思政元素与网球课程思政协同育人,将网球课程思政贯穿到教育的全过程,多维度育人,构建多课程合力育人的新格局。

2.将思政元素融入教学内容进行教学

在网球课程中,根据网球教材要求,教师应将思政元素融入教学内容,使其成为教学的一个有机组成部分。例如,在教授网球技能的同时,加强学生的自我认知、人际交往和情感管理等方面的培养。将思政元素融入网球课程,要尊重课程本身的内容,使思政元素与网球课程内容相结合,形成有机的整体。在讲解网球技战术时,教师可以结合我国网球选手的实际表现,介绍运动员所具备的民族精神,引导学生了解我国网球运动的发展状况,激发学生的爱国情怀。在组织比赛时,教师可以强调遵守规则、尊重对手的重要性,培育学生的精神文明素养。

(二)教学方法的渗透

1. 情境教学法

在网球教学过程中,教师可以运用情境教学法,设计具有思政教育意义的教学情境,让学生参与其中,感受到团队协作、友谊、公平竞争等思政元素的重要性。例如,在进行网球比赛时,教师可以让学生分组比赛,强调团队合作的重要性,同时强调比赛的公平竞争,让学生在比赛中体验到公平竞争的重要性。教师可以通过创设不同的情境,引导学生在网球教学实践中体验和领悟思政元素,鼓励学生互相帮助、团结合作,营造良好的教育氛围,强化学生的团队合作和集体荣誉感。将思政元素融入网球课程时,要突出实践和体验的重要性,让学生在实践中体会和感受到思政元素的价值和意义,使大学生在锻炼身体的同时获得更深层次的感悟和收获。

2. 启发式教学

启发式教学是一种以启发学生自主学习为目的的教学方法。将思政元素融入网球课程,教师可以通过启发学生自主思考和探究,引导学生发现和解决问题,从而增强学生的自主学习能力和思维能力。例如,在进行网球教学时,教师可以让学生自己思考和探究如何更好地完成技术动作,从而提升学生的学习兴趣和参与度,通过引导学生独立探索、自我思考,培养学生的创新精神和解决问题的能力。

3. 案例教学

案例教学是一种通过案例来引导学生学习和思考的教学方法,通过分析案例,让学生深入了解问题的本质和解决方法。在网球课堂中,网球教学运用案例教学法,教师可以选取具有代表性的网球运动员和比赛案例,进行思政教育的剖析和讨论,让大学生了解网球比赛中的公平竞争和团队协作等思政元素的重要性。例如,教师可以通过分析网球比赛中的一些典型案例,让学生了解比赛中的公平竞争和团队协作等问题,从而加深学生对思政元素的理解和领悟。同时,通过实际案例课堂讨论,让学生充分表达自己的意见和看法、更深刻理解正确的价值观念和行为规范,增强思想道德素质,帮助学生形成正确的人生观和价值观。

(三)教学评价的渗透

在网球课程中,教师应该将思政元素纳入教学评价体系,使之成为评价学生综合素质的重要依据。通过评价激发学生的潜能,帮助他们及时发现不足,并在较短的时间内进行积极改进。在网球课程评价中融入对思想道德素质和综合素质的考核,如除了考核学生的技术水平,还应考核学生的团队合作、自我反思和综合素质等方面。在考试中,可以将多种考试方式相结合,灵活安排试卷设计,不拘泥于死记硬背的内容,而是通过网球课程的评价和反思,引导学生自我评价和互相评价,让学生对自己的思想和行为进行深刻的反思,加强学生的自我调整和自我教育。对于那些表现较好,并具有个性化特点的学生,可以通过执行各种任务获得激励,提高考试分数和评价等级,从而借此激发大学生接受网球课程思政的积极性和主动性。

(四)网球竞赛的渗透

通过组织学生参加网球竞赛,可以培养学生的公平竞争和诚信意识,同时增强学生的自我认识和自信心,正确地引导学生在竞赛中发扬优秀的思想道德品质是网球课教师的一项重要任务。首先,网球竞赛是网球课程思政元素的一种渗透形式。在竞赛中,学生不仅要在技巧方面拼尽全力,同时也要遵守竞赛规则,以诚实守信为宗旨,尊重对手,勇于承认结果。在网球竞赛中,教师可以通过鼓励积极参与、严格遵守规则、诚实守信、尊重他人等方式来引导学生积极发扬思政元素。同时,教师还应该对比赛中出现的违规行为及时进行干预,保证比赛的公正。其次,在网球比赛中注重荣誉感和成就感。由于网球比赛具有严格的规则和标准,因此在比赛中表现出色的人会获得相应的荣誉和成就感。教师可以通过组织多样化的比赛,鼓励学生参加比赛,并根据比赛结果对学生进行奖励和表彰。如果学生获得了好成绩,那么教师可以加强他们的道德认识,使他们在平时、在比赛中表现得更好,同时也能进一步增强学生的荣誉感和成就感,并进一步提高学生的思想道德素质。最后,教师在指导学生竞赛的同时,应该注重引导学生对参与竞赛的意义进行深入的思考。教师要站在更高的层面上观察学生的竞赛参与行为,比如思考竞赛对运动、社会和人类的影响,帮助学生正确认识参赛的重要性并增强参赛信心。同时,教师还应该掌握学生的竞赛水平,随时做好科学指导,依据不同的水平设计不同的比赛,提升学生竞赛能力,完善学生能力素质结构,促进学生的全面发展。另外,学生在竞赛中遇到问题,教师还可以引导学生思考、分析和总结自己的得失,鼓励学生在结果不如预期的情形下不要气馁,更应该努力鼓起勇气,一步步成长,使学生树立正确的竞争观和价值观。

四、高校网球课程思政元素的融合

高校网球课程思政元素的融合是指将思政元素与网球课程有机结合起来,实现网球课程的双赢。将思政元素融入网球课程要从教师角色的转变、教材建设与课程资源的整合以及校园文化氛围的营造三个方面着手。

(一)教师角色的转变

教师需要成为思政教育的实施者,通过网球课程引导学生树立正确的世界观、人生观、价值观,并将其转化为日常教学。因此,教师需要具备更高的思想政治素质和教育能力。首先,教师需要有强烈的思想政治意识和责任感。教师需要了解国家的政策法规和学校的教育方针,积极投身到学生的思想政治教育工作中。其次,教师需要具备一定的教育能力,能够设计出符合学生实际的教学内容和方法。教师需要善于引导学生发现问题、解决问题,并注重学生的个性发展。

(二)教材建设与课程资源的整合

教材建设和课程资源的整合是将思政元素融入网球课程的重要途径。教材内容的优化和更新是思政教育融入网球课程的前提。教材需要关注学生的思想政治教育,强调网球课程与时俱进的创新性和实践性。同时,教师还可以利用网络资源和多媒体资源。通过引导学生上网查阅相关资料,学生可以了解网球历史、网球文化等方面的知识。在课堂上,教师可以利用多媒体教学手段,例如 PPT、视频等,增强学生的视听体验,提高他们对思政教育的接受能力。

(三)校园文化氛围的营造

校园文化氛围的营造是将思政元素融入网球课程的重要保障。举办网球文化活动是校园文化氛围营造的重要手段。例如,学校可以开展网球文化节等活动,让学生在活动中感受到网球所蕴含的精神内涵,增强他们的爱国主义情感、民族自豪感和文化自信心;组织学生参观网球比赛,让学生了解网球文化和比赛规则,同时增强学生的爱国主义和民族精神;学校可以组织网球比赛,让学生在比赛中锻炼身体,提高技术水平,同时增进学生之间的交流和合作,促进校园文化建设;学校还可以邀请专业的网球教练来开展网球讲座,让学生了解网球的历史、规则、技术要领等知识,增强学生的网球学习兴趣和学习动力。在网球俱乐部活动中,可以组织学生讨论网球运动员的精神面貌,介绍网球文化和历史等方面的内容。另外,组织学生参加志愿者活动,让学生体验到社会责任感的重要性。例如,可以组织学生参加与网球相关的志愿者活动,如为社区老人提供免费的网球教学,为贫困地区的孩子捐赠网球器材等。通过这些活动,让学生了解社会、体验到服务社会的重要性,同时也能够增强学生的爱国主义精神和社会责任感。此外,创设有利于思政教育的校园环境同样是校园文化氛围营造的重要方面。学校可以在校园内设置网球场地、网球文化墙等,让学生在学习和生活中感受到网球所具有的文化内涵和艺术魅力。

(四)线上课程思政平台的渗透

随着互联网技术的发展,线上教育已经成为教育领域的一个热门话题。在这个背景下,建立线上网球课程思政平台,发掘和整合优秀的网球课程思政网络资源,为学生提供更加丰富的学习资源和体验,将成为网球课堂思政元素渗透的重要手段。首先,线上网球课程思政平台可以发掘和整合优秀的网球课程思政网络资源。平台可以收集和整理优质的网球教学视频、网球规则、网球心理训练、网球赛事分析、网球文化和历史等资源,为学生提供丰富的学习资源,让学生在网球课堂中更好地理解和认识思政元素。同时,平台还可以利用网络优势,打破时间和空间的限制,让学生随时随地都能够进行学习。其次,线上网球课程思政平台可以为学生提供更加全面的学习体验。平台可以为学生提供更为详细的网球规则和技巧教学,让学生能够更好地理解和掌握网球技术。同时,平台还可以为学生提供更为细致的网球心理训练和战术分析,让学生能够更好地培养自己的心理素质和团队合作精神。通过线上网球课程思政平台建设,学生可以获取更加全面的学习体验,提高学习效果。最后,线上网球课程思政平台可以为学生提供更为灵活的学习方式。平台可以提供多种学习方式,包括视频课程、直播课程、在线讨论等,让学生可以根据自己的需求和时间安排进行学习。同时,平台还可以为学生提供更为个性化的学习体验,根据学生的不同需求和水平,提供不同难度和风格的网球课程。

五、结语

弘扬思政元素,实现网球课程思政元素的挖掘、渗透和融合,不仅是一项重要的政治任务,也是促进学生思想道德素质提高、身心健康发展以及社会主义核心价值观传承的有效方式,已成为一种新的教育趋势。应加强教师的思政教育能力,更好地促进网球课程思政元素的挖掘、渗透和融合,将思想政治教育与网球课程相结合,使大学生在网球教学中获得思想政治教育的熏陶与洗礼。因此,教师在进行网球教学时需要注重思政元素的融入,通过不断创新、改进和提高,实现更好的教育效果,使大学生在学习网球技能的同时,提高人文素养和道德水平,成为有道德、有文化、有能力的人才。

参考文献:

[1] 习近平.把思想政治工作贯穿教育教学全过程 开创我国高等教育事业发展新局面[N].人民日报,2016-12-09(1).

[2] 张博.新时代高校"课程思政"建设研究[D].长春:吉林大学,2022.

[3] 国家体育总局编写组.深入学习习近平关于体育的重要论述[M].北京:人民出版社,2022.

[4] 习近平.习近平谈治国理政:第二卷[M].北京:外文出版社,2017.

[5] 习近平.论坚持全面依法治国[M].北京:中央文献出版社,2020.

[6] 胡柏平,郭立亚.网球运动教程[M].北京:高等教育出版社,2017.

[7] 网球运动教程编写组.网球运动教程[M].北京:北京体育大学出版社,2014.
[8] 宗爱东.课程思政:一场深刻的改革[M].上海:上海人民出版社,2022.
[9] 黄卫华.从理念到实践:新时代高校课程思政路径探究[M].北京:北京工业大学出版社,2021.

实践探索

高校工科类教材融入思政元素的路径探索与实践
——以"应用电工技术"教材为例

张 瑜 杨振坤 康彦青 高 英

摘要：在大思政背景下，如何将思政元素更好地渗透到课程建设的方方面面是一个重要的研究课题。当前，在课堂中融入思政元素的方法已经初见雏形，而在教材中进行思政建设还处于初步探索之中。本文立足教材思政建设主要目标，分析与探索教材思政融入方式，以"应用电工技术"教材为例，阐述了教材思政融入目标设计、融入内容和元素分析与研究，以及融入方式的实践方法，并基于目标设计完成了具体的应用实施。旨在提出一种坚持立德树人，价值塑造，深度挖掘课程精髓及课程思政元素并能有效融入教材的可实现的方式方法，为教材思政建设提供有益的借鉴与经验。

关键词：教材思政；应用电工技术；思政融入设计

全面推进课程思政建设是我国当前教育改革的一大目标，在我国和平

基金项目：陕西省教育科学"十四五"规划2021年度课题"应用型本科院校'土木工程专业生产实习'思政建设路径研究"（项目编号：SGH21Q056）；陕西省教育科学"十四五"规划2023年度课题"新时代土建类毕业设计多维度创新改革与实践研究"（项目编号：SGH23Y2711）。

作者简介：张瑜，西安交通大学城市学院助教，硕士，主要研究方向为教学模式改革研究。其他作者简介略。

发展的今天，网络信息传递与发展快速，各种外来文化与观点对人们进行着强烈冲击。特别对于大学生来说，他们处在涉足社会的过渡阶段，是深受网络文化影响的一批人，并且其思维状态还不够稳定，处于价值观形成的重要时期，思想教育不可忽视。只有高度重视青年大学生的思想教育与政治引领，立足中国社会现实需要，帮助学生塑造正确的世界观、人生观、价值观，才能培养出合格的社会主义接班人，才能更好地维持国家长治久安，更好地实现民族复兴。

做好课程思政建设应从课程体系的全载体入手，做到教材—课堂—课后全面渗透，寓价值观引导于知识传授和能力培养之中，切实把握好每个细节，润物于无声。当前，课堂思政建设已经有了一定的发展与实践，其主要方法为通过案例教学法、类比教学法、联想教学法等将思政元素引出，通过教师讲授与引导、学生思考与讨论的方式使学生的思维得到拓展，使学生在学到知识能力之外形成一定的自我观念，达到思政渗透的目的。而教材建设中如何融入思政元素还处于初步探索中，与课堂融入思政元素的灵活性相比，教材中融入思政存在一定的形式困难。首先，针对教材本身，如果在正文中进行思政融入，那么所有的思政融入材料应形成文字写入教材之中，这势必会增加教材本身的臃肿度，并且如何将思政材料与正文完美契合，以至表述不会突兀，也是编写的难点。再者，若在教材拓展内容部分提出问题让学生自行查阅相关资料进行了解，由于个别学生的惰性作用，效果并不能得到保证。因此，如何坚持立德树人、价值塑造，深度挖掘课程精髓及课程思政元素并融入教材进行教材思政建设，还需进一步探索。

一、高校工科类教材思政建设主要目标

课程教材是"课程思政"的重要内容，是课堂教学的依据，是育人育才的重要依托。[①] 教材思政建设应围绕全面提高人才培养能力这个核心，紧紧围绕坚定学生理想信念，以爱党、爱国、爱社会主义、爱人民、爱集体为主线，围绕政治认同、家国情怀、文化素养、法治意识、道德修养等重点优化课程思政内容供给，系统进行中国特色社会主义和中国梦教育、社会主义核心价值观教育、法

---

① 李粤霞：《"课程思政"实施的理念与路径研究》，广东外语外贸大学，2020年。

治教育、劳动教育、心理健康教育、中华优秀传统文化教育。[①]

高校工科类教材作为传递工科知识的载体,内容更加具有应用性,根据新工科建设要求,专业核心课程需要面向未来为新工科专业学生提供在本专业领域发展不可或缺的专业理论、方法和技术。要注重培养学生的复杂工程问题解决能力、非结构化问题解决能力、多学科团队协作能力、研究和开发能力以及创新能力等。[②] 因此,基于国家层面要求与新工科层面要求,高校工科类教材思政建设应把握政治认同、思想建设、能力培养这几个关键点,突出以下思政建设核心内涵。

(1)体现马克思主义指导地位,体现习近平新时代中国特色主义思想,培养人类命运共同体理念,培养政策认同与民族自信。

(2)培养社会主义核心价值观,具体培养学生爱国情怀、文化素养、敬业精神、职业责任感与大国工匠精神,以及诚信友善的良好品德、规则规范与法治意识。

(3)融入哲学方法论,培养学生科学思维方法、探索精神、追求真理的精神,科技创新、实践以及团队协作能力。

由上可知,高校工科类教材思政建设的主要目标就是培养学生成为专业能力强、道德素养高、理想信念感强的社会主义建设者。而高校工科类教材种类众多,每门课程涉及的专业体系不尽相同,能够挖掘的思政元素也是不一样的,因此思政建设目标也相应有所区别。在设立不同工科类教材的思政建设目标时,应以上述思政建设核心内涵为共性目标,深入挖掘能够体现出各类课程内涵的思政点,再以各思政点能够展现出的特色思政元素为出发点,合理安排不同教材的主要思政建设目标,体现不同教材思政融入的个性特征。例如,电类教材的思政特色里可体现电力节能环保意识、使用安全意识,生物科学类教材可体现生命观念意识,信息科学类教材可体现网络安全意识与对信息的理智判断能力等。

[①] 《教育部印发〈高等学校课程思政建设指导纲要〉,全面推进高校课程思政建设》,《新教育》2020年第19期。

[②] 林健:《新工科专业课程体系改革和课程建设》,《高等工程教育研究》2020年第1期。

二、高校工科类教材思政融入方式探索

(一)高校工科类教材思政融入思路分析

思政建设应具有系统性。有些课程在进行思政融入时局限于先寻找可能实现的思政点,然后针对这些思政点进行思政融入,忽略了整体统一性,可能导致某些思政元素缺少,而某些思政元素又过于重复的状况。因此,进行教材思政建设时,应首先确立教材思政建设总目标,然后对总目标进行分解,结合教材内容与章节分布挖掘思政点,进行不同思政元素数量上的合理安排与章节上的合理分布,形成一个从总到分的教材思政系统,再统筹规划思政顶层设计。基于顶层设计进行后续思政建设,其中有些思政点内容可能难以实现或脱离实际,因此在进行思政内容的探索和分析后,应对顶层设计进行修正,确保最终实现教材思政建设总目标,即教材思政建设过程系一闭环设计系统,如图1所示。

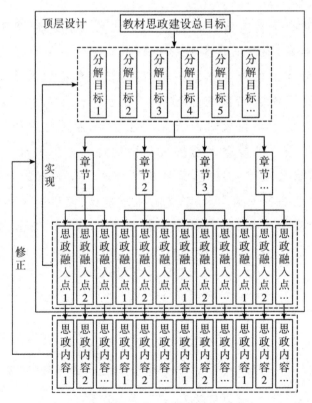

图 1　高校工科类教材思政融入思路

(1)教材思政建设总目标是依据国家课程教学指导委员会规定的课程建设的基本要求和课程特点而设计,重点把握前文提出的高校工科类思政建设核心内涵,在此基础上针对不同教材特点进行侧重点划分,做到重点突出、详略得当。总目标确立的难点在于对思政目标可否实现的把握,因此在确立初步总目标后应首先考虑教材中可能实现的思政点,得到可能实现的思政目标,对初步总目标进行修正,再用于指导思政点的分布,也就是形成思政点与思政目标的双向耦合。

(2)思政分目标设计是对接总目标进行分目标分解,在分目标中达到思政总目标的一部分,每一个分目标结合起来便完成了该教材的总体思政目标。也就是说这种方法突破了以往根据某一个思政点进行局部教育的松散式思政建设,目标更明确,更具系统性。

(3)思政融入点是为了实现思政分目标而挖掘出的可以进行思政融入的部分。其可以是某一知识点,例如"应用电工技术"中的基尔霍夫定律,基于该知识点可引入基尔霍夫的事迹;也可以是某一章的专题拓展,例如"应用电工技术"的第三章供电与用电,基于该章提出主要供电方式发展专题,提出:直流电的时代到来了吗?思政融入应契合教材内容,避免"被思政",融入时需将价值塑造、知识传授和能力培养三者融为一体、不可割裂。

(4)教材思政融入顶层设计是指:从教材思政建设总目标到分目标再到每章如何根据具体知识进行能力与价值延伸的系统性设计。其目的是通过对总目标的逐层分解与对思政融入的合理安排,使得总体思政目标与知识能力目标得以实现,设计出通过该课程的学习,应使学生成为一个怎样的人。在进行顶层设计时,每章思政点的数量与思政元素的分布比例应具备适度性,原则上每章的融入点在3个左右为宜,避免繁杂与过度重复而掩盖知识目标的重要性。

(5)思政内容是思政融入的具体实现,思政内容的编写应根据思政融入点要实现的分解目标进行合理设计,例如"应用电工技术"思政融入点:直流电的时代到来了吗?其要实现的思政目标为哲学思维和民族自豪感,因此在进行内容设计时首先提出为什么交流输电一直占主导地位,通过描述直、交流电历史发展与现状,说明直、交流电之争中交流电的胜出是在当时技术条件下的必然选择。而现如今直流输电的快速发展亦是当前条件下的必然趋势,得出事物发展总有自己的客观规律,使学生具备这种辩证看待问题的哲学思维。而后引出直流输电的发展,我国当前特高压直流输电技术输电能力居于世界第一位,引起学生的民族自豪感。在编写思政内容时应多方位、多平台收集相关素材,进行系统整理与编辑,描述语言应严谨,风格应平易近人,可接受性强,做到学生爱读爱看。

(二)高校工科类教材思政融入新形态

确定思政融入点后通过什么样的方式将思政内容融入教材是一个难题,现有研究中,关于教材思政建设多为宽泛的理论表述,而有关如何将思政内容融入教材的方法概述很少,特别是付诸实践的更是寥寥无几。已有的主要理论方法有:改变教材编写框架,围绕工程实践活动,引出各章节任务、添加课程思政建言;在正文相关知识部分增加相关文字版思政内容;在每章的引入部分增加思政引入等。还有一种思路是结合信息化建设,在教材中增加二维码,通过扫二维码链接思政资源。[①] 该方法目前还有待付诸实践,并且其与教材内容设置如何完美融合也有待探索。

当前,适应"互联网+"的新时代,手机使用与扫二维码成为常态,在教材中添加二维码进行碎片化知识导入,可以使学生随时随地学习。针对上述教材思政融入方法,改善已有教材思政建设缺点,吸收有益建设思路,结合网络化学习发展需要,将网络信息技术与教学内容深度融合,综合运用多种介质,提出教材思政建设新形态。

教材思政建设新形态为:绪论部分综述课程思政育人总目标+分章节基于不同知识点挖掘思政融入元素+二维码链接具体思政资源。

(1)对教材要达到的总体育人目标进行系统性的概括与描述,可在绪论部分专门增加一段进行总结,使教材的整体思政建设清晰明朗。

(2)二维码的具体添加位置、方法和思政内容展现形式需结合不同教材的内容设置进行合理安排。以"应用电工技术"教材为例,其内容设置为各章配合正文,配有较丰富的例题、思考题和练习题。每章前有内容导图、教学要求和项目引例,章后有基本概念自检题和小结。并附有期末考试题及其答案样例、

---

① 刘艳:《从课程思政创新发展看教材出版新模式》,《传播与版权》2021年第8期。

部分习题参考答案。其中每一部分的重点内容都配备链接设置,可通过扫二维码的形式获得"知识点解析""原理动画演示""例题分析""拓展阅读"等,因此在该教材系统编写架构下,思政部分亦可设置二维码链接。并且其二维码添加位置有两种:第一种是基于知识点的思政点二维码直接添加到知识点旁边;第二种是基于不同章节的专题思政点二维码可添加到拓展阅读部分,这样设立的思政链接二维码可与教材系统完美融合,不显突兀。应注意的是:添加时对不同种类二维码应进行区分,可在二维码中间标清类别文字;链接到的思政内容展现方式也可以是多种多样的,包括视频、文字、图片、动画、语音、VR等,不同思政点可依据内容不同选取不同的呈现方式。①

对于此种教材思政建设新形态,若只为达到教材中融入思政内容的目的而直接应用二维码链接,不考虑教材整体性,势必会显得突兀和有"被思政"的感觉。因此,不同教材在使用此种教材思政建设新形态时,应充分考虑其系统架构,合理布置二维码位置,做到整齐划一。

本文以"应用电工技术"教材编写为例,对该教材思政建设融入思路及新形态进行了具体的设计。

三、"应用电工技术"教材融入思政元素的设计

"应用电工技术"是工科高等学校非电类专业的技术基础课程,是机械、能源动力、机器人、土木建筑工程、航空航天等专业本科生的一门电类基础课,其课程建设目标是逐步深入地实现教学手段现代化、教材建设立体化。② 本课程的作用与任务是使学生受到辩证唯物主义和爱国主义教育,获得电工技术必要的基本理论、基本知识和基本技能,了解电工技术的应用和发展概况,为后续学习专业课程、参加学科竞赛、完成毕业设计,以及从事科学技术工程工作打下坚实的基础。

基于工科类教材思政建设内涵,并针对该课程内容特点和要求,确立本课程的思政育人总目标:提升学生的家国情怀、制度自信、文化自信、科技自信;培养学生具备科学思维方法、工程实践能力;增强学生的节能环保意识、电力

---

① 董文波:《课程思政背景下电类专业教材改革的实践探究》,《科技资讯》2021年第16期。

② 杨振坤:《电工学(电工电子技术)精品课程的建设》,《理工高教研究》2005年第3期。

使用安全规范意识、团队协作精神和职业认同感与责任感。使学生成为爱国爱岗、思维活跃、电力知识应用能力较强的优秀技术人才。

在总目标的基础上，结合章节内容进行细致目标分解。涉及电工技术的思政教育目标有：爱国自信、民族自豪感；科技创新、孜孜不倦的探索求知精神；节能环保、职业安全规范意识；精益求精、团结协作的大国工匠精神；使命担当、高度敬业的职业素养等。再将目标分散到各章节中，对不同章节的教学内容进行适度融入与安排，以学科发展新动向介绍、工程伦理教育、工程案例分析、典型工程建设成就分享、典型人物事迹及代表工程分享等思想政治教育的不同形式，对每个章节能够实现分目标的思政点与思政元素进行深入挖掘。对可以融入思政内容的相关素材，通过电工类思政建设论文、网络相关平台搜索等方式进行收集。其中工程类素材收集主要围绕两点：一是突出"激励"，即通过展示我国先进技术、伟大成就，使学生具有自信自豪感，激励学生继续努力进步，例如我国特高压直流输电技术输电能力位居世界第一；二是突出"担当"，即通过将我国部分技术与国际先进水平进行对比，找出差距，让学生意识到发展的重要性，使学生具备使命担当，例如我国变压器制造与国际先进水平还有一定差距等。

通过收集整理获得相关思政素材30件左右，对其进行进一步分析归类、目标融合、对标与挑选，从而确定各章思政融入的基本内容和融入思路，结合思政融入新形态进行该教材思政建设的顶层设计，最终确定总的思政融入点17个，各章的思政融入点与融入方式如表1所示。为实现价值塑造、知识传授、能力培养一体化，思政设计对各项目模块的知识点、能力目标、思政目标、思政元素、思政内容、呈现形式等均进行了梳理和确定。其中，知识点思政拓展二维码放在该知识点旁边，专题阅读二维码放置在每章最后拓展阅读部分。

表1 "应用电工技术"教材融入思政元素设计表

章节	知识点	能力目标	思政目标	思政元素	呈现形式
绪论	了解电的相关知识	建立基本学习目标；形成系统性学习思维	增强学生爱国意识与爱国情怀，使学生具有民族自信与自豪感	爱国情怀 民族自信	微视频

续表

章节	知识点	能力目标	思政目标	思政元素	呈现形式
第一章 电路基础	基尔霍夫定律	掌握基尔霍夫定律的应用；培养分析问题与解决问题的能力	培养学生探索精神与研究精神；提升学生科学研究素质	科学精神	微视频
	戴维南定理	掌握戴维南定理的应用，培养学生解决复杂问题的能力	培养学生分析问题本质的思维方法及复杂问题简单化的思维模式	哲学思维方法论	文档
	思政阅读：电气与第二次工业革命		让学生认识电力对整个人类社会的重要性，增强学生的职业认同感	职业认同	微视频
第二章 交流电路	功率因数的提高	掌握功率因数提高的方法；培养理论联系实际的能力	理解可持续发展目标，增强学生的节能意识	节能环保意识	文档
	思政阅读：交流电小发明		激发学生科技兴趣，培养学生的创新精神	创新精神	微视频
第三章 供电与用电	工业企业配电基本常识	掌握工业企业配电方式，提升学生工业企业配电设计能力	增强学生的规则与规范意识，明白规则与规范的重要性	规则意识 职业规范	文档
	安全用电	了解触电原因与形式，使学生具备安全用电的能力	增强学生职业安全意识，培养做事认真与细致的品质	职业安全 安全意识	文档
	思政阅读：直流电时代到来了吗		培养学生用科学辩证的思维去看待事物发展的能力，增强学生的民族自豪感	哲学思维 民族自豪	微视频

续表

章节	知识点	能力目标	思政目标	思政元素	呈现形式
第四章 磁路与变压器	磁路	掌握磁路欧姆定律;培养分析问题的能力	增强学生的历史认同,培养学生的文化自信	文化自信	文档
	思政阅读:我国变压器的发展之路		增强学生的职业责任感,使学生具有为国家荣誉奋斗的使命担当	职业责任感	微视频
第五章 电动机	电动机的选择	使学生掌握电动机选择原则,了解如何选择电动机	培养学生善于发现问题的思维和实践精神	实践精神	文档
	思政阅读:中国电机之父——钟兆琳		培养学生认真踏实的工作品质,感受老一辈学者的爱国情怀,提升爱国精神、敬业精神	爱国精神 敬业精神	微视频
第六章 电气控制	两台电动机的顺序联锁控制	掌握两台电动机的联锁控制原理,掌握分析电路的能力	增强学生在工作中的协作意识与团结意识	协作精神 团结意识	文档
	思政阅读:疫情中的电网人		增强学生的集体意识,使之具有奉献精神及敬业、精益求精的工匠精神	奉献精神 工匠精神	微视频
第七章 可编程序控制器及其应用	可编程序控制器的组成及工作原理	掌握PLC结构及工作原理;提升理解与分析能力	培养学生追求真理的精神,具备善于发掘事物本质的能力	求知精神	VR
	思政阅读:北京冬奥中的智能化		提升学生的科技自信感,增强学生的使命担当	科技自信 使命担当	微视频

四、"应用电工技术"教材思政融入设计的实现

在以上思政设计思路与初步收集素材基础上,进行具体的思政内容设计,并根据拟呈现的思政形式进行思政素材的全方位整合与编辑,最终确定可实现的思政融入点,且以微视频为主、文档为辅对思政内容进行具体呈现。

微视频制作应达到冲击眼球、让人回味无穷的效果。因此在微视频设计方面包含四个要素:画面,配音,音乐,字幕。其制作顺序为:首先对资料进行文案编辑,然后根据文案进行整体配音,再根据文本内容收集图片视频素材,并与配音的时间节点一一对应,最后根据语音制作字幕、添加适当音乐,完成视频制作。应注意的是:视频图片及音乐素材的收集应充分考虑版权问题,可选择免费可商用版权网站中的具有共享协议的素材,或购买非免费素材的商用版权,避免发生版权纠纷。为防止视频过长导致学生失去兴致,原则上每个视频不应超过 10 分钟,并以 mp4 格式展示。

文档思政内容制作应简洁明了、可读性强,可适当配备图片与语音,以使文档更具活跃性。因此文档设计包括:文本+图片/语音。其中文本编写与视频文本编写步骤相同,即设计内容架构—寻找素材—写作编辑。图片配备应贴合文本内容,注意版权问题。而语音部分主要针对部分故事性事件进行编辑,让读者有一种听书的感觉,有趣又有吸引力。

通过以上视频与文档制作方法,最终完成每一个思政内容的实施成品。具体内容与实现后的形式描述(以微视频为例)如表 2 所示。

表 2 "应用电工技术"教材融入思政内容实施表

序号	内容类别	内容标题	思政内容	具体实施形式描述
1	思政教育	中国电力的发展历程	介绍我国电力起源—发展—沉寂—快速发展的各个时期(爱国情怀),引出在国家和一代代电力人的不懈努力下,我国各种新能源发电装机规模居世界首位,电力实现了跨越式发展(民族自信)。最后对未来电力发展进行畅想	实施方式:微视频 视频时长:11 分 3 秒 视频素材构成:16 个图片、66 个视频、2522 个字及 6 个配乐 二维码位置:绪论最后

续表

序号	内容类别	内容标题	思政内容	具体实施形式描述
2	励志名人	认识基尔霍夫	介绍基尔霍夫提出第一、第二定律的事迹（研究探索）。介绍基尔霍夫经过无数次的实验证明光谱特性的事迹（执着追求）。最后介绍关于基尔霍夫乐观生活的小故事，激励读者应积极乐观迎接各种挑战	实施方式：微视频 视频时长：4分46秒 视频素材构成：22个图片、4个视频、1072个字及1个配乐 二维码位置：第一章基尔霍夫定律旁边
3	思政要素	地球上最后一度电，将是人类最后的渴望	通过功率因数提高可以节能，提出为什么要节能，分析不节能的影响，最后说明应如何节能，要求学生从自身做起、从小事做起（节能环保意识）	实施方式：微视频 视频时长：4分55秒 视频素材构成：33个图片、7个视频、1111个字及1个配乐 二维码位置：第二章功率因数的提高旁边
4	思政阅读	直流电时代到来了吗	描述直、交流电历史与发展现状，说明过去交流电主导的必然性和如今直流电快速发展的必然趋势（哲学思维）。引出我国当前特高压直流输电技术输电能力居于世界第一位（民族自豪），总结直、交流电互补性	实施方式：微视频 视频时长：9分46秒 视频素材构成：70个图片、1个视频、2417个字及1个配乐 二维码位置：第三章拓展阅读部分
5	思政教育	我国变压器发展之路	描述我国变压器发展历程，说明我国变压器发展的优势和短板，明确与国际先进水平的差距，想要更好地发展离不开电工人的努力拼搏（职业责任感），从业者需要有为国家荣誉拼搏的精神，使中国制造早日成为中国精造（使命担当）	实施方式：微视频 视频时长：6分4秒 视频素材构成：70个图片、1个视频、1619个字及1个配乐 二维码位置：第四章拓展阅读部分

续表

序号	内容类别	内容标题	思政内容	具体实施形式描述
6	励志名人	中国电机之父——钟兆琳	描述钟兆琳先生的生平，他是中国第一台交流发电机与电动机的研制者，在国外生活优裕之时毅然回国效力（爱国精神）。回国后从事教育行业，无论是在交大（上海部分）还是响应西迁精神随交大到西安，始终将教书育人视为自己的天职，培养出了一代又一代的人才（敬业精神）	实施方式：微视频 视频时长：6分0秒 视频素材构成：28个图片、7个视频、1435个字及1个配乐 二维码位置：第五章拓展阅读部分
7	思政教育	疫情中的电网人	描述在疫情肆虐之时，几天时间便实现火神山医院、雷神山医院的通电，其中不乏电网人的奉献与团结（奉献精神），疫情期间，其他各处电网人亦坚守岗位，为千家万户送去光明，集体共同抗疫，才有了现在的成效（敬业精神）	实施方式：微视频 视频时长：6分43秒 视频素材构成：27个图片、15个视频、1536个字及1个配乐 二维码位置：第六章拓展阅读部分
8	思政阅读	冬奥中的智能化	对北京冬奥村我国各种智能化与良好的服务进行了罗列，包括智能餐厅、智能机器人、智能床等，体现我国科技力量（科技自信），引出科技强国是维持世界和平发展的主旋律，我们应该参与智能发展，携手一起向未来（使命担当）	实施方式：微视频 视频时长：5分51秒 视频素材构成：24个图片、30个视频、1380个字及1个配乐 二维码位置：第七章拓展阅读部分

五、结语

教材是学生在进行主动学习过程中的一种资源获取方式，教材思政元素的融入能够让学生在自行阅读之时便受到价值观的熏陶，无须依靠教师的引导与讲授,更易形成深刻的印象。因此可以说,教材思政建设是教育体系改革的一个重要环节,探索教材思政建设方法刻不容缓,将教材思政融入的理论设想付诸实践更是当务之急。本文立足教材思政建设目标,提出了适用于高校工科类教材思政建设的一种方法,并结合"应用电工技术"教材进行了实际的设计与实施,验证了该方法的可行性,相信能够为教材思政建设提供有益的借鉴与参考。

"物理光学"课程思政教育的探索与实践

云茂金 王 美 刘眉洁 王 进 郝 伟 滕 冰

摘要:课程是人才培养体系的基本单元和育人的核心载体,课程思政则是立德树人落地生根的关键。在"物理光学"教学中有效地实施课程思政教育,须结合其前沿性鲜明、时代性突出、实践性较强的特点,重构"物理光学"课程的知识体系,更新其教学内容。本文围绕"物理光学"课程核心知识点,探索其蕴含的课程思政元素,将核心知识点与核心价值观、制度优势、科技自信有机融合,引导学生追光逐梦、立志未来,为科技强国贡献力量。课程团队以学生发展为中心,以立德树人为根本任务,围绕"物理光学"课程思政教育开展了有益的探索和实践,并取得了一定的阶段性成果。本文可对理工类课程思政建设起到一定的示范和推广作用。

关键词:课程思政;"物理光学";探索与实践

党的十八大以来,习近平总书记多次强调,高校思想政治工作必须关注培养什么人、怎样培养人以及为谁培养人的问题,思政教育必须贯穿整个大学教

基金项目:山东省一流本科课程建设项目;山东省课程思政示范课程建设项目。
作者简介:云茂金,博士,教授,博士生导师,应用物理学国家级一流本科专业负责人,物理光学省级课程思政示范课程负责人,山东省物理学类教学指导委员会委员,中国光学学会光学教育专业委员会常务委员。其他作者简介略。

育,把立德树人的根本任务落实到位,实现全过程育人。在此背景下,《高等学校课程思政建设指导纲要》指出,要紧紧抓住教师队伍"主力军"、课程建设"主战场"、课堂教学"主渠道",让所有高校、所有教师、所有课程都承担好育人责任,守好一段渠、种好责任田,使各类课程与思政课程同向同行,将显性教育和隐性教育相统一,形成协同效应,构建全员全程全方位育人大格局。①

"物理光学"课程作为高等学校电子信息类、物理学类专业的核心课程之一,是突破国外高端光电技术、仪器封锁及解决"卡脖子"难题极为基础的核心课程之一。本课程以光这种物质为研究对象,从光波的电磁场理论出发,研究光的干涉、衍射、偏振及光信息处理和光的量子性等。② 青岛大学"物理光学"课程教学团队围绕"物理光学"课程思政建设进行了系统探索,在课堂教学中结合基础理论的讲授,通过引入我们的国之重器——"中国天眼"(FAST)、大科学装置——上海同步辐射光源、神光多功能高能激光系统、"墨子号"量子科学实验卫星等我国在光学领域的前沿技术、方法和成就,把思政元素有机融入课堂教学,润物无声地把知识的传授、价值的塑造和能力的培养融为一体,践行为党育人、为国育才的使命。课程团队围绕"物理光学"课程思政建设取得了一定的阶段性成果,如 2018 年获山东省高等教育教学成果奖一等奖、2019年入选山东省一流本科课程、2021 年入选山东省课程思政示范课程。

一、"物理光学"课程思政建设中存在的问题

"物理光学"课程具有突出的前沿性、鲜明的时代性、很强的实践性,强调理论与实践相结合。教学内容中不乏大量理论公式的推导及讨论,加上课时的限制,长期以来导致任课老师在课堂上只注重知识的传授,而忽略了对课程知识本身蕴含价值的传播,容易让学生淡忘学习知识的初心、价值和意义。在物理光学传统的课堂教学中,教书仅仅是传授知识,完成教学任务,对育人任务则避而不谈,完全交给思政类课程,教书与育人这个有机联系的整体被人为地打破。这不仅让我们背离了教书育人的初心,还使立德树人的成效大打折扣。

---

① http://www.moe.gov.cn/srcsite/A08/s7056/202006/t20200603_462437.html。
② 梁铨廷:《物理光学(第 3 版)》,电子工业出版社 2008 年版。

为此,"物理光学"课程教学团队基于青岛大学物理学学科专业的特色和优势,以应用物理国家级实验教学示范中心、中央与地方共建高校特色优势学科光电材料与器件实验室、山东省中法纳米光电技术国际合作中心、山东省高校光子学材料与技术强化重点实验室、山东省高校海洋观测与宽带通信技术协同创新中心为平台,围绕应用物理学国家级一流本科专业、光电信息科学与工程省级一流本科专业人才培养目标,结合物理光学课程实用性强、时代性突出的特点,重构其知识体系,更新其教学内容,深入挖掘其知识点所蕴含的思政元素,构建了知识传授、能力培养和素质发展"三位一体"的课程教学目标。[1][2] 在知识传授上,通过课程学习,使学生掌握光的干涉、衍射、偏振及光信息处理和光的量子性等知识,在此基础上增加光学学科发展前沿内容。在能力培养上,使学生具备解决实际问题的综合能力和创新思维,接受科研方法的初步训练。在素质发展上,以学生为中心,把立德树人的根本任务落地生根,通过知识传授和价值引领的相互融合,有意无形、润物无声地逐步让学生树立正确的世界观、价值观和人生观。[3][4][5] 物理光学课程思政建设实施以来,知识传授、能力培养和素质发展"三位一体"的课程教学目标得以实现,立德树人的根本任务得以落实,在专业课的课程思政建设方面有一定的示范和推广作用。

二、"物理光学"课程思政建设的具体举措及实施

1. 深挖课程思政元素,引导学生树立正确的世界观、人生观、价值观

课程思政的目的是立德树人,立德树人的根本任务是引导学生树立正确的世界观、人生观和价值观。为此,我们结合物理光学课程的基础知识挖掘蕴

---

[1] 蒋最敏、李琲琲、徐珂:《试论高校理工科课程思政中"国家意识"的塑造》,《中国大学教学》,2022年第3期。

[2] 黄桂芹、张安然、伊静慧:《电磁学课程思政资源的挖掘——以渗透辩证唯物主义思想为例》,《大学物理》2023年第1期。

[3] 王青、忻蓓:《物理专业课程思政建设的认识与思考》,《中国大学教学》2021年第3期。

[4] 李鹏、耿璐、李志坚等:《地方高校物理学高质量课程思政建设如何回答好基础三问》,《大学物理》2022年第6期。

[5] 李慧、李亮、刘淞佐:《新工科视角下课程思政建设挑战及应对策略》,《黑龙江高教研究》2023年第4期。

含世界观、人生观和价值观的思政元素,将其自然而然地融入课堂教学,于润物无声的过程中实现课程育人的目标。比如,讲到光的本性时,介绍牛顿的微粒说与惠更斯的波动说之间的学术争论。在这场持久的学术争论中,因牛顿在物理界巨大的成就,光的微粒说一直占据上风,直到杨氏双缝干涉实验给出光的波动性的实验验证,为开启光学的真理找到了一把钥匙,惠更斯的波动学说才得以站稳脚跟。正是惠更斯、托马斯·杨和菲涅耳等人这种尊重权威、挑战权威、超越权威的正确的世界观,推动了自然科学的发展,使人们进一步认识了光的本性。再比如,讲到光学仪器的分辨本领时,引出我们的国之重器——"中国天眼"(FAST),这是由我国自主设计、灵敏度最高、单口径世界最大的射电望远镜。接着介绍其总设计师,朴实醇厚、淡泊名利、胸怀全局的"人民科学家"南仁东先生,把他为"中国天眼"工程鞠躬尽瘁的人生观和价值观传输给学生。老师用心地把这两个思政元素与物理光学课程知识点有机融合,在走心地传授知识的同时引导学生树立正确的世界观、人生观和价值观,把对学生的价值引领落实到位。

2. 深挖课程思政元素,彰显中国制度优势

利用课程思政,讲解中国特色社会主义制度优势,需要把物理光学的基础知识和我国在光学领域的前沿进展相结合,借助真实可见的发展成就来说明中国特色社会主义制度优势的真实性。比如,讲到光的量子性时,我们会介绍世界上第一颗由我国科学家自主研制的"墨子号"量子科学实验卫星。在中国科学院空间科学战略性先导科技专项支持下,通过中国科学院国家空间科学中心、中国科学技术大学、中国科学院上海微小卫星创新研究院、中国科学院上海技术物理研究所、中国科学院国家空间科学中心、中国科学院上海光学精密机械研究所等研究机构的强强联合和通力合作,突破了卫星平台、有效载荷、地面光学收发等一系列高新技术,最终成功研制并发射了具有自主知识产权的量子科学实验卫星,大大提升了我国在量子通信技术领域的国际地位,为我国量子科学的发展奠定了坚实的基础。通过光的量子性与"墨子号"量子科学实验卫星的有机融合,润物无声地让学生体会到我们"全国一盘棋,集中力量办大事"的中国特色社会主义制度的显著优势。

3. 深挖课程思政元素,彰显中国科技自信

把物理光学的基础知识和与之相关的中国现代大科学装置相结合,深挖

大科学装置背后的思政元素,不仅让学生知道学有所用,还能在领略科技发展魅力的同时,潜移默化地培养其科技自信、文化自信。比如,讲到衍射光栅,我们通过介绍啁啾脉冲放大技术,扩展脉冲压缩光栅在超短、超强激光中的应用。借此引入"上海光源"、"神光Ⅰ、Ⅱ、Ⅲ"和"羲和"激光等我国的一系列现代大科学装置。大尺寸脉冲压缩光栅作为这些"国之重器"的核心器件属于"卡脖子"难题,而这些核心技术、核心器件是等不来、要不来的,只能靠技术创新。为此,中国科学院上海光学精密机械研究所的研究人员克服重重阻力,首次在世界上提出了利用大口径离轴反射曝光系统制作米级脉冲压缩光栅的创新方案,且在2022年5月取得突破性进展,为我国超短、超强激光技术发展提供了有力支撑。通过这一案例,在带领学生感悟科学家们攻坚克难的决心、领略科技强国的独特魅力的同时,如盐入水般地厚植其科技自信、文化自信。

4. 深挖课程思政元素,引导学生追光逐梦、立志未来

在物理光学基础知识的来龙去脉中深挖课程思政元素,将其引入课堂教学,潜移默化地引导学生追光逐梦、立志未来,为科技强国贡献一份力量。比如,在衍射部分讲到经典衍射极限时,在学生掌握经典衍射极限的基本理论之后,我们通过介绍超高分辨率荧光显微镜,引入光学超分辨这一研究前沿,使学生了解通过减少波长、增加透镜数值孔径的方式可实现光学超分辨,并介绍其在芯片加工制造领域的核心设备、"卡脖子"的关键设备——光刻机中的应用。在此基础上,使学生了解光刻机的三大核心技术,不管是深紫外光源、还是高数值孔径的物镜系统和高精密的工作台,对我们而言统统是禁运的。借此让学生知道禁运并不可怕,反而会促进我们自主研发的创新动力和能力,也正是在这种创新动力的驱使下,国产光刻机必将迎来新的突破。借此激励学生打好基础、勇于创新、追光逐梦,立志成为我们科技强国中的"大国工匠"。

5. 课程思政实施成效及改进

自课程思政实施以来,在课程建设、能力培养和素质发展方面取得了一定的成果。在课程建设上,"物理光学"于2019年和2020年分别入选首批省级一流本科课程和课程思政示范课程,"基于光学方法的宽谱太赫兹波产生和应用"于2021年入选省级虚拟仿真实验项目。在能力培养上,学生的创新能力得到明显提升,近3年光电信息科学与工程专业学生80余人在国家级、省级学科竞赛中获奖,如全国大学生光电设计竞赛二等奖、"挑战杯"全国大学生课

外学术科技作品竞赛三等奖等，多名本科生获国家发明专利、以第一作者在《实验室科学》、*Optics Express*等期刊发表论文。在素质发展上，应用物理学专业学生利用应用物理国家级实验教学示范中心，对中小学生开展科普教育，不仅提升了青少年的科学素质、激发了科学兴趣，还于2019年获批全国党建工作样板支部培育创建单位、2020年获批青岛市科普教育基地。在物理光学课程思政的实践教学过程中，我们将继续以学生发展为中心，以立德树人为根本任务，按照国家级一流课程要求，以"高阶性、创新性、挑战度"为标准，继续深挖思政元素，并与课程知识有机衔接，使课程思政建设体系化。

三、结语

课程团队在教学过程中以学生发展为中心，以立德树人为根本任务，注重知识传授与价值引领的有机融合，通过多年的教学实践和探索，结合"物理光学"课程实用性强、时代性突出的特点，对课程教学内容进一步梳理，深挖教学内容所蕴含的课程思政元素，将其有机融入课堂教学，不仅能于润物无声中引导学生树立正确的世界观、人生观和价值观，还能在教学过程中厚植其科技自信、制度自信的爱国情怀和追光逐梦、立志未来的强国梦想。"物理光学"课程思政实施以来取得了一定的阶段性成果，如2018年获山东省高等教育教学成果奖一等奖、2019年入选山东省一流本科课程、2021年入选山东省课程思政示范课程等，为理工类专业课的课程思政建设起到一定的示范推广作用。

基于情境模拟的交替传译课程思政教学研究

徐 彤　赖祎华

摘要：交替传译是涉外工作中应用较为广泛的口译工作形式，主要服务于国家机关及企事业单位的重要外事活动，这要求口译员不但要具备扎实的口译技能功底，还要有良好的思想政治素质。如何培养既有较强专业技能，又能站稳正确立场讲好中国故事的口译工作者？基于情境模拟的交替传译课程思政教学模式，以N大学2018级及2019级英语口译专业16名硕士研究生为研究对象，设计交替传译课程思政教学成效量表，分析发现：①在口译能力提升方面，提升口译中多任务处理的能力和增强口译实践中对语块与信息分层的能力、增加对百科知识的了解和增加对专业主题知识的了解之间呈高度正相关；②在思政素养提升方面，增加对自身所处本土文化的了解和增加对中国传统文化的了解、增强正确分析把握文本的跨文化交际性的能力和拓展国际视野以更好地分析国内外形势、增强对"四个自信"的价值认同和增强对"四个意识"的价值认同之间呈高度正相关。

关键词：交替传译；课程思政；情境模拟法；教学研究

基金项目：江西省研究生创新专项资金项目"新时代'中国故事'的国际认同及对外话语体系优化研究"（项目编号：YC2022-B028）；江西省教育科学"十四五"规划重点课题"高校学生用英语讲好中国故事的能力培养研究"（项目编号：21ZD007）；南昌大学学位与研究生教改项目"基于情境模拟的口译实践教学研究"（项目编号：NCUYJSJG-2021-072）。

作者简介：徐彤，南昌大学马克思主义学院在读博士研究生，南昌大学外国语学院翻译专业硕士研究生，主要研究方向为课程思政、中国文化"走出去"等；赖祎华（通讯作者），南昌大学外国语学院教授，主要研究方向为中国文化"走出去"与外宣翻译、口译理论与实践、高校英语教育等。

一、引言

多年来,我国高校英语专业教学仅仅加强了对目的语文化内容的导入,而忽视和边缘化了交际主体的中国母语文化的英语表达。① 但外语教育中融入"中国文化"不仅对于丰富教育对象的人文素养不可或缺,更是我国新形势下战略转型的人才培养诉求,是促进中华民族优秀文化"走出去""讲好中国故事"的迫切需求。② 《高等学校课程思政建设指导纲要》指出,要把思想政治教育贯穿人才培养体系,全面推进高校课程思政建设,发挥好每门课程的育人作用。交替传译作为英语专业课,旨在培养能对外讲好中国故事的人才,其课程思政建设尤为重要。同时,在教学中可以运用情境模拟法以拓展学校课程,丰富学生的学习内容和情感体验,克服学科学习中的去情境化。③ 当前,国内外基于情境模拟的英语课程教学研究较多,但关于情境模拟下交替传译教学,尤其是融入课程思政的具体操作与有效性研究较少,尚待探索。鉴于此,本文着眼于情境模拟下交替传译课程思政教学模式,分别设计学生口译能力提升量表和思政素养提升量表,了解学生对于教学的满意度,并结合访谈探究问题原因,以期为情境模拟在英语口译教学中的创新应用提供新视角,为口译能力与思政素养提升量表设计提供新思路,为新模式下教学内容设置优化提供新启示。

二、文献综述

(一)交替传译课程思政

2014年,上海市委市政府针对国情首次提出"课程思政"这一概念,旨在构建集思想政治理论课、通识课、哲学社会科学课、自然科学课等多门类课程于一体的立体化课程体系,从而形成360度"熔炉式"思想政治课程模式。④

---

① 邓耘:《中国母语文化"失语"与英语教育——在英语教学中导入中国母语文化》,《中国教育学刊》2016年第S1期。
② 袁小陆、赵娟、王辉:《英语专业教育中的中国文化传承现状研究》,《中国外语》2021年第4期。
③ 庞维国:《论体验式学习》,《全球教育展望》2011年第6期。
④ 闵辉:《课程思政与高校哲学社会科学育人功能》,《中国高等教育》2017年第Z3期。

从原则向度看,课程思政要遵循顶层设计与制度建设、政治导向与学术标准、教书育人与学生成长等相统一的原则。① 从内在逻辑看,课程思政是高校隐性思政教育理念发展的必然和思想政治教育内在本质要求。② 从构建目标看,中国要结合国情探索新路,发挥思政课的"群舞中领舞"作用,实现所有高校课程的"共舞中共振"效应。③ 目前,国内关于将课程思政融入英语教学的研究已有初步探索,大多关注于公共英语课程,有学者提出,首先要认识大学英语课程思政在立德树人方面的时代价值,其次要引导青年学子以批判的眼光学习西方文化,最后也是最重要的一点,要培养青年学子对民族文化的自信。④ 而英语专业课程中,国内学者涉足尚浅,只涉及商务英语⑤、经典阅读⑥等少量课程。同时,"课程思政"作为本土化的概念,在国外尚没有对应表述。国外学者有关"德育"的研究本质与"思政"的主旨相似,多冠以"德育"或"爱国主义教育"之名,教育关注显性与隐性相统一,线上与线下相结合,分年龄分阶段分层次学习。

由上可见,已有研究价值不言而喻,但更多关注公共英语课程中的课程思政建设,缺乏对英语专业课程尤其是在口译课程中融入课程思政的相关研究。因此,交替传译"课程思政"教学内容呈现、教学成效、现存问题以及优化方向等有待进一步探究。

(二)情境模拟法及相关研究

在教学中,美国教学家Dewey首次提出"情境"这一概念,并指出"从做中

---

① 倪素香、程玲:《论高校课程思政建设的原则向度》,《课程思政教学研究》2022年第1期。
② 何红娟:《"思政课程"到"课程思政"发展的内在逻辑及建构策略》,《思想政治教育研究》2017年第5期。
③ 高德毅、宗爱东:《从思政课程到课程思政:从战略高度构建高校思想政治教育课程体系》,《中国高等教育》2017年第1期。
④ 夏文红、何芳:《大学英语"课程思政"的使命担当》,《人民论坛》2019年第30期。
⑤ 唐慧利、崔萌筱、耿紫珍:《课程思政融入商务英语教学的探索与实践》,《西安外国语大学学报》2021年第3期。
⑥ 尹晶:《经典阅读与思政教育——英国文学课程思政体系之尝试性建构》,《中国外语》2021年第2期。

学"①的重要性,即"主张让学生从经验中学习,通过解决问题来学习……最主要的收益不在于问题解决本身,而在于发现问题中所隐含的各种关系以及对问题情境的某些侧面的更深的理解"②。情境模拟教学法是指教师通过对事件或事物发生与发展的情境、环境、过程的模拟或虚拟再现,让学生在接近现实情况下扮演某种角色或进入某种心理状态,并和其中的人或事产生互动,以加深感受、深化认知,使学生心理机能得到开发,达到自觉接受教学内容,并在短时间内提高素质与能力的一种教学方法。③ 就学习能力而言,情境学习理论认为,认知能力固然重要,但脱离具体的实践环境,一方面认知能力难以真正形成,另一方面即使形成,也毫无用武之地。④ 因此,唯有将学习镶嵌于它所维系的情境之中,学习才会被赋予真正的意义。⑤ 就学习方式而言,情境学习包括多种方式,其中如果在剧本模拟中可以重现真实世界的重要元素,那么这一实践对于情境学习以及其他研究领域来说都是无价的珍宝。⑥ 就学习过程而言,学生可以通过与他人合作或个人参与,提高自身的情感理解,并以自身视角看待情况与问题。⑦ 此外,国内外学者也不断创新将情境模拟法融入课程教学的方式,如心理学思想⑧、互联网⑨等。

---

① John Dewey,"Democracy and education", New York:The Free Press,1916.

② 张建伟、孙燕青:《从"做中学"到建构主义——探究学习的理论轨迹》,《教育理论与实践》2006 年第 7 期。

③ 程守梅、贺彦凤、刘云波:《论情境模拟教学法的理论依据》,《成人教育》2011 年第 7 期。

④ 杨艳玲:《情景模拟教学法在干部培训中的应用研究——以国家教育行政学院"高校突发事件新闻发布会模拟演练"课程为例》,《国家教育行政学院学报》2013 年第 1 期。

⑤ 应方淦、高志敏:《情境学习理论视野中的成人学习》,《开放教育研究》2007 年第 3 期。

⑥ Christopher Andersen,"Learning in'as if'worlds:cognition in drama in education", Theory into Practice,2004,vol. 4.

⑦ Penny Singh,"Environmental education:Enhancing learning and awareness through assessment",Systemic Practice and Action Research,2013,vol. 3.

⑧ Michael F. Young,"Instructional design for situated learning",Educational Technology Research & Development,1993,vol. 1.

⑨ 赖祎华、祝伟国:《互联网+交替传译开放式教学模式研究》,《外语电化教学》2018 年第 4 期。

真实场景的口译实践资源匮乏,大量口译教师在实际教学中主要采用"录音+练习"的传统教学模式,而教学中运用情境模拟法,又可能存在使用随意、对学生专业能力体系养成支持不周全、与其他实践教学方法之间的配合脱节等问题。① 英语专业中的交替传译作为涉外工作中应用广泛的口译工作形式,肩负服务国家机关及企事业单位外事活动的重要使命,是对外讲好中国故事的重要窗口。因此,探索基于情境模拟的交替传译课程思政教学经验与未来优化方向具有重要意义。本研究回顾 N 大学外国语学院交替传译课程思政教学模式,以英语口译专业 16 名硕士研究生为研究对象,设计教学成效量表,分析教学对于学生口译能力和思政素养双提升的成效与可能存在的问题,通过访谈探究原因并结合结果提出教学建议。

三、研究设计

(一)研究问题

本文旨在回答以下两个问题:

(1)学生口译能力和思政素养提升量表可以由哪些维度构成?各维度主要包含哪些内容?

(2)基于情境模拟的交替传译课程思政教学对学生口译能力和思政素养提升的作用如何?各教学内容间有何关系?结果有何启示?

(二)研究对象

本研究选取 N 大学英语口译专业 16 名硕士研究生为研究对象,其中 8 名为 2018 级翻译硕士研究生,8 名为 2019 级翻译硕士研究生。这 16 名学生英语基础相近,交替传译课程由同一教师讲授,课程学习要求和主题相同。在研究开展前,学生均完成交替传译课程所有内容学习,对教学模式及学习成效有亲身体验。

研究采用问卷调查法,分别设计学生口译能力提升和思政素养提升两个调查问卷,采用李克特量表(1=非常不符合,2=不太符合,3=不确定,4=比较

---

① 丁宁:《情境模拟教学模式的功能定位与实现》,《高教探索》2018 年第 2 期。

符合,5=非常符合),以了解学生对于交替口译课程对自身口译能力和思政素养培养的认可度。

(三)研究内容

1. 基于情境模拟的交替传译课程思政教学的课堂组织方式

基于情境模拟的交替传译课程思政教学以教师引导、学生主导的教学理念,运用情境模拟法,并在口译教学内容中融入思政元素,实现学生口译能力与思政素养的双提升(见图1)。教学贯穿课前、课中、课后全过程,具体组织方式可以从主题设置与资料准备、演讲口译与多元点评、自我反思与自我总结三方面展开。

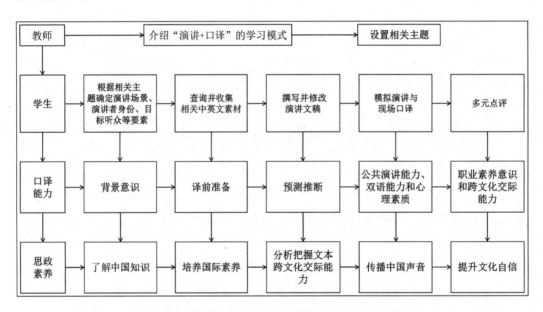

图1 基于情境模拟的交替传译课程思政教学流程图

1) 课前:主题设置与资料准备

教师根据教学大纲将交替传译课程内容分为10个专题。同时,教师基于优秀教学案例,结合国家时政、本土文化、传统文化等德育元素及口译工作可能遇到的基本场景,系统、有规划地在每个教学专题中对应设置一个口译主题,以助力培养学生思政素养,让学生在口译学习过程中体悟先人的"家国情怀"、了解国内时事政治等。

教师在课前一周向学生介绍课程主题,学生根据主题确定虚拟的演讲者身份,提前查找相关资料并依据指定的模拟情境构思、撰写英汉双语演讲稿。

其中,演讲稿的撰写要求学生做足准备工作,熟悉主题背景知识及相关术语表达,文后至少列出10条参考文献。学生在写作过程中可以增长对中国知识的了解,拓展国际视野,锻炼自身文本构建能力,提升在真实口译场景中对演讲者话语逻辑的预判、领悟能力,打破被动接收信息的窘境。整体来说,这既能引导学生关注中国传统文化、时事政治等,有效开展口译专业课程思政教育,又能增强学生双语学习能力和资料收集能力,突破传统教学模式中单纯针对语言能力进行训练的瓶颈。

2)课中:演讲口译与多元点评

教师在课堂上首先介绍课堂内容的教学目的和教学主题,然后指定学生做英文或中文的现场演讲并随机抽选1~2名学生担任现场口译员。正式模拟演讲前,演讲人和口译员有短暂时间沟通协商演讲停顿的频次。口译的训练方式由短交传逐渐过渡到长交传,时长为1~3分钟。模拟结束后,教师在行动研究理论指导下,组织其他学生对模拟情景演讲及其文稿的逻辑组织、语言及非语言表达展开点评;进而对学生分析思路加以点评并依据"及时性、准确性和流畅性"的口译标准,对学生的现场口译表现展开点评;最后总结学生间讨论情况及"演讲+口译"专题实践表现等。

基于情境模拟的"演讲+口译"的教学方式,一方面通过虚拟演讲主题,提高学生文本构建能力,锻炼学生逻辑组织识别能力、演讲能力、口译能力以及职业素养,有效克服口译工作被动接收信息的窘境,从而引导学生不断积累口译知识和经验,运用和强化口译技能,在模拟实践中养成良好的职业习惯;另一方面通过自编案例,在教学内容中融入课程思政元素,让学生在课程中无论是作为演讲者还是口译员都能增进对中国优秀传统文化和时政的了解,增强用外语讲好中国故事的能力,无形中提升思政素养。

3)课后:自我反思与自我总结

学生在期中与期末分别进行阶段性总结与反思,全盘剖析自身表现的优缺点、思考未来进步空间、规划针对性提高计划等。同时,教师参考学生的课堂表现和课后反思,进而反思课堂教学设置并及时调整以更好地开展教学活动。

学生通过课后的反思与总结,意识到自身不足之处。教师全程开展交替传译课程思政教学,尤其通过课后反思,回顾课程并予以优化,实现持续性培养和打造学生的"三手"能力:"语言的高手"——英汉双语能力,"交际的能手"——口译交际能力,"文本的强手"——话语组织领悟能力。

2.基于情境模拟的交替传译课程思政教学与传统教学的区别

基于情境模拟的交替传译课程思政教学模式既可以模拟真实工作场景,创造性地为学生提供虚拟的口译实践,又可以围绕现实主题展开练习,引导学生关注中国文化和时政背景知识,有效开展口译专业课程思政教育。该教学模式在很多方面不同于传统的口译教学模式(见表1)。

表1 基于情境模拟的交替传译课程思政教学与传统教学的区别

区别	交替传译课程思政教学模式	传统教学模式
学习目标	提升学生的译员能力并培养学生的思政素质	以提升学生的口译能力为主
学习内容	课本教材和大量课外资料相结合	以课本教材为主
教师作用	学生作为主体进行"演讲+口译"练习,教师适当指导并组织对学生的多元点评	教师作为主体选择口译材料并点评学生的口译表现
学生表现	学生主动收集材料并练习口译	学生被动练习口译材料
课内外学习	课外根据指定话题搜集演讲资料,课内模拟真实口译实践场景	以课内口译训练为主,课外资料预习与复习为辅
学习评估	教师点评并组织学生自评与互评,关注学生的综合译员能力	教师对学生进行评估,以纠正口译中语法错误为主
学习模式	学生通过"演讲+口译"的模式练习,教师组织多元点评	学生听录音并即时口译,教师选听后纠错

(四)量表设计

1. 学生口译能力提升量表设计

基于情境模拟的交替传译课程思政教学采取"演讲+口译"的方式,模拟学生未来工作可能面临的口译真实场景,并在口译学习中融入思政元素,旨在为社会培养专业技能与思政素养双达标的合格口译员。设计学生口译能力提升量表需依据特定的口译评估目的,如考察真实实践中英语口译,宜评价口译质量;如考察教学中学生口译情况或在实验模拟状况下分析口译过程与结果,宜评价口译表现；如考察胜任某口译工作或成为合格译员，宜评估译员能力。[①]因而基于情境模拟的交替传译课程思政教学模式应评估学生的译员能力。基于此，本文中的学生口译能力提升量表参考了王斌华所提出的"译员能力"评估内容，即口译员内在知识与技能体系以及心理、身体素质和职业素养，辅以借鉴口译能力等级量表（涵盖口译能力表现、口译策略能力、口译知识和口译典型特征），结合课堂教学内容和理论知识要点，共设置四大维度。其中具体包括了解学生通过课程对于听辨理解能力、口语表达能力、百科知识、专业主题知识、多任务处理、口译语块与信息分层、口译公共演讲技巧、口译跨文化交际能力、心理素质以及职业素养（眼神交流、礼仪姿态等）十个方面的收获感受。

2. 学生思政素养提升量表设计

交替传译课程思政教学旨在将思政元素融入课堂教育教学中，实现交替传译课程与思政课同向同行，既提升学生的口译能力，又在一定程度上培养学生的思政素养。学生思政素养的培养重点在于树立科学的世界观、人生观与价值观，逐步增强学生的思想觉悟、政治信念、道德品格。因此，根据知识性、工具性、思辨性、人文性四位一体的课程思政特征，结合课堂教学内容和理论知识要点，设置了解中国知识、传播中国声音、培养跨文化交际与国际视野、树立四个自信与四个意识这四大维度。其中具体包括了解学生通过课程对于本土文化、传统文化、国家时政、听辨理解双语故事能力、口语表达中国文化能力、正确分析把握文本的跨文化交际性、正确分析国内外形势、培养四个意识、培养四个自信这九个方面的收获感受。

四、研究发现

（一）量表信度分析

信度分析用于测量数据可靠性、可信度、真实性等，通常使用重测信度法、复本信度法、折半信度法和克隆巴赫系数这几种测量方法。根据研究实际，本文选用克隆巴赫系数以测量数据的信度质量水平，其中若克隆巴赫系数值高

[①] Barbara Moser-Mercer, "Quality in interpreting: Some methodological issues", The Interpreter's Newsletter, 1996, vol. 7.

于 0.8,说明信度很高;若克隆巴赫系数为 0.7~0.8,说明信度较高;若克隆巴赫系数为 0.6~0.7,说明信度可接受;若克隆巴赫系数小于 0.6,说明信度不佳。

1. 学生口译能力提升量表信度分析

学生口译能力提升量表设有四大维度,以各个维度与综合整体为单位进行分析(见表2)。从各个维度来看,双语能力模块和口译技巧模块信度系数分别为 0.797 和 0.780,大于 0.7,说明信度较高;言外知识模块信度系数为 0.942,大于 0.9,说明信度很高;职业素养模块信度系数为 0.658,大于 0.6,说明信度可接受。由于各维度题项较少,可将所有题项合并在一起进行信度分析。从综合整体来看,信度系数值为 0.921,大于 0.9,说明整体研究数据信度很高。

表2 学生口译能力提升量表的信度分析

评价标准	评价项目	克隆巴赫系数	
双语能力模块	1. 提高口译听辨理解能力	0.797	0.921
	2. 提高双语口语表达能力		
言外知识模块	3. 增加对百科知识的了解	0.942	
	4. 增加对专业主题知识的了解		
口译技巧模块	5. 提升口译中多任务处理的能力	0.780	
	6. 增强口译实践中对语块与信息分层的能力		
	7. 增强口译公共演讲技巧		
	8. 提升口译跨文化交际能力		
职业素养模块	9. 增强自身心理素质以更好应对口译任务	0.658	
	10. 提升自身口译职业素养意识(眼神交流、礼仪姿态等)		

2. 学生思政素养提升量表信度分析

学生思政素养提升量表设有四大维度,以各个维度与综合整体为单位进行分析(见表3)。从各个维度来看,知识性模块、思辨性模块和人文性模块信度系数分别为 0.926、0.949 和 0.960,大于 0.9,说明信度很高;工具性模块信度系数为 0.348,小于 0.6,说明信度不佳。由于各维度题项较少,可将所有题项合并在一起进行信度分析。从综合整体来看,信度系数值为 0.958,大于 0.9,说明整体研究数据信度很高。

表3 学生思政素养提升量表的信度分析

评价标准	评价项目	克隆巴赫系数	
知识性模块	1.增加对自身所处本土文化的了解	0.926	0.958
	2.增加对中国传统文化的了解		
	3.增加对国家时政的了解		
工具性模块	4.增强听辨理解双语版中国故事的能力	0.348	
	5.提升双语介绍中国故事的表达能力		
思辨性模块	6.增强正确分析把握文本的跨文化交际性的能力	0.949	
	7.拓展国际视野以更好地分析国内外形势		
人文性模块	8.增强对"四个自信"的价值认同	0.960	
	9.增强对"四个意识"的价值认同		

(二)量表相关性分析

相关性分析用于研究定量数据之间的关系情况,包括是否有关系、关系紧密程度等。相关性分析结果中,相关系数大于0为正相关,反之为负相关。一般0.7以上说明关系非常紧密;0.4~0.7说明关系紧密;0.2~0.4说明关系一般;相关系数小于0.2,若依然呈现出显著性(右上角有星号,1个星号表示在0.05水平上显著,2个星号表示在0.01水平上显著),则说明关系较弱,但依然有相关性。

1.学生口译能力提升量表相关性分析

根据学生口译能力提升量表,计算单个问题平均值和标准差及各问题间相关性(见表4)。

表4 学生口译能力提升量表相关性分析

项目	平均值	标准差	Q1	Q2	Q3	Q4	Q5	Q6	Q7	Q8	Q9	Q10
Q1	4.563	0.629	1									
Q2	4.563	0.629	0.663**	1								
Q3	4.438	0.814	0.529*	0.529*	1							
Q4	4.563	0.629	0.495	0.663**	0.919**	1						
Q5	4.563	0.629	0.832**	0.832**	0.659**	0.663**	1					
Q6	4.563	0.629	0.532**	0.832**	0.659**	0.663**	1.000**	1				

续表

项目	平均值	标准差	Q1	Q2	Q3	Q4	Q5	Q6	Q7	Q8	Q9	Q10
Q7	4.875	0.342	0.039	0.349	0.450	0.659**	0.349	0.349	1			
Q8	4.438	0.727	0.592*	0.300	0.443	0.446	0.446	0.446	0.235	1		
Q9	4.563	0.512	0.401	0.401	0.490	0.608*	0.401	0.404	0.429	0.548*	1	
Q10	4.625	0.619	0.406	0.406	0.612*	0.749**	0.578*	0.578*	0.709**	0.389	0.499*	1

根据平均值,学生对于课程在双语能力、言外知识、口译技巧和职业素养培养与提升方面,总体评价良好;在增强口译公共演讲技巧(Q7)方面,学生总体评价最高,为4.875(总分为5)。

根据标准差,学生对于增加对百科知识的了解(Q3)分歧最大,为0.814(总分为1)。结合后期访谈,主要原因如下。第一,不同学生的基础存在差别,基础薄弱的学生学习百科知识起初进步缓慢;基础较好的学生,新知识与已知知识融会贯通,进步明显。第二,课程为针对性学习,课程中涉及主题的相关百科知识学习明显增多,但综合百科知识积累难以靠一门课程或一个学期而产生质变。

就相关性而言,提升口译中多任务处理的能力(Q5)和增强口译实践中对语块与信息分层的能力(Q6)间呈高度正相关($r=1.000$);增加对百科知识的了解(Q3)和增加对专业主题知识的了解(Q4)间呈高度正相关($r=0.919$)。

2. 学生思政素养提升量表相关性分析

根据学生思政素养提升量表,计算单个问题平均值和标准差及各问题间相关性(见表5)。

表5 学生思政素养提升量表相关性分析

项目	平均值	标准差	Q1	Q2	Q3	Q4	Q5	Q6	Q7	Q8	Q9
Q1	4.563	0.629	1								
Q2	4.500	0.730	0.943**	1							
Q3	4.625	0.619	0.749**	0.737**	1						
Q4	4.750	0.447	0.770**	0.816**	0.602*	1					
Q5	4.875	0.342	0.629**	0.535*	0.709**	0.218	1				

续表

项目	平均值	标准差	Q1	Q2	Q3	Q4	Q5	Q6	Q7	Q8	Q9
Q6	4.563	0.629	0.832**	0.798**	0.749**	0.770**	0.659**	1			
Q7	4.438	0.892	0.839**	0.767**	0.800**	0.627**	0.848**	0.958**	1		
Q8	4.500	0.966	0.823**	0.850**	0.780**	0.617*	0.808**	0.823**	0.890**	1	
Q9	4.500	0.894	0.770**	0.816**	0.602*	0.667**	0.655**	0.889**	0.877**	0.926**	1

根据平均值,学生对于课程在思政素养的知识性、工具性、思辨性、人文性提升方面,总体评价良好;在提升双语介绍中国故事的表达能力(Q5)方面,学生总体评价最高,为4.875(总分为5)。

根据标准差,学生对于增强对"四个自信"的价值认同(Q8)、增强对"四个意识"的价值认同(Q9)和拓展国际视野以更好地分析国内外形势(Q7)的评价分歧较大,分别为0.966、0.894和0.892(总分为1)。结合后期访谈,主要原因如下。第一,知识涉及广泛,整体提升需要时间积累。第二,学生除课堂学习外,课下对相关知识学习和能力培养有待进一步提升,课上课下学习内容"照应"困难。

就相关性而言,增加对自身所处本土文化的了解(Q1)和增加对中国传统文化的了解(Q2)呈高度正相关($r=0.943$);增强正确分析把握文本的跨文化交际性的能力(Q6)和拓展国际视野以更好地分析国内外形势(Q7)呈高度正相关($r=0.958$);增强对"四个自信"的价值认同(Q8)和增强对"四个意识"的价值认同(Q9)呈高度正相关($r=0.926$)。

五、教学启示与建议

基于情境模拟的交替传译课程思政教学模式对学生口译能力和思政素养提升具有显著成效。在口译能力提升方面,提升口译中多任务处理的能力和增强口译实践中对语块与信息分层的能力、增加对百科知识的了解和增加对专业主题知识的了解之间呈高度正相关。在思政素养提升方面,增加对自身所处本土文化的了解和增加对中国传统文化的了解、增强正确分析把握文本的跨文化交际性的能力和拓展国际视野以更好地分析国内外形势、增强对"四个自信"的价值认同和增强对"四个意识"的价值认同之间呈高度正相关。根据研究结果,提出以下几点教学建议。

(1) 合格的口译员不仅要身兼"专家"和"杂家"的双重身份，更要心系祖国、思想端正，积累百科知识和培养思政素养。教师需要加强对学生课下学习拓展式知识和培养思政意识的要求，如口译能力中增加对百科知识的了解（Q3），思政素养中增强对"四个自信"的价值认同（Q8）和增强对"四个意识"的价值认同（Q9）等。增加对百科知识的了解以及增强对思政素养的培养，仅靠课堂收效甚微，应落实于生活点滴。因此，教师需要在课堂上激发学生的好学心、好奇心，注重课内外知识学习相结合并设计相关考评体系。

(2) 根据量表的相关性分析，教学中多数内容板块间呈高度正相关，如提升口译中多任务处理的能力（Q5）和增强口译实践中对语块与信息分层的能力（Q6），思政素养中增加对自身所处本土文化的了解（Q1）和增加对中国传统文化的了解（Q2）等。教师应结合学生实际，合理设计并调整呈高度正相关内容板块的教学方案，同时在课堂上辅以点拨。这既可培养学生的学习和思考能力，又可增强学习效果。

(3) 教师要坚持对学生采取以专业能力培养为主、思政内容融合为辅的教学方法。在口译课程中，教师一方面需要积极挖掘课程思政元素，促进其与专业知识相结合，并在教学实践中丰富思政元素融入方式；另一方面，切勿陷入"舍本逐末"的泥潭，在课程中要把握好真理尺度与价值尺度的平衡，确保专业知识的根基性地位不动摇。

六、结语

本文研究基于情境模拟的交替传译课程思政教学模式，以 N 大学 2018 级及 2019 级英语口译专业 16 名硕士研究生为研究对象，尝试构建多维度的量表评价体系，并进行量表的信度与相关性研究，探索交替传译课程思政教学中运用情境模拟法对于学生专业口译技能与思政素养双提升的成效及各维度间的相关性，进而提出相应教学建议。研究一方面从理论上高度认可了新模式从学习目标、学习模式、课内外学习、学生表现等方面突显的优点；另一方面从实践上对于优化相关课程的授课方式、内容设置与效果评估具有借鉴意义，有助于形成课程的真理尺度与价值尺度良性互动的格局，推动高校口译人才培养模式升级。

本研究也存在不足之处，就量表设计而言，因分别设置了口译能力提升与思政素养提升两个量表，而无法将口译能力提升与思政素养提升两者结合进行相关性研究;就分析结果而言,样本数量较小、代表性较为有限,研究结果有待进一步证明。未来研究可考虑从新模式下教学内容设置优化、口译能力提升与思政素养提升相结合的量表设计及相关性研究和创新探索情境模拟法在相关教学中的应用这三方面做进一步拓展分析。

基于 Rubrics 量表的课程思政评价研究与设计

张佳音　任宇涵　张建勋

摘要：润物细无声是课程思政实施的应然要求，实施的关键在于潜移默化地渗透。课程思政具有隐蔽性、依附性和浸润性等特点，关于课程思政实施效果的评价一直广受关注。当前针对不同的专业课程，国内多所高校采用不同的评价工具进行了研究和实验应用，其中包括表现性评价、真实性评价、档案袋评价、体验式评价等。Rubrics 量表是有效的课程评价工具。本文针对思政元素概括性较高、评价难度适中、评价反馈及时的特点，并以"网络互联设备与技术"和"云计算与大数据技术"课程为例，对 Rubrics 量表进行了设计，最后提

基金项目：天津市职业学校"十四五"教育教学改革研究重点项目（项目名称：基于职教师资培养的课程思政建设标准与评价的研究与实践。项目编号：2021002）；2022 年度天津职业技术师范大学本科教学改革与质量建设研究项目（项目名称：OBE 理念下融合课程思政目标的多维立体课程评价体系研究与实践。项目编号：JGY2022-10）；2022 年度天津职业技术师范大学研究生精品课程建设项目（项目名称：基于一致性建构的云计算与大数据技术课程思政教学改革与实践。项目编号：KJA2022-10）；天津市普通高等学校本科教学质量与教学改革研究计划项目（项目名称：多元产教融合协同发展视域下信创产业人才培养模式的探索与实践。项目编号：B231006602）；2020 年度国家社科基金高校思想政治理论课混合式教学改革研究与实践项目（项目编号：20VSZ051）。

作者简介：张佳音，天津职业技术师范大学信息技术工程学院硕士研究生，主要研究方向为职业技术教育（信息技术方向）；任宇涵，内蒙古赤峰人，天津职业技术师范大学信息技术工程学院硕士研究生，主要研究方向为职业技术教育（信息技术方向）；张建勋（通讯作者），天津职业技术师范大学信息技术工程学院博士、副教授、硕士生导师，主要研究方向为高等工程教育教学。

出实施前明确具体目标、实施中厘清评价要点、实施后积极反思总结和持续改进的建议,以期为相关研究提供借鉴。

关键词:Rubrics量表;课程思政;过程性评价

2020年5月,教育部发布《高等学校课程思政建设指导纲要》(以下简称《纲要》)。《纲要》强调,高校要建立健全多维度的课程思政建设成效考核评价体系和监督检查机制,研究制定科学多元的课程思政评价标准。评价体系包括评价目标、评价主体结构、评价工具、评价方法及评价激励机制等。而评价工具是否有效,决定了评价目标是否真正实现、评价主体是否发挥应有作用以及评价过程是否公正合理。同时课程思政强调立德树人,因此课程思政的效果集中体现在学生品德的变化上,而学生品德的变化是一个内在缓慢的过程,由此,实用且有效的课程思政评价工具在过程性评价中的研究及应用变得尤为重要。

一、课程思政评价工具应用现状

(一)课程思政评价工具应用现状及对比

近年来,我国多所高校的学者对课程思政效果的评价进行了研究及实验应用,其主要过程是将质性评价与量化评价相结合来进行。在质性评价方面,涵盖了表现性评价、真实性评价、档案袋评价、体验式评价等;在量化评价方面,多数学者主要采用将评价内容分条列点、划分等级。这些研究在课程思政的评价方面均存在优点和不足。笔者在已有研究的基础上[1],结合其优点,将Rubrics量表作为评价工具[2]来进行课程思政的过程性评价。在此之前,有学者采用Rubrics量表来进行课程评价[3],但在课程思政评价方面,Rubrics量表

---

[1] 张建勋、朱琳、武志峰:《基于学习产出导向的专业课程思政评价研究》,《黑龙江教师发展学院学报》2022年第6期。

[2] 丹奈尔·D.史蒂文斯、安东尼娅·J.利维:《评价量表:快捷有效的教学评价工具(第2版)》,陈定刚译,华南理工大学出版社2014年版。

[3] 何翼:《Rubrics在计算机语言类课程过程性评价中的应用》,《贵阳学院学报(自然科学版)》2019年第3期。

还未被当作有效性评价工具,而其特点可以弥补各评价工具的不足之处,具体如表1所示。

表1 课程思政评价工具应用现状

评价工具	应用现状	优点	不足
表现性评价①	通过学生的纸笔任务、视频展示、互相评价等证据,观察学生在具体行为表现中的情感、态度、价值观	通过设置表现性任务,将内在品德转化为外在的表现性行为进行测量,具有一定的科学性	存在思政元素定义过大、思政效果评价时间较短等情况
真实性评价②	通过引入企业的真实项目,完整地体现学生的知识、能力和价值观,把抽象的思政元素具体化为有形的工作任务,构建基于工作任务的课程思政育人效果评价体系,将思政元素融入岗位任务完成的每一个环节中,在岗位完成度中考核思政效果,实现专业考核与思政考核相统一	在真实的环境中,学生更容易展现出个体品德真实的一面,具有一定的客观性	存在评价目标范围过大、评价难度较高的情况
档案袋评价③	通过过程中各个思政元素点的变化进行综合评价,包括学生自评与互评表、教师评价表和企业行业专家评价表,通过多主体评价来保证评价的公平	多主体且细致的评价公平且合理	评价周期长,内容复杂,工作量大,容易使学生的积极性逐步下降,同时更容易将课程重心放在思政上而忽略了课程本身

---

① 王慧莉、吕万刚:《表现性评价在体育课程思政建设中的应用研究——以体育教育专业体操类专项课程为例》,《体育学刊》2022年第1期。

② 郭芳:《基于真实性评价理论的职业教育课程思政育人效果评价体系构建》,《职业技术教育》2022年第11期。

③ 吴晓娟:《高校专业课课程思政档案袋评价模式研究》,《船舶职业教育》2022年第3期。

续表

评价工具	应用现状	优点	不足
体验式评价①	通过为学生设计体验式活动，在学生参与前、过程中、活动结束后进行多主体、全方位的评价	凸显了全方位评价和公正评价	耗费人力、时间较多
Rubrics量表	通过编制对应课程思政目标任务的量表，设置不同的评价指标、维度以及表现水平，对学生品德变化进行量化评定	思政元素概括性高，评价难度适中，及时反馈，使用简便	首次编制表格时间较长，但一次编制后续均可直接套用

(二)工具对比分析

通过对已有研究进行分析，各学者对课程思政效果的评价均采用将内在的不可测量的思政元素转化为可测量且有外在表现的内容，比如以失误率降低来评价学生认真程度的提高。而对于此评价方式，不同的评价工具在不同方面表现出不同的有效性，评价工具具备哪些特点才能足够有效地评价出思政效果呢？

首先，设置的思政元素应能够体现出学生在思想或认知上实质性的变化，这种变化应是逐步产生的，而不是短时间内有大范围的变化，因此思政元素应有较高的概括性（如能够清楚地说明该民族文化的发展历程），而非简单地做一个大范围的定义（如民族精神和文化素养的提高）。

其次，当思政元素设定范围过大、评价难度过高，会导致评价周期变长，同时容易导致被评价者（教师、学生等）产生疲惫和烦躁情绪，因此评价难度应适中。

最后，当评价不能及时反馈，对思政元素的评价会出现公正性不足等现象，因此评价反馈应及时。

评价工具为评价过程服务，本文采用强调反馈及时的Rubrics量表作为评价工具，利用其制作原则制定符合思政元素概括性高、评价难度适中特点的评价量表，以此来完成课程思政的过程性评价。

---

① 谈运斌:《体验式德育效果评价的主体维度》,《中学政治教学参考》2018年第15期。

二、基于 Rubrics 量表的课程思政评价设计

评价量表是一种评分工具,描述的是对某项任务的具体期望①,它可以应用于教学中不同的任务。课程思政作为教学的必要环节,对其效果进行评价是提升教师课程思政能力的有效方法。因此,应针对课程思政效果来设计评价量表。对课程思政效果评价进行量表设计时应遵循以下步骤。

(一)Rubrics 量表设计步骤

评价量表将任务分成多个组成部分,并对每个部分合格或不合格的表现进行了详细描述。Rubrics 量表的构建应遵循科学性、系统性、学科性和可操作性的原则,其由四个基本部分组成:任务描述(任务)、评价标尺(成就水平,可采取"等级"的形式)、评价维度(任务所涉及技能/知识的分解)和具体表现水平(具体反馈)。以网格形式列出。

这种网格形式更加简洁明了,使得评价者能够清楚地了解评价指标,明确的评价方向可以使思政效果得到有效评价和反馈。评价量表可分为评分指南型评价量表和等级导向型评价量表。评分指南型评价量表列出了各类别的最高可能表现,学生可根据注释知道自己是否完全符合标准。而等级导向型评价量表则列出了三到五级标准,学生可以更清楚地知道自己的表现水平。②

评价量表的设计有详细的编制规则,采取逐项编制法。

第一,任务描述。在任务描述部分,涉及学生某个方面的表现,可采取具体作业的形式,也可采取总体行为的形式,这部分应采用尽量详细且清楚的词语和句子对任务进行完整描述,使教师和学生能够对任务有清楚的认知。

第二,评价标尺。评价标尺用于描述特定任务执行的好坏程度,一般为三到五级,如"优秀"、"合格"和"有待改进"等词语以肯定的动词形式描述了对学生的期望,并缓解了最低级标尺中的低分可能给学生带来的打击。相关研究

---

① 丹奈尔·D.史蒂文斯、安东尼娅·J.利维:《评价量表:快捷有效的教学评价工具(第2版)》,陈定刚译,华南理工大学出版社 2014 年版。
② 王芳:《〈评价量表——快捷有效的教学评价工具〉评介》,《上海教育评估研究》2017年第1期。

表明,三级是评价量表标尺的最佳级数[①][②],笔者设计量表时也采用三级标尺来评价学生的表现水平。

第三,评价维度。在评价维度部分,编制者应简单且完整地列出任务的各个部分,能够为学生阐明任务由哪些构成要素组成以及哪些构成要素是较重要的,笔者通过对任务的各个部分设置不同的权重,明确表明各构成要素的重要程度。同时需要注意的是,维度不应包含对表现水平的描述,如"沟通"是常用维度,但"沟通良好"不是。

第四,具体表现水平。在具体表现水平部分,编制者应设计出对应维度中最高表现水平的描述,只包含最高表现水平描述的评价量表称作评分指南评价量表,对不同级别描述具有差距的不同表现水平,以此制作三级评价量表。

在进行评价量表的设计之前,课程思政目标必须要确定。通过对思政目标进行细化,根据目标确定量表的等级内容,分阶段地在过程中进行测量评价,Rubrics量表强调及时反馈,过程性评价与阶段性及时反馈相结合,更能提高课程思政的效果评价的有效性,完整的编制流程如图1所示。

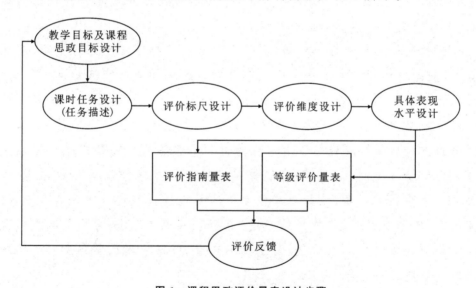

图1 课程思政评价量表设计步骤

---

① 钟志贤、王觅、林安琪:《量规:一种现代教学评价的方法》,《中国远程教育》2007年第10期。

② 彭熠:《量规在教师教育中的作用与设计原则》,《大学教育科学》2014年第3期。

为测量 Rubrics 量表在课程思政效果评价中的有效性,笔者以"网络互联设备与技术"和"云计算与大数据技术"课程为例,对 Rubrics 量表进行了设计与实施。

(二) Rubrics 量表设计案例

1."网络互联设备与技术"量表设计

"网络互联设备与技术"是面向本科阶段网络工程专业学生开设的核心专业课程,该课程旨在使学生系统了解常用网络互联设备的原理和应用技术,学生通过学习本课程及完成相关实验,可以掌握常用网络互联设备的连接和配置方法,为后续相关专业课打下良好基础,并提高分析问题和解决问题的能力,增强动手能力及合作意识。

本课程的教学目标为掌握网络互联所涉及的技术和网络设备的基本工作原理、基础概念和知识,并能够将所学到的交换技术、路由技术、网络安全技术及其他相关网络技术在具体网络工程中进行应用与实施,具备综合运用基础原理和知识分析解决网络工程中复杂问题的能力,具备工程伦理和职业综合素养,具有家国情怀和使命担当意识。

分析本课程的教学目标可知,本课程的思政目标定位于工程伦理、职业综合素养、家国情怀和使命担当意识。笔者以本课程局域网交换知识内容为例,将思政目标进行细化,设计评价量表的各个部分。由于思政目标并非一节课即可实现效果显著,笔者针对课程内容设计 3 个课时所需的评价量表,以过程性评价的方式展现思政目标逐步实现的过程。笔者将本课题中学生遵从工程伦理的表现性行为定位于实验中能够采取安全措施保护设备和数据、具备人文关怀和负责任的态度;将职业综合素养的表现性行为定位于认真严谨程度、专业能力、实验完成度、负责任的态度;将家国情怀和使命担当意识的表现性行为定位于自觉遵守法律法规、关注时事热点、能够应用已学知识对生活中相关问题的解决尽一份努力。

笔者以层层递进的形式设计不同课时的任务与评价重点,课时 1 评价量表通过对局域网交换机的工作原理知识的考查来评价学生工程伦理和职业素养的初步形成情况;课时 2 通过考察 VLAN 相关实验的完成情况来评价学生在工程伦理和职业素养方面的深度感知情况,限于篇幅而省略;课时 3 通过学生设计 VLAN 技术应用方案来评价学生在工程伦理和职业综合素养方面的表现及家国情怀的表露。

课题:局域网交换

课时1:局域网交换机的工作原理(工程伦理和职业素养的初步形成)

(1)任务描述:学生对局域网交换机的工作原理以图纸形式绘制展示。学生可选择任意绘制工具,但必须在图中清楚展现工作原理,包括细节标注、必要的文字描述和拓展。

(2)评价标尺:优秀、合格、有待改进。

(3)评价维度:方案设计(35%)、绘图表现(35%)、细节标注(20%)、文字拓展(10%)。参见表2。

(4)具体表现水平:参见表3。

表2 局域网交换课时1评分指南量表

项目	标准	评价	成绩
方案设计 (35%)	□ 图文并茂,绘图采用相关且准确的细节来展示局域网交换机的工作原理,遵从工程伦理,独立设计,无抄袭现象 □ 理解透彻且在绘图表现上超出了课堂上介绍的内容		
绘图表现 (35%)	□ 绘图清晰,画面整洁,以简洁的图画、线条清楚地展示出局域网交换机的工作原理		
细节标注 (20%)	□ 图中以详细且关键的信息进行细节标注,体现出认真的态度		
文字拓展 (10%)	□ 图中以必要且准确的文字拓展进一步对相关绘图进行解释说明,使绘图清楚易懂		

表3 课时1评价量表:局域网交换机的工作原理

项目	优秀	合格	有待改进
方案设计 (35%)	□ 图文并茂,绘图采用相关且准确的细节来展示局域网交换机的工作原理,遵从工程伦理独立设计,无抄袭现象 □ 理解透彻且在绘图表现上超出了课堂上介绍的内容	□ 绘图采用相关但不够准确的细节,或缺少不关键的细节,遵从工程伦理独立设计,无抄袭现象 □ 基本理解,绘图仅展示课堂或教材上介绍的内容	□ 绘图缺少关键细节,参照课本、网络或他人成果,未完全独立完成,未能自觉遵从工程伦理 □ 对课堂内容基本不理解,或对任务理解错误,未绘图

续表

项目	优秀	合格	有待改进
绘图表现（35%）	□ 绘图清晰，画面整洁，以简洁的图画、线条清楚地展示出局域网交换机的工作原理	□ 绘图线条过多，画面较为整洁，图画不够细致，但可以展示自己对工作原理的理解	□ 绘图粗制滥造，画面未能展示出自己对工作原理的理解
细节标注（20%）	□ 图中以详细且关键的信息进行细节标注，体现出认真严谨的态度	□ 图中有关键细节标注，但不够全面，体现出认真但不够严谨的态度	□ 图中未进行细节标注，或标注错误，未能体现认真的态度
文字拓展（10%）	□ 图中以必要且准确的文字拓展进一步对相关绘图进行解释说明，使绘图清楚易懂	□ 文字拓展简单，对绘图的解释度不高	□ 缺少文字拓展或文字拓展不相关
	优秀：100	合格：70	有待改善：50

课时2：VLAN技术与通信（工程伦理和职业素养的深度感知）

该课时通过实验操作进行实现，思政效果在实验操作中逐步显现，使得学生对工程伦理、职业素养有进一步的感知，表格设计限于篇幅而省略。

课时3：VLAN技术应用（工程伦理和职业综合素养的表现及家国情怀的表露）

（1）任务描述：学生以工程师的角色，基于VLAN技术就校园网安全陈述自己的改进方案，同时给予对他人方案的评价。学生在自己的方案中要确切采用VLAN技术，解释校园网的工作原理，并能够结合生活实际提出增强校园网安全的方案，并思考校园网安全与国家安全的关系。

（2）评价标尺：优秀、合格、有待改进。

（3）评价维度：知识应用（40%）、结合实际（25%）、评价与观点表述（20%）、人文关怀（15%）。参见表4。

（4）具体表现水平：参见表5。

表4 局域网交换课时3评分指南量表

项目	标准	评价	成绩
知识应用（40%）	□ 以完备的知识及清楚的逻辑解释校园网的原理，能够以VLAN技术为基础，提出在配置和通信过程中可采用的安全措施		

续表

项目	标准	评价	成绩
结合实际（25%）	□ 以生活实际中存在的问题为基础,以清晰的语言描述学校生活中自己或他人所遇到的校园网问题,并提出可行性方案		
评价与观点表述（20%）	□ 他人介绍方案之后,以客观公正的态度对他人的方案进行评价,清楚地表达自己的观点		
人文关怀（15%）	□ 方案设计以人为本,能够考虑到校园网的维护者、使用者等,同时能够理解校园网安全也是国家安全的一部分		

表5 课时3评价量表：VLAN技术应用

项目	优秀	合格	有待改进
知识应用（40%）	□ 以完备的知识及清楚的逻辑解释校园网的原理 □ 能够以VLAN通信技术为基础,提出在配置和通信过程中可采用的安全措施	□ 以所学知识解释校园网的原理,但不够清楚明了 □ 方案所提出的安全措施与VLAN通信技术相关度不高	□ 不清楚校园网的原理,解释内容与VLAN通信技术相差较远 □ 方案未能提出有关的安全措施
结合实际（25%）	□ 以生活实际中存在的问题为基础,以清晰的语言描述学校生活中自己或他人所遇到的校园网问题,并提出可行性方案	□ 以生活实际中的问题为基础,但所描述的校园网问题不够清晰,方案可行性有待考究	□ 提到的校园网问题与生活实际联系不大,方案可行性不高
评价与观点表述（20%）	□ 他人介绍方案之后,以客观公正的态度对他人的方案进行评价,清楚地表达自己的观点	□ 他人介绍方案后,评价内容带有主观性,但能清楚表达自己的观点	□ 他人介绍方案后,不积极参与评价,不表达自己的观点或表达不清

续表

项目	优秀	合格	有待改进
人文关怀（15%）	☐ 方案设计以人为本，能够考虑到校园网的维护者、使用者等，同时能够理解校园网安全也是国家安全的一部分	☐ 方案设计能够考虑到使用者，但考虑得不全面，同时能够理解校园网安全和国家安全息息相关	☐ 方案较少考虑人的体验，但仍能理解校园网安全与国家安全有关
	优秀：100	合格：70	有待改善：50

以上3个课时的评价量表设计，以课堂任务为主线，通过对任务完成的过程性评价，使得思政元素在学生身上不断体现出来，通过量表评价学生的变化，可以反映出课程思政的效果，以帮助教师不断改进自己的教学。

2."云计算与大数据"量表设计

"云计算与大数据"是面向研究生阶段软件工程专业学术型硕士开设的学位课程，该课程旨在使学生系统了解云计算和大数据的相关技术。学生通过学习本课程及完成相关实验，可以掌握云计算和云存储技术的原理和关键技术，能够利用大数据技术原理解决具体工程案例，为研究生阶段的学习和提高打下基础。

本课程的教学目标是了解云计算和大数据的基本概念、发展历史和发展趋势，能够掌握分布式云计算中的CAP定理、Paxos算法及其应用实例，掌握云计算和云存储技术的原理和关键技术，能够利用云计算的模拟仿真环境进行仿真实验，针对具体工程案例具备工程实践能力，学生具备卓越软件工程师综合素养，掌握软件工程伦理，具备信息技术创新应用的家国情怀和责任担当意识。

分析本课程的教学目标可知，本课程的思政目标定位于卓越软件工程师综合素养、软件工程伦理、信息技术创新应用的家国情怀和责任担当意识。笔者以本课程大数据技术原理与平台的知识内容为例，将思政目标进行细化，设计思政效果评价量表。与前文一致，笔者针对课程内容设计2个课时所需的评价量表，以体现过程性评价中的思政效果。

笔者对本课题中思政元素的表现性行为进行了不同的定位，将卓越软件工程师综合素养定位于对知识的深度掌握、独立思考、具备团队协作能力、工具的使用;将软件工程伦理定位于具备基础的学术道德和学术规范、能够发现生活与工作中软件工程项目的不合理处、具备国家安全相关知识;将具备信息技术创新应用的家国情怀和责任担当意识定位于对新兴技术及其应用现状的了解、具备国家安全的相关知识、能提出对新技术的看法。

课时1通过小组汇报来评价学生卓越软件工程师综合素养和家国情怀的基础表现;课时2通过书写论文来评价学生软件工程伦理以及具备信息技术创新应用的家国情怀和责任担当意识的展现。

课题:大数据技术原理

课时1:生活中的大数据

(1)任务描述:每3名学生为一组,收集生活中大数据带给我们的影响,从至少3个方面进行陈述。学生可以任意选择陈述的重点,但必须提出某种观点。陈述应当包含相关照片、图表、视频或其他视觉辅助工具。

(2)评价标尺:优秀、合格、有待改进。

(3)评价维度:知识/理解(20%)、思考/探究(30%)、沟通(20%)、视觉辅助工具的使用(20%)、陈述技巧(10%)。参见表6。

(4)具体表现水平:参见表7。

表6 大数据技术原理课时1评分指南量表

项目	标准	评价	成绩
知识/理解(20%)	□ 陈述采用相关且准确的细节支持自己的观点,体现出对大数据的深入理解和对生活的细致观察 □ 研究非常透彻而且超出了课堂或教材中介绍的内容		
思考/探究(30%)	□ 陈述围绕个人观点进行,体现了对生活中的社会问题的高度认识 □ 观点表述中体现个人思考,以小见大 □ 思维发散,能够站在学习、生活、工作、企业发展、国家安全等多个角度谈见解		
沟通(20%)	□ 陈述过程中能够清楚且有逻辑地表达自己的观点 □ 陈述中能够体现小组内沟通之后的结果,并能够说明小组内沟通是如何解决遇到的分歧,体现出团队协作能力		

续表

项目	标准	评价	成绩
视觉辅助工具的使用（20%）	□ 陈述采用适当、简明的视觉辅助工具，并在陈述过程中对这些工具进行介绍		
陈述技巧（10%）	□ 陈述声音清晰洪亮，并通过眼神交流、生动的语调、手势和肢体语言来表达		

表7 课时1评价量表：生活中的大数据

项目	优秀	合格	有待改进
知识/理解（20%）	□ 陈述采用相关且准确的细节支持自己的观点，体现出对大数据的深入理解和对生活的细致观察 □ 研究非常透彻而且超出了课堂或教材中介绍的内容	□ 陈述所运用的大数据知识总体上准确，只有微小偏差，且总体上与自己的观点相关，能够体现出对大数据知识的一般理解和对生活的普遍观察 □ 研究较为充分，但几乎没有超出课堂或教材中介绍的内容	□ 陈述缺少大数据相关知识，或者所陈述的大数据知识是错误的 □ 所提到的生活中的问题与大数据无关或未提到生活现象 □ 几乎没有研究内容或成果
思考/探究（30%）	□ 陈述围绕个人观点进行，体现了对生活中的社会问题的高度认识 □ 观点表述中体现个人思考，以小见大 □ 思维发散，能够站在学习、生活、工作、企业发展、国家安全等多个角度谈见解	□ 陈述有中心论题，但分析并不彻底或并未紧扣个人观点 □ 观点表述中体现个人思考，但局限于当前所看到的问题，不能以小见大 □ 思维开阔，但只能从身边的学习与生活谈见解	□ 陈述不具备分析性结构和中心论题，不能体现个人思考 □ 思维闭塞，无法提出见解或见解与任务无关

续表

项目	优秀	合格	有待改进
沟通 （20%）	□ 陈述过程中能够清楚且有逻辑地表达自己的观点 □ 陈述中能够体现小组内沟通之后的结果，并能够说明小组内沟通时如何解决遇到的分歧，体现出团队协作能力	□ 表达自己观点时不够清楚明了，逻辑性不强 □ 陈述中能够体现小组内沟通之后的结果，但并未提到如何解决分歧或分歧并未解决，团队协作能力不够	□ 表达观点时言语不通顺，难以理解，没有逻辑性 □ 小组内未进行沟通，陈述中分歧明显
视觉辅助工具的使用 （20%）	□ 陈述采用适当、简明的视觉辅助工具，并在陈述过程中对这些工具进行介绍	□ 陈述包含适当的视觉辅助工具，但太少且不便使用、难以理解或者在陈述时并未提到并介绍这些工具	□ 陈述未使用视觉辅助工具或视觉辅助工具不恰当、太小或者太混乱以至于无法理解 □ 陈述时未提到这类工具
陈述技巧 （10%）	□ 陈述时声音清晰洪亮，并通过眼神交流、生动的语调、手势和肢体语言来表达	□ 陈述时声音足够清晰响亮但音调低沉或有时未能有效地使用眼神交流、手势和肢体语言	□ 陈述时说话声音太小或言辞模糊，以至于无法让人理解 □ 未尝试眼神交流、手势或肢体语言

优秀：100　　　　合格：70　　　　有待改善：40

课时 2：大数据 HDFS 实验

（1）任务描述：学生完成 HDFS 实验并以论文形式写出实验报告，论文应包含标题、摘要、关键词、大数据技术最新发展概况、实验完成情况、对新技术的思考、参考文献。实现以下功能：① 向 HDFS 中上传任意文本文件，如果指定的文件在 HDFS 中已经存在，则由用户来指定是追加到原有文件末尾还是覆盖原有文件；② 从 HDFS 中下载指定文件，如果本地文件与要下载的文件名称相同，则自动对下载的文件重命名；③ 在 HDFS 中，将文件从源路径移动到目的路径。

(2)评价标尺:优秀、合格、有待改进。

(3)评价维度:实验完成(25%)、论文规范(25%)、文献综述(25%)、思考(25%)。参见表8。

(4)具体表现水平:参见表9。

表8 大数据技术原理课时2评分指南量表

项目	标准	评价	成绩
实验完成(25%)	□ 安装正确的大数据实验软件,以完全正确的语句和操作完成实验,实验结果正确,实验过程未出现错误或故障		
论文规范(25%)	□ 论文独立书写,格式符合要求,内容全面,字体大小合适,查重率不高于30%,体现出学术道德和学术规范		
文献综述(25%)	□ 参考高质量文献,能够使用精准简练的语言综述文献内容,提炼文章中心 □ 参考的文献及文献内容为近八年,时效性高,能够选取新兴技术,按技术发展顺序综述		
思考(25%)	□ 独立思考,思维发散,目光长远,表述内容能够展现对技术发展的优缺点和对生活学习各方面的影响的思考 □ 想法有深度,具有独创性,能提出与现实生活息息相关的想法		

表9 课时2评价量表:大数据HDFS实验

项目	优秀	合格	有待改进
实验完成(25%)	□ 安装正确的大数据实验软件,以完全正确的语句和实验操作完成实验,实验结果正确,实验过程未出现错误或故障	□ 安装正确的大数据软件,实验过程中语句和操作虽然出现问题,但能及时发现并解决,出现少于3次错误,但最终实验结果正确	□ 安装软件正确,但实验过程出现问题,无法完成实验,实验结果无法得出
论文规范(25%)	□ 论文独立书写,格式符合要求,内容全面,字体大小合适,查重率不高于30%,体现出学术道德和学术规范	□ 论文独立书写,格式不恰当的地方不多于3处,内容较为全面,字体大小合适,查重率不高于40%,体现出基本的学术道德和学术规范	□ 论文书写不恰当,多个论文堆砌,查重率高于50%,不能体现出学术道德和学术规范

续表

项目	优秀	合格	有待改进
文献综述 (25%)	□ 参考高质量文献,能够使用精准简练的语言综述文献内容,提炼文章中心 □ 参考的文献及文献内容为近8年的,时效性高,能够选取新兴技术,按技术发展顺序综述	□ 参考文献质量不一,综述语言不够干练,但能描述清楚文献中心内容 □ 参考的文献及文献内容为近10年的,时效性一般,选取使用较为广泛的技术,综述未按照技术发展顺序	□ 参考文献与综述内容不相关 □ 参考文献与大数据新兴技术相关度较低或与主题内容不相关
思考 (25%)	□ 独立思考,思维发散,目光长远,表述内容能够展现对技术发展的优缺点和对生活学习各方面的影响的思考 □ 想法有深度,具有独创性,能提出与现实生活息息相关的想法	□ 独立思考,但目光不够长远,表述内容只能够展现出技术发展的优点和便利,发现缺点较少 □ 想法有一定深度,能提出生活中存在的现象	□ 思考较少,表述内容流于表面,与生活、技术相关度不高或无关
	优秀:100	合格:70	有待改善:40

三、课程思政 Rubrics 量表评价的实施建议

Rubrics 量表是课程思政和效果评价之间的桥梁,设计完成之后将在本科阶段和研究生阶段分别实施。在利用 Rubrics 量表进行课程思政效果评价时,明确评价目的是首要内容,评价目的是测量出学生对专业课知识的掌握程度和品德及价值观的外显行为的变化,以此来反映课程思政的效果是否良好。因此,在实施评价时,须注重知识评价、价值评价和外在评价相统一①,不仅要评价学生知道了哪些知识,更要评价学生在知道知识之后注重什么(内在价值观),还要评价学生在任务完成中做了什么,怎么做的。将这些内容以确切的具体表现描述在 Rubrics 量表中,通过任务评价体现出来。

本课程思政效果评价的 Rubrics 量表适用于涵盖课程实验的教学内容,

---

① 王岳喜:《论高校课程思政评价体系的构建》,《思想理论教育导刊》2020年第10期。

笔者编制了图纸绘制、课程实验、方案设计、小组汇报、论文答辩5项教学任务的评价量表，本文中的两门课程为不同培养层次的代表性工科专业课程，其他工科类专业课程均可以在此基础上进行修改使用，这也符合Rubrics量表一次编制多次使用的特点，编制者只需花费一次编制时间，便可以将编制完成的量表应用于类似的教学任务中，大大节约了教师的时间和工作量。但需要注意的是，任何评价量表的编制、修改、使用均要以目标为导向，即应先确定教学目标和课程思政目标，并按该目标进行编制和修改。在实施评价量表时应注意以下几点。

第一，实施前明确具体目标。首先，在实施前，教师在备课时应充分了解学生的基本情况，如学生的学习基础、学习风格等。其次，教师应在了解学情的基础上确定教学目标、教学重难点、课程思政目标等内容。根据学情和教学及课程思政目标编制或修改量表内容，使评价内容、评价方式与学生主体情况相匹配，以便有效评价出学生在课程学习过程中知识、品德等方面的变化。

第二，实施中厘清评价要点。在下达任务前，教师在课堂教学中融入思政元素，力求以知识为基础培养学生的品德，在评价中仍要透过知识反映学生的品德变化。因此，在下达任务时，教师要帮助学生明白任务要点，使学生清楚地知道评价内容以及评价中各项元素的权重，以评价促进学生主动追求品德变化。只有在完成任务后尽快给予反馈，反馈才能有效帮助学生在后续活动中做出积极的改变。因此，任务的评价要及时，量表的实施要坚持多元评价，如教师评价、学生自评与他评等多种方式相结合，以得到公平有效的评价。在评价过程中，便已经进行了及时的反馈，学生能够清楚、及时地了解到自己在任务完成中的优点与需要继续改进的地方，有效帮助学生确立下一步学习目标。

第三，实施后积极反思总结。评价完成之后，教师应及时分析评价结果，反思课程思政效果是否良好，在哪一个教学环节能够改进，下次课程应注重在哪个方面进行引导。同时，也要分析学生对Rubrics量表的接受程度，以调节Rubrics量表的内容设计。

评价不是目的，而是帮助教师改进教学、帮助学生持续学习的一种有效工具。在评价过程中，教师应根据学生和教学情况不断创新Rubrics量表的设计，将创新精神延续到教学中，以身作则，提升课程思政效果。除此之外，教师可以通过采用信息化支持的评价来减轻工作量,例如使用教学电子平台快速收集学生表现等,以此来帮助教学的持续改进。

四、结束语

课程思政效果评价是帮助教师不断改进教学的重要指标,Rubrics量表作为有效的评价工具,在被合理利用的情况下,通过与教学进度、思政目标相结合,不断改进,可以将 Rubrics 量表变成教学评价、课程思政评价的利器。同时,Rubrics量表的灵活性较高,针对不同的思政元素,可以设计不同的任务和具体表现形式,课程思政效果以量化的形式得以测量,这也有助于课程思政的不断完善和发展。未来将会有更多的教师在教学理论、课程理论的基础上将Rubrics量表运用到课程教学中,课程思政将能得到长足的进步。

教学设计

"大学物理"课程思政教学案例研究

张 勇

摘要：光学是"大学物理"的重要组成部分，而圆孔衍射又是光学中应用较多的内容。课程思政是实现全方位育人的重要举措，与思想政治理论课形成协同效应。本文从"大学物理"光学中的一个教学案例——圆孔衍射出发，研究如何将思政教育有机地融入理论知识的教学中。提炼出了"抓住主要矛盾"、"家国情怀、民族自豪感"和"求真务实的科学精神"等课程思政点。最后对教学实施成效及反思做了阐述。

关键词："大学物理"；课程思政；教学案例；圆孔衍射

党的十八大以来，以习近平同志为核心的党中央对如何在高等院校中进一步做好思想政治教育提出了一系列建设性的重要思想。2016年12月，在全国高校思想政治工作会议上，习总书记强调，要用好课堂教学这个主渠道，其

基金项目：武汉晴川学院2023年课程思政示范课"大学物理A2"项目（项目编号：KCSZ2304）；武汉晴川学院2023年线下一流课程"大学物理A1"项目（项目编号：YLKC202327）；武汉晴川学院2023年教研项目"应用型本科高校'大学物理实验''教赛融合'模式的探索与实践"（项目编号：JY202312）。

作者简介：张勇，武汉晴川学院马克思主义学院物理教研室主任、副教授，主要从事大学物理和大学物理实验的教学与研究。

他各门课都要守好一段渠、种好责任田,使各类课程与思想政治理论课同向同行,形成协同效应。① 2020年5月,教育部发布《高等学校课程思政建设指导纲要》②,明确了高校课程思政建设的总体目标和重点内容。2020年9月,教育部发布《关于深化本科教育教学改革 全面提高人才培养质量的意见》,指出,要把课程思政建设作为落实立德树人根本任务的关键环节。这些重要思想实际上就是回答"培养什么人、怎样培养人、为谁培养人"这一教育的根本问题③。

"大学物理"在加强课程思政、实现立德树人的育人目标方面有着重要的优势。④⑤⑥⑦ 其一,课程思政素材多("大学物理"有力学、热学、光学、电磁学和近代物理五大模块,涉及内容多,素材广);其二,受益面广("大学物理"是理工科学生的一门必修课,学生数量多,辐射面广)。因此,在"大学物理"教学中融入课程思政具有可行性。

"圆孔衍射光学仪器的分辨本领"是"大学物理"课程的重要内容之一。在射电望远镜、电子显微镜等前沿装置中都有重要的应用。以下从教学案例及解析和教学实施成效及反思两个方面来剖析本案例在课程思政方面的设计意图和教学效果。

一、教学案例及解析

本案例坚持以学生为中心的教学理念,针对当代大学生思想活跃但无法长时间集中的特点,采用了翻转课堂的授课方式进行,让学生在课前利用碎片

---

① 《习近平:把思想政治工作贯穿教育教学全过程 开创我国高等教育事业发展新局面》,《人民日报》2016年12月9日。
② http//www.moe.gov.cn/srcsite/AO8/s7056/202006/t20200603_462437.html。
③ 习近平:《思政课是落实立德树人根本任务的关键课程》,《求是》2020年第17期。
④ 王素元、张斌:《大学物理课程思政教学研究——以电磁感应教学为例》,《物理与工程》2021年第6期。
⑤ 樊代和、魏云、刘其军等:《基于"课程思政"的大学物理实验课程教学案例探讨——以迈克耳孙干涉实验为例》,《物理与工程》2022年第1期。
⑥ 张佳音、王启宇、王铭镜等:《大学物理中"课程思政"的教学探索——以力矩为例》,《物理与工程》2022年第2期。
⑦ 孙小广:《大学物理课程思政探索与实践——以牛顿定律为例》,《广西物理》2022年第2期。

化的时间看视频,一来减轻了学生课中听课的负担,二来培养了学生网络学习的习惯。针对当代大学生思想活跃的特点,还给学生布置了课外探究题目,培养了学生查文献、读文献的能力。

(一)教学总体设计思路

1. 在知识讲授阶段

给学生传授"抓住主要矛盾"的思想。不同于单缝衍射的研究方法,圆孔衍射主要研究圆孔衍射条纹的艾里斑而忽略圆孔衍射条纹其他部分,并且主要研究艾里斑的张角,这种设计的理论依据为矛盾学说(即抓住主要矛盾,忽略次要矛盾,抓住主要矛盾的主要方面,忽略主要矛盾的次要方面)。

2. 在知识应用阶段

在 FAST 应用中,让学生领略南仁东先生等科学家的家国情怀、拼搏精神,通过讲解 FAST 优于其他国家射电望远镜的原因,让学生领略基础知识在高科技中的应用,同时也增强学生在大国重器方面的民族自信。在眼睛与近视这一小节内容中,通过计算正常人眼看多大物体的这一过程,进一步让学生明白正常眼睛的可贵性。同时,通过辟谣"太空中看长城",强调实事求是的重要性,培养学生求真务实的精神。

3. 课后探究阶段

其一,通过布置有别于普通作业(有标准答案的作业)的探究性作业,培养学生课外查资料的能力,为日后科学研究打下坚实基础;其二,通过我国的巡天空间望远镜和哈勃望远镜的对比,让学生明白我国在太空望远镜方面已经走在世界前列,从而激发学生的民族自豪感。

(二)教学过程及解析

1. 导引设疑

为了提高望远镜的分辨本领,1990 年发射的哈勃太空望远镜的凹面物镜的直径达 2.4m,最小分辨角 $\theta_0 = 0.1''$。为什么直径越大,望远镜的分辨本领越高? 为了提高显微镜的分辨本领,1981 年,IBM 设计了第一台电子显微镜,分辨率可以高达 0.1nm。其原理就是电子的波长比可见光小。为什么波长越小,显微镜的分辨本领越高?

【设计意图】选择以宏观和微观的高科技应用作为本节课的导语，一方面是为了激发学生学习本节课的兴趣，另一方面为后面介绍我国的大国重器FAST和巡天空间望远镜做铺垫。

2.知识传授

1)圆孔衍射

这部分内容在课前已经让学生在学习通上观看过教师录制的短视频，而且布置了每个小组收集资料的任务，此时可以鼓励1~2个组上台给其他学生展示，然后学生讨论，最后由教师点评和补充。

(1)圆孔衍射艾里斑的介绍。引导学生回顾上节课学习过的夫琅禾费单缝衍射(以下简称"单缝衍射")装置、条纹特征等内容，自然过渡到本节课内容——夫琅禾费圆孔衍射(以下简称"圆孔衍射")。

当障碍物由单缝变为圆孔时，由于圆孔直径各个方向都能与光的波长相比拟，因此各个方向都会发生衍射，故观察到条纹为明暗相间的同心圆环。与单缝衍射条纹特征类似，条纹也是中间宽、外面窄，中间亮、外面暗。不仅如此，圆孔衍射条纹的独特之处在于中间的亮斑(称之为艾里斑)占了总能量的80%左右，因此重点研究艾里斑。

(2)艾里斑张角满足的公式。先讨论圆孔衍射第一级暗纹的条件，然后得到第一级暗纹对应衍射角满足的公式 $\theta_0 = 1.22\lambda/D$，最后得到艾里斑张角满足的公式为 $\theta = 2\theta_1 = 2.44\lambda/D$。

【设计意图】其一，通过将之前学习的夫琅禾费单缝衍射和本次学习的夫琅禾费圆孔衍射类比的方法，由单缝衍射的干涉条纹特征分析得到圆孔衍射的条纹特征，这种把新知识分解为学生之前学过的知识的设计方法的理论依据为最近发展区理论。其二，主要研究圆孔衍射条纹的艾里斑而忽略圆孔衍射条纹的其他部分，并且主要研究艾里斑的张角，这种设计的理论依据为矛盾学说(即抓住主要矛盾，忽略次要矛盾，抓住主要矛盾的主要方面，忽略主要矛盾的次要方面)。

2)光学仪器的分辨本领

(1)瑞利判据。先指出光学仪器分辨本领有限的原因(点光源经过光学仪器的通光孔后，由于衍射影响，所成的像不是一个点而是一个明暗相间的圆形光斑，即艾里斑)，分析并给出两个物点通过透镜等仪器后两个像点恰好分辨的瑞利判据(即如果第一个艾里斑的中心和第二个艾里斑的边缘重合，则这两个像点恰好能分辨开。合成光强的谷峰比约为 0.8)。

(2)最小分辨角及分辨本领。最小分辨角为恰能分辨时两个物点在透镜前所张的角度,用 θ_0 表示,并且 $\theta_0 = \theta_1 = 1.22\lambda/D$;与此同时,定义分辨本领为 $1/\theta_0$,且 $1/\theta_0 = D/(1.22\lambda/D)$。引导学生分析并得出提高光学仪器分辨本领的两条基本途径:加大成像系统的通光孔径和采用较短的工作波长。

(3)回答课前提出的问题。由分辨本领的决定式 $1/\theta_0 = D/(1.22\lambda/D)$ 可知:对于哈勃太空望远镜,其凹面物镜的直径大,故分辨本领高;对于电子显微镜,其工作物质为电子,其波长比可见光小得多,故分辨本领比光学望远镜高得多。

【设计意图】利用分辨本领决定式回答本节课最初提出的问题,有理有据,紧紧扣题,让学生明白大型仪器都有其物理基础这个道理。

3. 知识应用

1) FAST

(1) FAST 简介:500 米口径球面射电望远镜(FAST),是世界上已经建成的最大射电望远镜。2016 年 9 月 25 日,FAST 落成启用。截至 2022 年 7 月,通过 FAST 已发现 660 余颗新脉冲星;截至 2022 年 8 月,基于 FAST 观测数据发表的高水平论文过百篇。

(2) FAST 总设计师南仁东简介:南仁东,中国天文学家、中国科学院国家天文台研究员,曾任 FAST 工程首席科学家兼总工程师;2017 年 11 月 17 日,中央宣传部追授南仁东"时代楷模"荣誉称号。

(3) FAST 优于其他国家射电望远镜的原因:FAST 的口径比其他望远镜大,口径越大,分辨本领越高。与德国波恩 100 米望远镜相比,FAST 的灵敏度提高约 10 倍;与美国 Arecibo 300 米望远镜相比,FAST 的综合性能提高约 2.25 倍。

【设计意图】其一,通过讲解 FAST 总设计师南仁东等科学家的感人事迹,在厚植家国情怀的同时强调这些成就凝结了一代又一代科学家艰辛的付出,引领学生将个人成长融入国家发展、民族复兴的进程中,培养学生的民族自豪感。其二,通过讲解 FAST 优于其他国家射电望远镜的原因,让学生领略基础知识在高科技中的应用,同时也增强学生在大国重器方面的民族自信。

2)眼睛与近视

(1)介绍眼睛的结构和近视的原因及矫正:眼睛具有调焦功能,即睫状肌完全松弛的情况下,无穷远处的物体成像在视网膜上。观察较近的物体,睫状肌压缩晶状体,使它的曲率增大、焦距缩短;观察远处的物体,则相反,如图1所示。远处物体的反射光通过近视眼后成像在视网膜前方某一位置,因此成像模糊;在近视眼前方放置一片合适凹透镜后,重新成像在视网膜上,成像清晰。

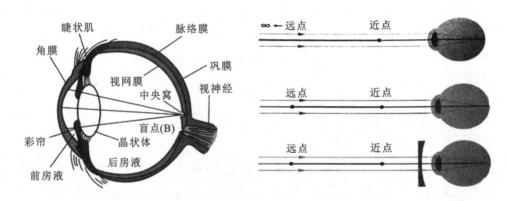

图1　眼睛的结构及近视眼的矫正

(2)分析并计算正常眼睛能看的物体大小:包括明视距离能看多大的物体、宇航员在太空能看多大的物体、飞机上能看多大的物体等。

如图2所示,先利用 $\theta = 1.22\lambda/D$ 计算出正常人眼的最小分辨角 2.2×10^{-4} rad,然后利用等式 $\delta = \theta l$ 计算可分辨物体的尺寸 δ,最后跟学生一起辟谣"太空中看长城"等问题(假设飞船距离地面 $l = 200$ km,则由 $\delta = \theta l$ 可知 $\delta = 44$ m,而长城的宽和高平均七八米,在太空中很难分辨)。

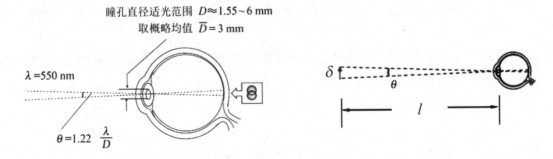

图2　最小分辨角及可分辨物体尺寸计算

【设计意图】其一,通过讲解眼睛的成像原理和近视眼的成像原理及矫正,让学生意识到人眼的神奇之处(可变焦),在知道近视眼的矫正原理的同时强调用眼卫生的重要性;其二,通过计算正常人眼看多大物体的这一过程,进一步让学生明白正常眼睛的可贵性,同时通过辟谣强调实事求是的重要性,培养学生求真务实的精神。

4.课程小结

用流程图跟学生一起总结本节课内容,并且指出课程思政点(见图3)。

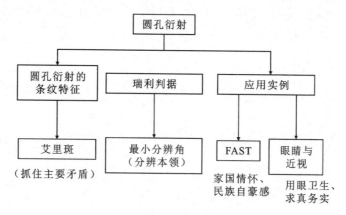

图3 课程教学流程及思政点

5.课后探究

请学生查阅相关资料,找出我国的巡天空间望远镜优于哈勃望远镜之处。

【设计意图】其一,通过布置有别于普通作业(有标准答案的作业)的探究性作业,培养学生课外查资料的能力,为日后科学研究打下坚实基础;其二,通过我国的巡天空间望远镜和哈勃望远镜的对比,让学生明白我国在太空望远镜方面已经走在世界前列,从而激发学生的民族自豪感。

二、教学实施成效及反思

(一)课程思政教学实施成效

1.价值引领成效

从学生反馈来看,部分学生考取了研究生,树立了为国家科学研究做努力的志向。在后续时间里,学生多次主动让笔者提前开放学习通上下一节课的短视频,而且多次跟笔者讨论相关问题,请教笔者如何查阅文献等,学生自主学习意识得到了有效提高。从教学督导和同行的反馈来看,教学督导多次在简报上给予笔者的课堂以肯定,同事也多次来笔者的课堂听课。在2022年9月份学校的教师培训活动中,笔者有幸被学校选为教学代表,为全校教师讲公开示范课。

2. 知识传授成效

通过本节课的学习,学生明白了望远镜的直径越做越大的原因,用知识武装了头脑,就不会被一些谣言所欺骗;同时,学生知道了眼睛的结构和近视眼的原理,就会利用知识来保护自己的眼睛。

3. 能力培养成效

从学生的能力培养角度,学生知道了通过学习通等平台学习知识的路径,在知网等数据库查阅文献的能力也得到了有效提高。2021年6月,笔者指导的学生在第七届中国国际"互联网+"大学生创新创业大赛校内选拔赛中获银奖。2023年11月,笔者指导的学生在第九届全国大学生物理实验竞赛(创新)决赛中获三等奖。对教师而言,自己的教学能力也得到了提升,笔者的课堂多次被学校评为优质课堂。

(二)课程思政教学实施反思

1. 价值塑造反思

本案例将科学精神、家国情怀、求真务实等思政元素融入圆孔衍射的讲授中,帮助学生树立了正确的科学观,厚植了家国情怀。然而,目前思政元素在融入过程中还没能做到润物细无声,如何做到适度、适量、适时地传授思政元素是下一步重点要研究的问题。

2. 知识传授反思

本案例试图引导学生从圆孔衍射艾里斑出发,由瑞利判据得到光学仪器的分辨本领,最后讨论FAST等大国重器,让学生明白基础知识与大科学装置之间的联系,用具体的实例来印证夯实基础知识的重要性。然而,本节内容讲得太浅,就只是一个简单的映射,达不到育人的效果;若讲得太深,则容易出现学生跟不上内容的状况,学生就容易失去课堂的主体地位。因此,如何把握教学内容的深浅是今后教学重点要研究的问题。

3.能力培养反思

本案例教学采用"学生预习＋教师引导＋学生讲解＋小组讨论＋学生课后探究"的翻转课堂教学模式,体现了教师是教学的主导、学生是教学的主体的教学理念,培养了学生利用学习通等网络资源学习的习惯,同时也提高了学生课后查文献探究问题的能力。翻转课堂实施效果的好坏很大程度上取决于学生在课前是否进行了充分的线上学习、在课后是否进行了有效的探究。因此,在今后的教学中,如何适当加大翻转课堂过程化考核的占比、如何有效细化翻转课堂等教学过程的考核指标是重点要研究的问题。

三、结语

本文以圆孔衍射光学仪器的分辨本领为例,以课程思政为出发点和落脚点,从案例设计和案例反思两个方面,对如何在案例中实现课程思政做了具体的阐述,提炼出了"抓住主要矛盾"、"家国情怀、民族自豪感"和"求真务实的科学精神"等课程思政点。本案例的课程思政设计方法和课程思政点也适用于该课程的其他章节。因此,本案例具有推广意义。

课程思政的关键在教师,成效在学生。因此,教师要牢记立德树人的根本任务,仔细深入挖掘课程思政元素,积极探究将课程知识与思政元素有效融合的路径。总之,课程思政建设是需要长期付出的教学活动,我们需要不断努力。

"信号与系统"课程思政教学建设与实践

安 树　王 勇　郭 鑫

摘要：为发挥"信号与系统"课程思政育人效能，以"立德树人、为战育人"为目标，针对本课程特点，围绕思政元素"挖什么"、与专业知识"怎么融"、实施效果"如何评"三大方面对课程思政教学进行建设与实践。实践结果表明，课程思政的实施体现了专业背景课的育人价值，实现了知识传授、能力培养和价值塑造相统一的教学目标，提升了教学效果和教学质量，可为同类课程提供借鉴和参考。

关键词："信号与系统"；思政元素"挖什么"；与专业知识"怎么融"；实施效果"如何评"

基金项目：2022年中国人民解放军陆军工程大学石家庄校区教育教学立项课题"'信号与系统'课程线上线下混合式教学模式研究与探索"；2021年中国人民解放军陆军工程大学石家庄校区教学成果培育项目"深化教学供给侧改革，打造信号与系统课程思政高效课堂"；2021年中国人民解放军陆军工程大学石家庄校区课程思政示范课程建设项目"信号与系统"。

作者简介：安树，中国人民解放军陆军工程大学石家庄校区车辆与电气工程系副教授，主要从事信号分析与处理的研究与教学工作。其他作者简介略。

全面推进高校课程思政建设,发挥好每门课程的育人作用,是提高人才培养质量的重要抓手。军事教育是我国高等教育的重要组成部分,"立德树人、为战育人"是军事教育的根本使命。因此,军队院校更应当注重课程思政建设,使"思政课程"与"课程思政"协同发展,形成育人合力,培养德才兼备的高素质、专业化新型军事人才。

"信号与系统"课程是电类相关专业生长军官高等教育的一门专业背景课,它是联系科学文化课和专业核心课的桥梁,为后续武器装备专业课程的学习起到打牢知识基础、提供能力支撑的作用,处于人才培养体系中承上启下的重要地位。如何在这类专业背景课中有效开展课程思政,发挥专业育才与思政育人功能,需要深入探索和实践。

本文以新时代军事教育方针为引领,根据军队院校"信号与系统"专业背景课程特点,聚焦知识传授、能力培养、价值塑造三位一体的课程目标,围绕思政元素"挖什么"、与专业知识"怎么融"、实施效果"如何评"三方面进行课程思政教学建设与实践,在实现"为战育人"的技能教育目标任务基础上,同步发挥"立德树人"的思政育人作用,促进价值取向和知识传授在教学中的合力效能。

一、思政元素"挖什么"

"信号与系统"课程与地方院校所开设的课程知识体系基本相似,一方面继承并总结了先修文化基础课程的知识基础,另一方面为后续专业课程提供工程化应用导向的知识基础,课程体系完整、严谨。专业知识体系的形成过程反映了相关科学技术的发展过程及其规律,蕴含着深刻的哲学思想、科学的思维方法,以及科学巨匠的光辉业绩、高尚情操所折射出的科学精神,这些都是丰富的思政元素。与地方院校不同的是,军队院校承载着为部队培养德才兼备的军事人才,把"立德树人"摆在首位的同时,还要强调"为战育人"这个战斗力标准,这就要求每门课程与实战化接近,与武器装备联系。因此,挖掘"信号与系统"课程的思政元素,还需体现在战斗精神、科技强军、家国情怀、使命担当等理想信念方面。

根据军队院校教育规律以及课程本身特点,深度挖掘并全面梳理课程思政知识点,把"信号与系统"课程思政元素归为科学精神、认知观方法论、人生观价值观、人文素养四大类,再从不同角度把每大类细化为若干小点,多个小点服务于一大类,这样就能全面阐释思政元素,"从大处着眼、从小处着手",把价值观牢牢"种"在学员头脑之中。

(一)科学精神

"信号与系统"课程中许多概念、原理等理论知识都是科学家们经过不断实践得出的人类文明成果,知识发展过程中常常伴随着科学家坚持不懈、追求真理、勇于创新、大胆求真等科学精神,用科学家的奋斗历程来激励学员学习兴趣,激发科技强军的理想信念,是很好的思政点。为了避免思政点千篇一律,使学员产生"审美疲劳",在挖掘思政元素时可从多个视角入手,做到"精而全"。

例如讲述"信号是信息的载体"概念时,从烽火、驿站、电报、电话再到现代的天眼,以此说明人类的智慧促使科技进步。中国天眼——500米口径球面射电望远镜(FAST),能够接收到137亿光年以外的电磁信号。作为世界最大单口径、最灵敏的射电望远镜,FAST由天文学家南仁东于1994年提出构想,历时22年建成,于2016年9月25日落成启用,对我国在科学前沿实现重大原创突破、加快创新驱动发展有重要意义。南仁东在22年间,克难攻坚、心无旁骛、殚精竭虑,使得天眼具有中国独立自主知识产权,成为中国的骄傲。通过此案例,学员被南仁东22年只做一件事的责任担当、无私奉献、坚毅执着所感染,以此帮助学员树立履行时代使命的责任担当。

冲激函数作为时域信号分解的基本信号,是"信号与系统"课程中非常重要的一个知识点。冲激函数又称狄拉克函数,它是英国物理学家狄拉克在研究量子力学的连续谱问题时提出的。狄拉克是量子力学的奠基者之一,他发现了量子力学的基本方程——狄拉克方程,并且预测了反物质的存在,因此获得1933年的诺贝尔物理学奖。当他得知获得诺贝尔物理学奖时,竟然想拒绝这个奖,原因是他不想出名。引入此概念时,通过介绍狄拉克的人格魅力以及卓越贡献,使学员感受狄拉克的平淡质朴、坚韧执着、直接坦率、无私奉献,引导学员养成淡泊名利、执着专注的学术品质。课程还涉及傅里叶、奈奎斯特、拉普拉斯等众多科学家,他们执着追求、献身科学的事迹很多,在此不再一一列举。

(二)认知观方法论

"信号与系统"理论属于自然科学,课程中必然蕴含着丰富的辩证唯物主义方式方法,在讲授知识过程中,应提炼认知观方法论,提升学员科学思维方式。如绪论中用联系观来看待"信号"与"系统"的关系,事物都是联系的,而不是孤立的,信号的处理离不开系统,系统对信号产生作用;"复杂信号分解为基本信号的线性组合""线性系统的叠加性"等知识点启发学员建立"化繁为简、化未知为已知"的工程化思维方式;"冲激函数"的数学定义是由矩形脉冲、三角波等信号通过求极限得到的,反映了"量变到质变"的哲学思想;通过对比连续系统的时域分析与离散系统的时域分析,建立"类比"思维方式,由此培养学员由此及彼使知识迁移,快速形成对新事物的认识能力;通过"信号在时域和频域不同的表示方式",启发学员养成从不同角度看问题的发展思维;讲授"带宽"概念时,提出信号传输时希望信号时域传输时间短、频域频率宽度窄,但根据理论知识可知,传输时间越快,频域中频带宽度就越宽,这正是时域和频域的矛盾所在,揭示了哲学的"对立统一规律"关系,通过教员的引导启发,提升学员的思维认知能力。

(三) 人生观价值观

专业背景课程折射了一定的家国情怀和职业价值观,是其具体载体和实践结果。因此要利用好思政元素,培育学员正确的人生观、价值观,激发为国奉献、科技强军的理想信念。"卷积积分"是时域分析中重要的一个数学工具,其本质是信号的累积叠加,课堂教授时利用 MATLAB 仿真软件演示卷积积分的动画过程,使学员直观理解其物理含义,同时合理引出:人生就是不断做卷积的过程,越努力越幸福。① 正如习近平总书记所说,奋斗的一生就是幸福的一生。以此激励学员努力奋斗、积极向上的人生态度。"取样定理"是联系连续系统和离散系统的一座桥梁,在实际工程中是通过芯片进行模数转换的。近几年美国对我国芯片行业进行限制,中国的芯片制造工艺相对落后,目前我国已意识到此问题并奋起直追。在条件落后的情况下中国能造出原子弹、卫星,相信不久的将来,我国的芯片制造技术会大踏步前进,赶超世界先进水平。通过芯片事件,培养学员的民族自信心,使其树立科技报国的意志决心。讲授"系统函数"知识点时引入火炮随动系统装备案例,在真实装备应用背景下学习数学方法,抽象的概念有了具体实例作为载体,增强了新概念、新理论的学习效果,激发

---

① 曾秋芬:《信号与系统课程的思政教学实践》,《集成电路应用》2020 年第 7 期。

了学员学习热情,同时激励学员学好知识,为未来岗位任职打牢基础,提升战斗力。

(四) 人文素养

"信号与系统"课程分为六章,在每章开始时,通过简单优美的对仗语句来阐释本章内容,使知识和方法相统一,培养学员的人文素养。例如:"第一章 信号与系统",主要讲授信号与系统的基本概念和基本知识,虽然简单,却是整个课程的基础,因此用"复杂源于简单,创新源于基础,规律美在简约"来概括本章内容的特点和作用;"第四章 傅里叶变换和系统的频域分析",用"系统为载体,信号是灵魂;时域有规律,频域展特性"说明信号与系统、时域与频域之间的关系和特征;"第六章 离散系统的 Z 域分析",以"连续与离散,变不离其宗;探分析方法,移植而旁通"揭示连续系统的 S 域分析与离散系统的 Z 域分析的本质相同,Z 域分析的求解思想与 S 域分析完全相同。在学习过程中启发学员建立类比的思维方式,可达到事半功倍、举一反三的效果,同时引导学员善于发现科学所蕴含的规律之美。其他章节不再赘述。

除此之外,在课堂上善于运用古诗词、成语来引导学员思考问题,如用"横看成岭侧成峰,远近高低各不同"来引出信号在频域和时域的对应关系;通过"工欲善其事,必先利其器"告诉学员学好傅里叶变换性质,才能更好应用傅里叶变换这一数学工具;"信号的基本运算"理论虽然简单,却为研究复杂信号和系统奠定必要的基础,用"一生二、二生三、三生万物"来概括简单性是一切复杂事物的规律之源,由此引导学员把科学、哲学和人文联系起来,用自然规律、哲学思想阐释抽象原理。

二、与专业知识"怎么融"

怎样找好思政元素与专业知识的切入点、契合度,使思政元素与专业知识自然融合、相得益彰,达到水到渠成、润物无声的育人效果,是课程思政的关键所在。为了把思政元素有机融入"信号与系统"课堂教学中,达到"盐溶于汤"的效果,我们从以下几方面进行探索与实践。

(一) 坚持"适时、适度、适量"原则

在思政元素融入专业知识时,坚持"适时、适度、适量"原则。"适时"就是

在课堂上选择合适时机进行有机融入,可以在知识导入、概念讲授、例题求解、公式推导、总结归纳等时候渗入。"适度"即对思政点进行适度讲解,避免硬性灌输,通过点拨启发,让学员自己去体会、思考、感悟,起到"画龙点睛"的作用。"适量"即每堂课思政点不能太多或过少,把握不好"火候",就容易出现"用力不够"或"用力过猛"现象。"用力不够"似蜻蜓点水、一带而过,自然引不起学员的共鸣,起不到明显的育人效果;"用力过猛"表现为思政点过于频繁,与专业内容相比,有"喧宾夺主"之嫌,或者思政点太刻意、痕迹太明显、生硬不自然,容易引起学员反感,自然育人功效不够理想。因此,既不能"用力不够",也不能"用力过猛",要恰到好处,保持合适的体量。

(二)建设课程思政案例库,固化思政资源

课程思政案例库的建设有利于课程思政的文化基因和价值范式的传承与更新①,也有利于同类课程的借鉴与推广。以思政元素、知识模块、切入点、德育目标为主要元素,建立"信号与系统"课程思政案例库,如表1所示。在实际教学中,教员可有选择性地选用、借鉴或者拓展这些案例库,真正实现思政元素与专业知识无缝衔接。同时,教员根据实际教学反馈进行动态更新并优化思政案例库,形成实践—反馈—优化—再实践的闭环更新机制,切实提高案例库建设质量,固化课程思政资源,充分发挥育人功效。

表1 "信号与系统"课程思政案例库(部分)

思政元素	知识模块	切入点	德育目标
科学精神	信号的概念	中国天眼——500米口径球面射电望远镜(FAST),具有中国独立自主知识产权,是世界最大单口径、最灵敏的射电望远镜,它可以帮助人类获得脉冲星、中性氢、黑洞等信息,对我国在科学前沿实现重大原创突破、加快创新驱动发展具有重要意义。它由天文学家南仁东于1994年提出构想,历时22年建成,于2016年9月25日落成启用。2017年9月15日,中国天眼即将落成启用一周年,南仁东却永远离开了。中国天眼的背后是南仁东22年的执着、奉献和担当	① 中国天眼具有中国独立自主知识产权,是世界最大单口径、最灵敏的射电望远镜,以此增强民族自信心和民族自豪感。 ② 南仁东22年只做一件事的责任担当、无私奉献、坚毅执着的科学精神,激发学员树立履行时代使命的激情斗志

① 程普、余路、刘向君:《信号与系统课程思政教学思考与探索》,《高教学刊》2021年第17期。

续表

思政元素	知识模块	切入点	德育目标
科学精神	傅里叶级数	傅里叶级数是法国数学家、物理学家傅里叶提出的,他在1807年向巴黎科学院呈交《热的传播》论文,大胆断言:任意周期函数可以展成三角函数的级数形式。但由于拉格朗日的强烈反对,该论文没有发表,直到1822年才在他的《热的分析理论》一书中公之于世。1829,狄利赫利提出了傅立叶级数收敛的条件。1899年,吉布斯提出了吉布斯现象,傅里叶级数理论才得以完善	① 傅里叶敏锐的洞察力、深厚的学术造诣、孜孜不倦献身科学的科研精神,引导学员追求真理、不畏艰难、积极创新,培育求真、探索、创新的科学精神。 ② 拉格朗日的反对也反映了他严谨的治学态度,以此引导学员做学问必须保持实事求是的科学态度。 ③ 科学技术的发展并不是一帆风顺、一蹴而就的,而是经过无数科学家不断探索、前赴后继,激励学员不断探索创新,激发科技强军的使命担当
认知观方法论	绪论中讲解本课程学习方法	科学家李政道说过:"求学问,需学问,只学答,非学问。"求学问,需要学会提问,也就是学会思考,只知道它的答案,并不是真正的学问	学习过程中提出问题比解决问题更重要,提出问题是战略问题,解决问题是战术问题,鼓励学员在学习过程中,善于思考,多提问题,以此培养学员科学思维方法以及创新意识
认知观方法论	信号与系统基本概念	系统是指若干相互关联的事物组合而成的具有特定功能的整体。其基本作用是对信号进行传输和处理。信号是系统处理的对象,系统是处理信号的主体,两者相辅相成,密不可分	① 通过"系统"的概念定义,引导学员善于运用系统方法分析问题。 ② 利用"信号与系统之间的关系"知识点,引导学员树立唯物主义联系观——事物之间是互相联系的,不是孤立的
人生观价值观	信号与系统基本概念	2018年5月川航3U8633航班遇险后之所以能够安全备降,一方面源于机组成员沉着果断的应急处理,另一方面则得益于各个部门的通力合作,在这里发挥重要作用的就是信号。努力提高信号的传输质量,加强信息处理能力,是与人民生命财产安全密切相关的	通过事件分析引导学员努力夯实专业理论基础知识,培养学员立志强军报国的使命担当

续表

思政元素	知识模块	切入点	德育目标
人文素养	取样定理	"一叶知秋"和"管中窥豹",都只是看到了事物的一部分,但是得出的结论是不一样的。取样信号仅仅是原信号的一部分	结合成语,引入并分析取样函数应该满足的条件,同时营造人文气息

(三) 利用信息化教学资源和多元教学方法,助力课程思政教学实施

充分利用信息化教学资源,给学员提供更多的思政渠道和探索空间。例如:课前通过微信群或者线上 App 推送思政资料,让学员阅读思考;课上根据推送资源,让学员发言,其他学员补充完善;教员最后归纳总结,进一步升华思政点。如"傅里叶级数"知识模块,课前推送傅里叶级数的历史发展过程的相关文字、图片及傅里叶的相关视频资料,让学员思考:观看后故事中的哪点最能触动自己?课上在讲授此知识点时,让学员先说出自己的感悟,有的学员从傅里叶对科学的兴趣和大胆的想象力总结出"兴趣是科学研究的最好老师";有的学员认为"傅里叶锲而不舍、刻苦钻研的探索精神值得学习";有的学员叹服"傅里叶不畏权威、追求真理的求真精神";有的认为"拉格朗日的反对正说明了不同学术思想观点的碰撞,这也是促进科学发展的必经之路",等等。学员从不同的角度进行了解读和理解,教员最后要根据这些观点进行归纳、完善,进一步凝练、拔高,形成有价值的思政点,使知识点与思政点相互融合,达到科学性与思想性的统一。

思政元素与专业知识有机融合离不开恰当的教学方法和手段。积极改革传统"灌输式"教学模式,始终贯彻"学员为主体、教员为主导"的教学理念,针对不同的教学内容,灵活运用启发式、案例式、研讨式、探究式等多元教学方法和手段,助力思政元素的价值育人效能。如讲授"频谱分析"时,以提高电站装备的供电质量为目的,利用装备案例进行教学,一方面提高学员理论联系实际的能力,另一方面使学员感受到"知识就是战斗力",从而增强"打牢基础、提升能力、服务部队、科技强军"的理想信念。

（四）注重隐性教育，发挥教员人格魅力

如果说思政元素与专业知识在课堂上的有效融合，发挥着显性教育的话，那么教员本身的人格魅力和精神风范就可以看作是课程思政的隐性教育。"师者，所以传道受业解惑也""其身正，不令而行；其身不正，虽令不从""师也者，教之以事而喻诸德者也"等语句都充分说明教员这个职业所担负的责任和使命。身教重于言传，正如习近平总书记所说的，要有理想信念、要有道德情操、要有扎实学识、要有仁爱之心。因此，教员要不断加强自身修养，以扎实的专业知识、严谨的治学态度、过硬的教学能力、宽广的胸怀视野，用自身的人格魅力来影响学员，使学员"亲其师""信其道"，发挥榜样示范作用。

军队院校教育肩负着培养优秀军事人才的重任，政治素质过硬是军校教员的首要条件，教员对党的理论要真学、真信、真用，确保"三尺讲台无杂音"。教员要不断钻研专业知识，提升装备实践能力，增强教育教学能力，用渊博的学识、学术上的造诣来影响学员，提升课程思政的信服力。在课堂上，教员要通过自己的言行，将积极的、正能量的思政资源引入教学，用人格魅力感染学员。教员做好"教书育人"就是课程最好的思政元素。①

三、实施效果"如何评"

构建科学、合理、有效的课程思政评价体系有助于课程思政教学实践的诊断和引导。课程思政育人效果的评价涉及学员情感、态度、价值观等软性指标，属于德育范畴，并不是上完一门课就能表现出显著效果，它是潜移默化、循序渐进的，是一个线性增长的过程。育人效果可能要经过很长一段时间才能显现，急于求成可能会适得其反。但这并不是说课程思政就不需要评价或无法评价，毕竟教学评价是检验教学活动及其对象的客观标准。具体到一门课程，课程思政教学评价是以参与课程教学的教员、学员为对象，以学员所要达到的知识、技能、价值目标及教员所采取的适当授课内容、授课方式等教学

---

① 郭琪、吕孟军：《课程思政如何推动军队院校以"学"为中心的课程教学改革》，《西部素质教育》2021年第22期。

实践活动为主要内容,对其过程与结果进行客观性测定的活动。[①] 依据课程思政评价标准,"信号与系统"课程通过构建多层次、多元化、全过程的课程评价体系,来最大限度地体现学员的德育发展和教员的思政教学能力提升。

课程思政效果是通过教员的教学实践活动来促进学员正确价值观的形成,与此同时,教员自身的思想政治素养、思政教学能力也得以提高。课程思政是一项双边活动,是一个教学相长的过程,评价体系不仅要体现对学员的评价,也要体现对教员的评价。

对教员的评价从专家和学员两个层面展开,评价成绩各占50%。专家从静态资源和动态实施两个方面对教员进行评价。静态资源指把思政元素、思政融入方式等固化到课程计划、教案、教学设计等纸质或电子资源。动态实施指教员在课堂上组织教学活动来彰显思政过程,达到本次课程思政效果。专家通过检查静态资源、听取教员汇报、听查课堂教学,对教员思政能力进行检测和评估。学员是课堂教学实践最直接的参与者,他们对教员的教学活动有直接的发言权。学员从道德素质、教学态度、专业素养、教学能力四方面对教学活动进行反馈评价。通过专家和学员的综合评价,达到以评促建、以建促教的目的。

对学员的评价从教员评价、学员自评和学员互评三个层面展开,其中教员评价占60%,学员自评占10%,学员互评占30%。课程思政是以知识为载体进行价值观的教育、科学思维的培养,因此教员应从知识掌握、能力提升、态度养成、价值取向等多方面对学员进行评价。通过多元化教学模式,提供学员自评、学员互评的合理机制。如以小组为单位进行专题汇报时,小组成员通过查阅资料、设计方案、实验验证、汇报交流、撰写报告等环节,合理分工,协作互助,完成任务。在此过程中,反映了学员的文献检索、知识归纳、综合分析、表达交流、阅读写作、团队协作、创新思维等综合能力。这一过程可由学员自评、组员互评、组长评价以及教员总评进行多元化、多层次、全过程评价。

按照上述课程思政建设思路和举措,"信号与系统"课程组进行了课程思政建设和教学探索。课程思政教学改革从顶层设计出发,完善教学计划、优化教学内容、修订课程教案、建设课程思政案例库,在此基础上注重教学实践活

[①] 张一平、阳慕伶:《关于高校课程思政教学评价体系构建的思考》,《广东职业技术教育与研究》2021年第5期。

动的反馈,在2021级某专业秋季学期进行了实施。教学期间,专家多次进行课堂督导,实施效果受到了专家的一致肯定。课程结束后对38名学员进行了问卷调查,学员对思政认可度达到94.7%,92%的学员认为课程思政对掌握知识、提升技能、养成思维方式以及价值观认同等方面具有促进作用,期末总评成绩相对于其他专业也显著提升。实践结果表明,课程思政与专业知识的有效融合,实现了知识传授、能力培养和价值塑造相统一的教学目标,提升了教学效果和教学质量,可为同类课程提供借鉴和参考。

"金融风险管理"课程思政建设的探索与实践

王 琼 肖华东

摘要：金融风险管理人才是实现国家金融安全的重要支撑。"金融风险管理"在金融人才培养上具有鲜明的价值导向。本文分析了"金融风险管理"课程思政建设必要性，并从"培养家国情怀""彰显科学精神""鼓励实践创新"等维度，就"金融风险管理"课程蕴含的思政元素进行了梳理，提出采用案例教学、互动教学、实践教学等多种教学方法实现课程专业知识与课程思政的有机融合。

关键词：金融风险管理；思政元素；教学方法

"培养什么人"是教育的首要问题。从党的十七大确立"坚持育人为本、德育为先"，到党的十八大提出"把立德树人作为教育的根本任务"，再到党的十

基金项目：中国高等教育学会 2023 年度高等教育科学研究规划课题"金融开放新格局下共建'一带一路'对人民币汇率波动风险研究"（项目编号：23BR0214）；教育部人文社会科学研究项目（项目编号：17YJC790153）；武汉城市圈制造业发展研究中心项目（项目编号：W2021Y06）。

作者简介：王琼，博士，江汉大学商学院副教授，硕士生导师，主要研究方向为国际金融、金融风险管理；肖华东，博士，江汉大学商学院副教授，硕士生导师，主要研究方向为公司金融。

九大强调"落实立德树人根本任务",不断凸显着"立德树人"的重要地位。①《高等学校课程思政建设指导纲要》指出,立德树人成效是检验高校一切工作的根本标准,思想政治教育应该贯穿高校的整个人才培养体系。专业课程教学是课程思政较重要的依托。因此,高校要用好专业课程教学这个主渠道,使各类课程与思政教育同向同行。"金融风险管理"是金融学专业的核心课程,"金融风险管理"课程思政建设对立德树人的人才培养目标具有重要作用。②

一、"金融风险管理"课程思政建设的必要性

(一)课程培养目标的客观要求

随着金融一体化的发展,金融风险也日趋复杂,特别是在金融活动创新与金融监管创新的交互作用下,由金融参与主体人为诱发的金融风险事件日益频繁,这不仅对金融人才的专业技能提出了更高的要求,而且对其职业操守、思想政治素养和社会价值观提出了更高的要求。"金融风险管理"是金融学类专业必修课,其培养目标是知识传授、能力提升与价值塑造,是金融学类专业课程中的核心德育载体。这就要求学生通过本门课程的学习,不仅要了解金融风险管理的流程,掌握识别与度量金融风险的基本方法,强化风险管理意识,更重要的是要引导学生具备"诚信、专业、勤奋、合规"的职业操守和"敢于担当、勇于奉献"的社会责任感,增强学生对于社会主义制度优越性的认同感,树立正确的世界观、人生观与价值观。因此,在"金融风险管理"课程教学中,需要深入挖掘思政元素,把思政工作贯穿教学全过程。让学生在提升专业技能的同时,提升职业道德与思想政治素养。

(二)坚定"四个自信"的重要路径

"文化自信"是"四个自信"的重要组成部分,没有高度的文化自信,没有

---

① 王然科、汪焱、谢佳辉:《论大学公共体育课堂道德自主性的塑造——涂尔干道德教育理论视角》,《福建体育科技》2023年第1期。

② 刘斌斌、黄小勇、付剑茹:《〈金融风险管理〉课程"五位一体化""金课"建设进路探究》,《金融教育研究》2021年第3期。

文化的繁荣兴盛,就没有中华民族伟大复兴。① 金融文化是社会文化中的价值观与价值取向、道德准则与伦理观、法律意识与规范、经营及管理理念等在金融领域的重要体现。金融企业本质上是经营风险的企业,风险文化在金融文化中占据着核心地位。通过"金融风险管理"课程教学,让学生可以充分理解金融行业的高风险特征,在金融业务活动中不抱侥幸心理,拥有比较强烈的风险意识;让学生正确看待风险,意识到人类认识世界的局限性,对未知与不确定性保持更加理性的态度;让学生对于风险管理具有科学的态度,尊重风险管理的专业性与技术性。这些认知与观念运用到金融实践中,将有利于构建比较稳健的风险管理文化。改革开放40多年来,我国金融业获得长足的发展,形成了有中国特色的金融文化。因此,"金融风险管理"课程思政建设有利于风险管理文化氛围的形成,坚定"文化自信"。

二、"金融风险管理"课程思政元素与内容挖掘

基于"金融风险管理"课程的特征,在对其思政元素进行挖掘时,遵循"培养家国情怀""彰显科学精神""鼓励实践创新"等原则,通过教学研讨、同行交流、咨询专业人士等方式,结合中国金融风险管理实践,以"知识模块"为切入点,通过对现有教材知识模块的整合、广度延伸、深度解读,进行思政元素的发掘,梳理和提炼专业教学内容中所蕴含的德育元素和功能,用"历史思维""辩证思维""系统思维""创新思维"将"知识+思政"连点成线,设计了"金融风险管理"课程思政元素表(见表1),形成一个"思政面",与专业理论融为一体,将其融入课堂教学内容中加以实施。

表1 "金融风险管理"课程思政元素表

序号	知识点	课程思政元素	课程思政元素的具体实践
1	课程导入	家国情怀:社会责任	讲解五次全国金融工作会议精神,引导学生掌握金融风险、金融安全要义,牢记金融服务经济的本质,注意防范和化解金融风险。② 理解习近平总书记"百年未有之大变局"论断的价值内涵,培养学生的使命感和责任感,坚守金融为民初心,筑牢金融报国理念,引出课程学习的重要意义

---

① 赵永明、杨贝贝:《新时代提振大学生文化自信的实践之维》,《徐州工程学院学报(社会科学版)》2021年第5期。

② 王伟、黄颖:《讲好金融故事:"金融学"课程思政改革的有效路径》,《思想理论教育导刊》2021第3期。

续表

序号	知识点	课程思政元素	课程思政元素的具体实践
2	风险管理基本理论	科学精神：批判质疑	讲解吴敬琏和厉以宁关于股市的争论,引导学生理解风险承担与风险管理的作用。培养学生的问题意识,学会多角度、辩证地分析问题
3	风险收益数理基础	科学精神：理性思维	将概率论与数理统计知识引入金融,让学生掌握基本的科学原理和方法的运用;引导学生积极进取、追求真理,培养有效解决问题的能力和韧性
4	《巴塞尔协议》与商业银行资本管理	家国情怀：国家认同	2021年,中国人民银行、中国银行保险监督管理委员会发布《系统重要性银行附加监管规定(试行)》,这一举措是我国在防范化解重大金融风险方面的务实选择,体现了大国担当,体现了社会主义制度的优越性
4	《巴塞尔协议》与商业银行资本管理	家国情怀：国际理解	以某企业家"巴塞尔协议是一个老年俱乐部"的公开评价为切入点,让学生通过认识《巴塞尔协议》以及了解《巴塞尔协议》在中国的实践,培养全球意识
5	市场风险管理	家国情怀：国家认同	对中国利率市场化渐进式改革进行分析,引导学生理解金融深化的中国模式,增强学生对中国特色社会主义发展道路的自信
6	信用风险管理	家国情怀：国际理解	1998年,中国人民银行参考国际惯例并结合国情制定《贷款风险分类指导原则》,将银行商业贷款质量由四级分类改为五级分类。引导学生以开放的心态面对世界,要有国际视野
6	信用风险管理	家国情怀：国家认同	2003年至2010年国有银行股份制改革,是创造性改革,为世界提供了市场化转型改制的成功范例和宝贵经验。国有银行股份制改革夯实了国有银行的经济造血功能和金融体系稳定器的职能,特别是为中国成功抵御金融危机、实现经济持续发展提供了重要保障,体现了社会主义制度的优越性①

---

① 孟扬、张冰洁:《中国国有大型商业银行的"凤凰涅槃"》,《金融时报》2021年12月1日。

续表

序号	知识点	课程思政元素	课程思政元素的具体实践
7	操作风险管理	家国情怀：社会责任	从操作风险的角度解析2016年六大票据案件，引导学生明辨是非、履职尽责、培养学生的规则意识、法律意识
		家国情怀：国家认同	操作风险是银行业市场乱象较集中、较典型、较突出的表现形式。由操作风险引入银行保监会监管工作，从2017年的"三三四十"到2018年的"八大方面"，体现了我国银保监会在监管制度上的不断完善。"八大方面"基本涵盖了银行业经营的全过程，为防范金融风险提供了制度性保障。让学生坚定对中国共产党的信任、坚定对中国特色社会主义和中华民族伟大复兴的信念
8	流动性风险管理	家国情怀：国家认同	2019年5月，包商银行的资产规模约5500亿元，负债规模约5200亿元，流动性风险一触即发。人民银行会同银保监会提出了"新设一家银行收购承接业务＋包商银行破产清算"的处置方案，顺利完成包商银行金融风险的精准"拆弹"。实现了处置成本最小化目标，守住了不发生系统性风险的底线，探索出商业银行市场化退出的可行路径。提升学生民族自豪感，树立制度自信
		科学精神：勇于探究	2021年9月，中国人民银行召开电视会议，推动常备借贷便利（SLF）操作方式改革，落实3000亿元支小再贷款政策，助力中小金融机构防范流动性风险。培养学生勤探索、勇实践的创新精神
9	金融衍生品风险管理	家国情怀：文化自信	宋代蔡襄在《荔枝谱》中提到："（荔枝）初著花时，商人计林断之以立券，若后丰寡，商人知之，不计美恶。"其中的荔枝交易便符合现代商业对期货的定义。宋代史料还能证明，当时除了水果如荔枝，在建材和粮食等领域也存在期货形态。新中国期货市场经过多年发展，商品期货成交量已经连续多年位居全球第一。[①] 通过对期货历史的追溯和我国期货市场发展的回顾，培养学生的文化自信

---

① 楚海虹：《期现融合助力企业高质量发展》，《中国石油报》2021年7月22日。

续表

序号	知识点	课程思政元素	课程思政元素的具体实践
9	金融衍生品风险管理	家国情怀：社会责任	通过对"327国债事件"的剖析，揭示金融衍生品投资的高杠杆特性，培养学生的规则意识、风险意识、专业素养和职业道德
		科学精神：勇于探究	通过阿里巴巴、百度、腾讯、字节跳动等互联网公司的"期权激励"政策，引出期权相关知识，讲解期权多样化交易策略，在启迪心智基础上，促使大学生培养勇于探索和实践的科学精神[①]

（资料来源：根据相关教学资源整理而成）

三、"金融风险管理"课程思政教学方法

"金融风险管理"课程思政教学中要以"显性的知识传授＋隐性的思想育人"为导向，以课程教学内容为本，将思政元素融入专业知识，采用多样的教学方法与有效的路径来实施，实现课程专业知识与课程思政点有机融合，使专业课教学变得更加丰满和厚重，思政元素变得更加鲜活。

（一）案例教学

"金融风险管理"课程教学中，不少教学内容都有相关的案例，通过让学生思考和讨论案例，引出思政元素。比如在金融衍生产品风险管理的教学中，教学内容要求学生能运用金融衍生工具进行风险管理，了解金融衍生工具自身的风险及风险管理，要实现的思政目标包括文化自信、社会责任和科学精神。教学中首先可以通过宋代蔡襄《荔枝谱》中的荔枝交易、黄榦《勉宅集》中的建材（砖）买卖和洪迈《夷坚志补》中的粮食（稻米）买卖等案例解析，提炼出期货合约的含义、基本特征及相关术语，说明我国早在宋代就已经有了期货交易，让学生树立文化自信；紧接着引入案例"327国债事件"，让学生知道金融衍生品交易高杠杆率引发的风险远远高于现货交易的风险，意识到金融风险管理非常重要，树立良好的风险意识、专业素养和职业道德。

（二）互动教学

"金融风险管理"课程思政要"润物细无声"，促进思政元素"内化于心，外

---

① 何晓光、黄金波：《金融工程学课程思政元素探究》，《西部素质教育》2022年第1期。

化于行",就要以"学生为本"。因此,互动式教学能够较好地激发学生的主体意识和勇于探究的科学精神。比如在"投资组合多元化可以降低风险"这个知识点的学习中,可以通过"不要把所有的鸡蛋放在一个篮子"这个启发性问题的创设来引起学生的思考,以股票投资为例,首先引导学生思考哪些因素(可以划分为预期到的信息和意外信息这两类信息)决定了投资的收益和投资的风险(系统性风险和非系统性风险),然后引导学生思考把两只不相关的股票放在一个投资组合时收益和风险会发生何种变化。非系统性风险是公司特有的风险,因此,组合的非系统性风险会低于两只股票中任何一只股票的非系统性风险。再引导学生思考加入第3只、第4只、第5只甚至更多的股票后的情况,自然会得出新的组合非系统性风险降低的效果会不断持续的结论。最后,引导学生得出结论:无限多数量的股票构成的组合,其非系统性风险将会消失。通过这种启发式互动教学,不仅可以增强学生的参与意识,还能让学生切实体会到分散化投资的本质,树立坚定的价值投资理念,是风险意识、创新能力和科学精神培养的互动。

(三)实践教学

现代金融风险管理大多是通过数理方式量化金融风险并进行管理,"金融风险管理"课程中的思政元素多与科学精神、社会责任和家国情怀有关,因此,在教学中不能只局限于课程知识点的讲授与学习,还应重视实践教学,加强对我国金融风险管理实践情境的理解与应用。

首先,利用教学实验提升学生职业素养和科学精神。教师可以依托实验室,通过一系列的实验让学生切实感受金融风险管理的流程和关键技术,掌握金融风险管理的基础知识和基本技能,增强课程学习的获得感。例如,在讲授债券风险管理时,除了对线性风险管理工具久期的性质进行理论推导外,还可以让学生根据某种债券的实际数据,通过软件计算不同条件下久期的变化,并对比久期计算的利率风险和实际利率风险的差异。

其次,与实务界合作,提升学生职业兴趣和专业素养。"金融风险管理"是一门应用性较强的课程,而课程思政建设也强调实践教学的重要性,需要"重视思政课的实践性,把思政小课堂同社会大课堂结合起来"。因此,在进行"金融风险管理"课程思政时,一方面可以通过与相关企业或者金融机构合作创建实践教学基地并推荐优秀学生实地观摩实训;另一方面可以邀请大型企业、金融机构走进校园,举办系列专题讲座。①

四、结语

"金融风险管理"作为一门研究金融风险及其管理方法的课程,在课程教学过程中融入思政元素,有助于强化学生风险管理意识,培养学生家国情怀、法治观念,传导正确的价值追求和理想信念。"金融风险管理"课程思政建设要以课程教学内容为基础,立足中国金融风险管理实践,全方位挖掘各类思政元素,采用多种教学方法,使专业知识讲授与课程思政建设相辅相成,达到"显性的知识传授+隐性的思想育人"的有机融合。

---

① 何晓光、黄金波:《金融工程学课程思政元素探究》,《西部素质教育》2022年第1期。

高校大学生心理健康课程思政教学改革与实践
——以"大学生时间管理"为例

汪媛媛　陈发祥　程玉凤

摘要：课程思政的建设与实施是当前高校研究的热点课题,大学生心理健康课程教学中的思政元素融入,需要做到"育心"与"育德"相统一。大学生心理健康课程思政建设通过加强顶层设计、优化实施路径、狠抓过程管理,形成了先进的建设理念、有效的推进模式、鲜明的建设特色。本文通过展示"大学生时间管理"的教学设计案例,为高校心理健康教育课程及其他同类课程开展课程思政教学改革提供建设参考。

关键词：课程思政；大学生心理健康；教学改革；时间管理；教学设计

全国高校开展课程思政建设以来,如何发挥好课程的思政育人作用,落实立德树人根本任务,提高人才培养质量,是一项重要课题。课程思政建设如何真正让教学优起来、教师强起来、学生忙起来、过程管理严起来,育人效果实起来,也是摆在所有课程教师面前的挑战。可以说,课程思政建设对学校教育教

基金项目：合肥工业大学2020年度中央高校基本科研业务费专项资金资助项目"基于TAM的大学生'雨课堂'使用行为研究"（项目编号：JS2020HGXJ0018）；教育部人文社会科学研究专项任务项目（中国特色社会主义理论体系研究）"高校红色文化资源育人研究"（项目编号：20JD710014）。

作者简介：汪媛媛,合肥工业大学宣城校区专职心理教师,讲师,主要从事大学生心理健康教育方面的研究。其他作者简介略。

学改革的影响是全方位的。目前，已经有不同类型的课程开展了积极有效的课程思政建设探索与实践，如杨勇[①]、徐初东[②]、刘辉[③]分别在电路理论、大学物理、精神心理照护学课程中进行了课程思政建设的尝试。党的二十大报告中提出要重视心理健康。如何发挥高校大学生心理健康课的重要教育作用，值得我们深入地开展研究和实践探索。

一、大学生心理健康课程思政建设总体情况

《高等学校课程思政建设指导纲要》为如何开展课程思政建设提供了具体指导。大学生心理健康课程，注重使学生在知识、技能和素质等方面得到提升，通过巧设情境，在反馈中加强理论联系实际，在情境中解决学生问题，将理论内化为行为规范，提高学生自我调适能力。

二、"大学生时间管理"课程思政教学设计案例

（一）学情分析

大学生心理健康是一门面向大一新生开设的通识教育必修课，它在高校培育学生积极心理品质方面发挥着重要作用。重点培养学生运用心理知识调适自身心理状态的能力，同时也为学生更好地发展自我、服务国家与社会提供重要支撑。

在前面章节的学习中，学生已经掌握了职业生涯规划的内涵和步骤等内容，课后教师布置学生开展调研、参与线上讨论。在讨论中，很多学生提出类似问题："虽然我已经确立了职业生涯规划的目标，但是在实际学习生活中碰到了很多时间管理方面的困扰，比如时间不够用，每天事情很多，不知道先忙哪个等。"我们知道，部分大一新生刚进校不久，可支配时间相比高中阶段突然增加，时间灵活性变强。同时，由于部分学生缺乏时间管理意识，也不太了解

[①] 杨勇、张蓉、贺恒鑫等：《工科专业基础课课程思政教学设计与实施——以"电路理论"课程为例》，《课程思政教学研究》2022年第1期。

[②] 徐初东、熊万杰：《"大学物理"运用中华优秀传统文化资源开展课程思政的探索与思考》，《思想政治教育导刊》2021年第3期。

[③] 刘辉、刘文婷、方帆等：《精神心理照护学国家级课程思政示范课程建设与实践》，《中华护理教育》2022年第3期。

时间管理方法,导致他们经常感到内心空虚、无聊、迷茫。而另一部分学生同一时间段内,学习、比赛、活动等事项过多,生活处于忙碌但盲目的状态。或者,已经开始尝试进行初步的时间管理,但实际执行效果差,导致部分学生产生心理困扰,影响其大学适应和个人发展。因此,通过前期教学和线上讨论等环节,教师了解到部分学生缺乏时间管理意识,而绝大部分学生非常期待学习时间管理方面的知识和方法。

(二)教学目标

1.知识目标

了解时间管理的内涵,掌握时间管理的原则与方法。

2.能力目标

通过学习时间管理的原则与方法,能够做好自身的时间规划,合理安排大学的学习与生活。

3.素质目标

培养学生的时间管理意识,树立科学的时间观,不断提升自身时间管理水平,更好地为国家和社会贡献力量。

(三)教学理念

坚持以学生为本,开展线上线下混合式教学,拓展课堂教学内涵与外延,以情感体验为依托,以技能提升为目标,以雨课堂为互动教学工具,采用课堂讲授、小组讨论、案例分析、学生小组视频制作与展示等多种教学方法,从学生实际困惑入手,激发学生学习热情。通过学生生活中的实际案例和小组视频作业的引入,用生动的语言,并在不断的体验与互动中,加深对时间管理的内涵与价值的理解,提升学生实际应用时间管理方法的能力。最后布置课后实践作业和延伸学习内容。

(四)教学资源

1.图书、文献资源

主要包括课程组自编的《大学生心理健康教程》教材,国内外时间管理方面的经典书籍,知网中关于时间管理的多篇前沿研究文献资料。

2. 线上资源

主要包括安徽省省级大规模在线开放课程（MOOC）"普通高校学生心理健康教育教程"，雨课堂线上资源库，学校大学生心理健康教育与咨询中心自购心理测评软件问卷，教师课前课后上传的前沿文献资料、预习资料、课后延伸阅读材料等。

3. 实践资源

学校大学生心理健康教育与咨询中心建有12间功能室，可供学生参观体验。学生课后如有时间管理方面的咨询需求，可自行主动到学校大学生心理健康教育与咨询中心预约个体心理咨询服务。学校还建有多个学生社区服务中心，均设有心理辅导室、心语小屋等，学生有需要也可自行预约前往。

4. 智慧教学工具

主要包括雨课堂、学堂云，课前推送相关资料，课上组织学生参与弹幕、投稿讨论，课后开展网上自主学习、小组延伸合作学习等。

（五）教学内容

本节内容为"大学生时间管理"，属于课程所使用教材《大学生心理健康教程》中第六章"大学生职业生涯规划"的第四节。本节内容主要包括时间管理的内涵、意义及原则与具体应用，主要原则包括目标原则、二八原则等。

（六）教学重难点

1. 教学重点及处理方法

(1)教学重点：时间管理的基本原则。

(2)处理方法：重点讲解目标原则、二八原则、四象限法则；通过逐步设问，引导主动思考；通过体验式学习和小组合作学习，启发学生反思自身的时间管理情况；通过案例分析和体验活动，引导学生学习掌握时间管理的三大原则，并在理解的基础上，在实际生活中学以致用。

2. 教学难点及处理方法

(1)教学难点：时间管理的意义。

(2)处理方法：选取学生课前制作的小组视频和学生身边的案例激发学习

兴趣；通过中华优秀传统文化中关于时间论述的经典内容引发学生思考时间的宝贵；结合多媒体课件展示、课堂提问，根据学生反馈，把握课程进度。

(七)教学方法

(1)采用线上线下混合式教学，通过课前、课中、课后扩充教学空间。

(2)采取教师课堂讲授、PPT演示、视频展示、体验活动、小组讨论、案例分析等多种教学手段相结合，做到节奏适中，使学生的思维与教师上课节奏保持同步。

(八)教学工具

主要包括黑板、PPT、雨课堂、长纸条、番茄钟教具、相关图书等。

(九)主要教学安排

1.导入部分及课前自主学习回顾

首先，通过梳理课前学生线上学习情况，包括线上资料阅读、参与线上讨论、完成线上测验等，结合学生线上讨论内容引出本节教学内容。

其次，通过展示课前小组调研视频，呈现学生日常真实的时间管理现状，以及对时间管理的了解情况。

最后，通过总结视频中学生的疑问和需要，并结合一名大学生的案例，进而导入本节课的主题——大学生时间管理。

2.阐述时间管理的内涵

时间管理就是在充分认识时间的性质和价值的基础上，科学、合理、有效地利用时间资源，以产生最大效益。澄清时间管理的本质不是对时间的管理，而是对自我的管理。

3.讨论进行时间管理的意义

通过孔子、庄子形容时间易逝的描述、"我的24小时"课堂体验活动、启发性提问和心理学研究结果呈现形式，引发学生思考时间的宝贵及自身在时间管理方面的问题。通过小组讨论后由学生投稿，呈现学生感受和心得体会。

首先,介绍中华优秀传统文化中关于时间的经典语录。如孔子曰:"逝者如斯夫,不舍昼夜。"庄子曰:"人生天地之间,若白驹之过隙,忽然而已"。

其次,开展"我的24小时"课堂体验活动。教师引导学生思考:"很多学生大一进校时候相差不大,经过大学四年,为什么毕业的时候大家的发展却千差万别呢?这和时间管理又有什么关系呢?"之后,邀请学生参加课堂活动。教师邀请学生拿出课前裁剪好的画有24格的2张纸条,并拿起其中一张,这张纸条上的24格就代表我们一天所拥有的24小时,请学生按照教师所说的指导语逐步操作。先请学生撕去每天睡觉所需花费的时间,假如8小时,就撕去纸条长度的三分之一。接着,再请大家撕去一日三餐、上下学路上花费的时间,再撕去自己每天玩游戏、聊天、刷手机等娱乐的时间,只留和自身成长、学习、发展有关的时间,其他的统统撕去。完成的学生请举起最后剩余的"学习时间"。教师邀请全班学生相互看一下彼此剩余的纸条长度,引导学生思考"究竟我们每天有多少时间真正用来学习与发展自我?"并请学生拿着手中的纸条和另外一张最初的纸张相对比,更直观地看到差距。

再次,进行启发性提问和学生讨论分享。邀请学生思考参加"我的24小时"课堂体验活动的感受,先在小组内讨论,然后在雨课堂投稿分享感受。教师展示线上讨论中的部分学生留言:"原来我浪费了这么多时间啊。""不知不觉每天时间过得这么快!""看来学习时间管理很有必要啊。"

最后,进行心理学相关研究介绍。不良的时间管理可能与焦虑、压力、抑郁等相关。通过介绍,学生更切身地体会到时间管理的重要性。

4.介绍时间管理的基本原则

分别介绍目标原则、二八原则和四象限法则。引导学生根据目标原则设定目标,根据二八原则分清主次,根据四象限法则对任务按轻重缓急进行分类。

第一点,介绍目标原则,结合袁隆平的案例,引导大学生更深刻地理解目标原则。

时间管理的前提是必须有一个明确的目标。可将罗盘理论引入时间管理中,强调我们每一天的行动,每一个时段的行动,都要与未来的目标很接近。它强调的是一种方向,正所谓"日行一寸"即为"得"。不管学生的目标是就业、考研,还是考证书、锻炼身体等,只要大学时找到自己的目标,就有了努力的方向。袁隆平一生都致力于完成自己的梦想,为社会做出了卓越的贡献,他也把绝大部分时间用在了他的这些梦想和实践中,非常值得我们学习。

第二点,介绍二八原则,通过课堂实验,引导学生思考何为自己生活中的较重要的事项,明确要事第一的原则。

二八原则指的是生活中 80% 的结果源于 20% 的行动。我们应该将时间花在重要的少数事情上。教师开展课堂小实验。提问:"比如,这里有一个水果、几个花生、一把瓜子,我们如何把这些全部放进一个杯子里?"学生分享答案,教师总结:"同学们说得对,我们需要先放水果、再放花生和瓜子,最后发现也许还能倒得下一些水。如果逆向进行可以吗?我想,大家课下可以去试一下。"通过这个小实验,引导学生深入理解二八原则,找到自己生活中较重要的事情。

第三点,结合四象限法则,带领学生一起思考时间管理方面存在的问题,引导学生学会合理分类事项、科学规划时间。

按照四象限法则,我们可以将事情按照紧急性、重要性两个维度划分为四类。是否重要取决于是否对学生的综合能力有所提升,是否紧急取决于这件事是否必须马上去做,或者要立刻做决定。第一象限的事情应该立即去做,第二象限的事情应该有计划地做或者进行目标分解,第三象限的事情可以授权他人做,第四象限的事情尽量少做。

5. 介绍时间管理的实践与应用

第一步,列出事项清单,可以用纸笔,也可以用一些常见的时间管理 App。

第二步,按照四象限法则进行分类,大部分事情应该属于重要不紧急的事情。

第三步,专注完成任务。教师简要介绍时间管理的小技巧——番茄工作法。用 25 分钟完成任务,休息 5 分钟,如此反复,直到这个重要的待办事项完成。教师展示番茄钟教具,它可以调节时间,目的是快速提高工作学习效率。学生也可以用 App 设置自己的番茄钟时间。

6. 课程总结和课后延伸学习安排

借用时间管理"达人"分配图总结所学内容,通过提问引发学生思考时间管理的重要性,树立要事第一的意识。教师展示 PPT 左右两张对比图,引导学生思考哪张是时间管理"达人"时间分配图。学生分享之后,请学生观察两张图的区别,引导学生注意避免用过多精力处理不紧急的事,否则会碌碌无为。

进行课程学习小结。本节课,首先了解时间管理的内涵,其次理解时间管理的意义,最后一起探究时间管理的原则与方法。通过梳理知识脉络,加深对新知识的理解和印象。

布置课后作业和预习。课后作业包括以下内容。① 小组合作(必做):以小组为单位,调查1位本专业优秀校友或行业模范的时间管理经验,结合自身体会撰写调研报告并上传至平台。② 学术前沿拓展(选做):学有余力的学生自主阅读SPOC学堂云平台上传的关于拖延心理与行为的文献资料,积极参与线上研讨。预习任务主要包括第七章"大学生学习心理"相关内容,将小组任务单等通过雨课堂平台推送。推荐部分图书和线上慕课资源。引导学生努力成为时间管理"达人",珍惜大学四年宝贵的学习时光,努力发展自我、提升自身,实现个人理想,服务国家和社会。

(十)教学评价

本部分教学内容是教材第六章的第四节,其教学重点是时间管理的基本原则,通过学生案例和小组作业视频导入很好地激发学生的兴趣;通过讲授和启发,让学生理解时间管理的内涵,通过中华优秀传统文化的引入和"我的24小时"课堂体验活动,引发学生思考时间管理的意义;通过讲解和提问等,使学生理解并掌握时间管理的三大原则,并学会实际应用;让学生用所学知识分析现实问题,学以致用,形成完整的教学闭环。

通过学生的签到率、弹幕、投稿、讨论等参与次数,通过教学参与内容和反馈,学生均表现出较高的积极性和较大的情感投入。通过学生小组讨论、提问分享可知,学生已经掌握了该具备的知识,实现了教学目标。可通过问卷调研、学生访谈、专家指导等方式,开展更全面深入的教学评价,持续进行循环式教学改进。

(十一)教学创新点

1.重视发挥大学生心理健康的课程思政育人作用

通过中华优秀传统文化中关于时间管理的经典内容介绍,以及袁隆平的案例等,启发大学生思考时间管理的意义,树立科学的时间观,珍惜大学时间,努力奋斗,更好地为国家和社会贡献力量。

2. 采用线上线下混合式教学

打通课前—课中—课后教学环节,依托智慧教学工具,丰富课堂教学形式,受到学生欢迎。

3. 采用互动式、体验式、讨论式教学

运用视频和学生案例导入本课程的内容,形象生动,引人入胜。课程结尾又通过分析最初的学生案例对刚刚学习的课堂知识进行回顾与分析,首尾呼应,加深学生对理论与实践的理解和应用。通过课堂活动和小组讨论,让学生在体验和讨论中更好地认识自己的时间安排和管理情况,学以致用。充分运用互动式教学,教师积极设问,启发学生思考,提升教学效果。

"国际贸易理论"课程思政实践与探索
——以"比较优势理论"为例

吴 艳

摘要：国际贸易学类专业课程应以立德树人为根本任务,大力开展课程思政,促进专业课程与思政理论课同向同行,培育学生经世济民、诚信服务、德法兼修的素养,帮助其塑造正确的世界观、人生观、价值观。本文以国际贸易比较优势理论为例,围绕如何有效开展专业课课程思政教学改革,从完善教学设计、优化教学内容、创新教学方法、开展全方位评价等方面进行实践探索,并对"国际贸易理论"课程思政教学改革与发展进行探讨。

关键词："国际贸易理论";课程思政;五星教学模式

习近平总书记指出,要将课堂教学作为主渠道,将思想政治工作贯穿教育教学全过程。国际贸易学类专业课程应贯彻习近平总书记关于课程思政的指示,以马克思主义理论、习近平新时代中国特色社会主义思想为指导,帮助学生了解经贸领域的国家战略、方针、政策,引导学生深入社会实践、关注现实问

基金项目：湖北省教育科学规划2022年度重点课题"课程思政视域下专业教师与思政教师协同育人模式创新研究"(项目编号:2022GAO10);2021年度华中师范大学教学研究项目"国际贸易专业课课程思政教学生态系统建设研究"(项目编号:202106)。

作者简介：吴艳,华中师范大学经济与工商管理学院副教授,博士,主要从事国际贸易理论与实务的教学和科研工作。

题。基于此,"国际贸易理论"课程注重专业教学与课程思政教学深度融合,以"开放、发展"为主题,依托五星教学模式,结合社会热点、中国历史,从中国外贸发展、全面开放战略入手,紧密围绕"立德树人"根本任务,秉持"价值塑造、能力培养、知识传授"三位一体的育人理念,将思政元素嵌入课程各章节知识点,形成"时事热点—方法论—价值观"三个层级的思政教育元素挖掘路径,将道路自信、理论自信、制度自信、文化自信贯穿专业教学全过程,充分发挥专业课程的育人功能,实现协同育人目标。

一、"国际贸易理论"课程思政教学设计

(一)开展专业课课程思政的重要性和必要性

"国际贸易理论"属于社会科学中的"显学",具有用人文道德情操来"思政化"经贸类课程的天然优势。"国际贸易理论"作为国际经济与贸易专业的核心基础课程,开展课程思政教学改革,将价值引领、知识传授、能力培养有效结合,是提升专业课程教学效果的有效途径,有助于破解思想政治理论课的"孤岛现象",有助于培养担当民族复兴大任的时代新人。

"国际贸易理论"作为一门相对成熟的学科,它理论体系完整、逻辑清晰严密,伴随着时代发展不断完善、推陈出新。该课程具有涉外性,其涉及的贸易理论、区域经济一体化、贸易政策等知识点都蕴含着东西方政治体制的差异、文化的冲突、意识形态的碰撞等。为此,在讲授"国际贸易理论"时,应在批判的基础上对西方相关理论与政策进行消化吸收和借鉴,既尊重其在解释外贸发展、外贸策略运用方面的科学性,又要取其精华、去其糟粕,站在马克思主义、习近平中国特色社会主义思想立场上,结合国际贸易理论、政策的发展变化,对学生进行价值观引导,帮助学生更好地学习和掌握中国外贸发展的历史和现状、中国对外贸易政策的发展变化,让学生深刻理解习近平新时代中国特色社会主义思想、马克思主义基本原理等对中国外贸高质量发展的引领作用,推进课程思政与国际贸易专业课的融合共促。

(二)"国际贸易理论"课程思政总体思路及实施路径

"国际贸易理论"课程教学中注重全方位浸入思政元素,力争将显性的国际贸易理论与政策知识和隐性的思想素质教育有机结合,培养学生经世济民、

国家利益至上的情怀,促进学生全面发展。课程的教学以育人为核心,以学生为中心,以国际贸易学科为核心,提升课程的高阶性;以信息技术为依托,重视过程评价,提升课程的创新性;以案例分析、研讨教学为媒介,提升课程的挑战性;以终身学习、自主学习为导向,提升学生分析问题和解决问题的能力和水平。

"国际贸易理论"课程思政改革实践不是简单的"课程+思政",也不是专业课程思政化或者去知识化,而是结合国际贸易专业特点,在专业课程教学中,围绕教学目标,钻研教学知识,凝练思政要素,将思政要素与专业教学知识进行深度融合。教学改革实施路径如下。

1. 以思政为主线,修订教学大纲,完善教学设计

教学团队以国际贸易专业知识为基础,以思政为主线,修订了"国际贸易理论"课程教学大纲,将思政目标写入课程的教学目标,有效衔接专业知识和思政目标。具体来说,"国际贸易理论"的知识目标是培养学生掌握国际贸易的理论知识、基本概念,了解国际贸易发展趋势及特点。能力目标是能够对现实生活中国际贸易的现象如自由贸易、贸易摩擦、关税壁垒、非关税壁垒、鼓励出口措施、区域经济一体化等做出分析和判断。思想素质目标是有诚信、友善精神,具备规则意识和国际化视野、现代思维;有创新精神与创新能力,坚定"四个自信",践行核心价值观,具有爱国主义情怀,建立专业情感、树立国贸人的责任担当;有开放、合作、包容、共享的贸易观,国家利益至上的经贸情怀。注重价值引领,大力培养学生的批判性思维,引导学生自觉运用马克思主义基本立场、习近平新时代中国特色社会主义思想看待和分析问题,树立社会主义核心价值观。

2. 整合、细化教学内容,积极"把思政'盐'溶进专业教育的'汤'"

"国际贸易理论"课程以"为什么要贸易——如何开展国际贸易——国际贸易的影响"为线索,以价格及成本机制为逻辑起点,讲授贸易在不同国家、地区间开展的原因以及贸易对社会福利的影响,分析各种因素对成本、价格进而对贸易的影响。课程从知识、能力、情感态度、价值观等维度出发,结合专业知识开拓思政元素,收集整理思政案例融入教学内容中,保持专业知识与思政要素的一致性与关联性,引导学生更好地理解和掌握国际贸易理论、政策,激发学生坚定社会主义理想信念、树立共产主义远大理想,培养学生为国奋斗的使命感。

教学中侧重结合案例对教学重难点进行详细讲解,促使知识与技能融会贯通。在创设情境时引入思想政治教育元素,激发学生的学习兴趣,使学生在学习专业知识与技能的同时,充分理解国家外贸方针政策并贯彻执行,实现课程思政育人目标。

3.创新教学方法,以润物无声方式将思政教育有机融入课程教学

课堂教学中采取多种教学手段构建以学生为中心的教学模式,坚持问题导向,通过设计形式多样的教学活动,融入思政元素提升和拓展教学内容,依托问题呈现课程相关知识点,引导学生自觉主动地参与课堂教学,充分发挥课堂教学主渠道作用。

教学中以马列主义、毛泽东思想、邓小平理论,"三个代表"重要思想、科学发展观、习近平新时代中国特色社会主义思想为指引,依托五星教学模式,针对不同的教学模块,依托文献、传统文化知识,综合运用情境模拟、案例教学、小组讨论等参与式、探究式教学方法,运用辩证唯物主义和历史唯物主义的方法开展教学实践。借助互联网、信息技术,通过线上线下相结合的授课方式推动教学新生态的良性发展。依托信息技术将思政内容转变为"可听、可看、可思考"的在线教学片段,改变传统填鸭式灌输,提高学生学习热情。课堂教学中采用小组合作分析蕴含思政元素的国际贸易经典案例、自创案例的方式去阐述国际贸易理论与政策;采用研讨式教学,让学生积极主动参与课堂学习,促进学生深入思考,通过经济问题思辨互动来提升思政教育成效。

教学中注重以真情实感与学生互动交流,通过讲故事、看视频、分析案例等方式适时将课程内容过渡到学生所关心的外贸时事上,进行外贸时事评述;通过教师分享实地调研、科学研究所获得的鲜活的外贸资料,理论联系实际、声情并茂讲授课程知识点,拓宽学生视野、助力培养其家国人文情怀,塑造其世界观、人生观、价值观,实现思政教育与经济学专业素养提升的交融互促。

4.将思政评价纳入课程评价体系,通过言传身教,强化思政效果

"国际贸易理论"的课程评价标准多维且相对客观,采取终结性评价和过程性评价相结合的方式,从知识、能力以及价值塑造三方面对学生进行综合考核,开展思政要素的考核评价以验证课程思政实效性和影响力。其中,终结性评价得分占总成绩的40%。终结性评价以期末考试(试题以主观题为主、客观题为辅,在主观题设计中强化思政元素)卷面成绩为准,旨在考查学生对国际

贸易理论及政策等知识的掌握程度、应用相关知识分析解决现实经济问题的能力、结合理论引发的对中国特色外贸发展的思考。过程性评价占总成绩的60%。过程性评价有1个思政维度(20%)、1个线上维度(20%)、3个线下维度(60%)，考察课堂表现情况、课堂展示情况和小组讨论情况，以及期中测试和课程论文完成情况。每个维度都有详细的记载，采用教师评价＋学生自评＋组内互评＋组际他评的多维度评价方法，对学生学习过程进行全方位评价，体现课程评价的客观性。课程思政赋分主要将思政教学内容的完成情况、学生思想政治表现纳入考评体系中，将思政测评与基于学习产出的教育模式有机结合，增加考核的思政属性。授课教师从学生完成各项任务中体现的学习态度、学习能力、逻辑表达、团队合作精神、学习主动性等出发，进行评分。

在教学中，将育人思想有机融入教学，不断完善课程思政教学案例，通过言传身教，在潜移默化中引领并促进学生思想认识的不断深化、价值观念的逐步提升。

二、五星教学模式下"比较优势理论"课程思政教学设计

(一)五星教学模式概述

"国际贸易理论"课堂讲授环节主要依托五星教学模式开展课程思政实践探索。五星教学模式强调教与学的统一。它以问题、任务为核心、以学生为中心，围绕激活旧知识点、阐述新知识、应用新旧知识分析问题、融会贯通四个层面展开，配套指引方向、动机激发、协同合作、多向互动等教学环境，最终聚焦于解决问题、完成任务(见图1)。

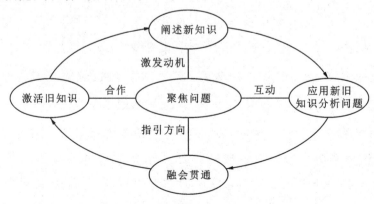

图1　五星教学模式图示

1. 课前自主学习环节

教师课前利用学校云平台推送学习指南、学习目标、教学内容、重点难点，发放各章节的预习材料，发布预习作业，鼓励学生自主预习、自行绘制思维导图，形成课程师生共建模式。"国际贸易理论"课程希望学生结合中国外贸发展历史和现实，复习政治经济学、宏微观经济学等旧知识，让学生结合已掌握的知识，包括但不限于从正反两方面分析问题，提出行为决策的依据。课前教师还利用云平台、微信、QQ等媒介，与学生进行交流，了解学生过往章节的学习状况，激发学生自主参与度。

2. 课堂教学环节

"国际贸易理论"教学聚焦"国际贸易理论——国际贸易政策"这一主题，以价格及成本机制为逻辑起点，分析相关因素对成本、价格，进而对国际贸易的影响，重点讨论国际贸易理论与政策对中国外贸实践的指导意义，分析与解读若干外贸问题，培养学生经世济民、国家利益至上的情怀。教学中，教师综合运用案例教学法、研讨教学法等，结合带有情感认同的事件，联系中国外贸现实问题，创设情境，设定任务，营造氛围，让学生分析、研讨、展示。通过课堂辩论、小组研讨、生讲生评、生问生答等互动式教学，调动学生的主观能动性，实现课堂教学由"以教师为主"向"以学生为中心"转变。

（1）激活旧知识。学生只有具有一定的先决性知识和技能，才能在解决问题时知道有哪些可能的行为选项、结果。为此，课堂教学中，教师首先应让学生总结回顾所学的旧知识点。例如，分析"为什么现实世界有贸易保护和贸易制裁"，首先请学生回顾自由贸易和保护贸易的利弊，以便更好地分析为什么有贸易保护和贸易制裁。当然，拥有先决性知识和技能本身并不会让学习者产生态度，为此教学中还需要角色带入，通过设定问题、立场、场景等来引导学生利用既有知识自主思考。

（2）阐述新知识。讲解环节，教师并不是满堂"灌输"，并不轻易将现成的"道理""答案"送给学生，而是为学生创设情境，教师结合情境或问题向学生阐述新知识，从而让学生获得较理想的学习效果。比如在讲授贸易制裁、贸易禁运及其影响问题时，先请学生回顾自由贸易、保护贸易利弊，然后教师带领学生分析现实世界中曾经出现的贸易制裁、贸易禁运，探讨、归纳制裁措施给不同类型国家带来的经济、政治、环境等影响。

(3)应用新旧知识分析问题。教学中,让学生进行"角色扮演",代入自己的个人情感、知识和经历,在特定的情境(问题)下,利用所掌握的知识与技能,独自或者通过协同合作,开展实践探索以解决相关问题,让学生在小组讨论中、在实践中领悟和体会行为选择及其后果。比如在贸易制裁章节,可以请学生结合贸易禁运的知识,预测、分析美国对俄罗斯实施贸易制裁的经济效果。

在学生应用所学知识分析问题时,教师应注意对学生相应的表现或者行为予以鼓励,教师适时鼓励和同辈学习者的赞许会加强学生的转变,增强学生的信心,提升学生学习的积极性和主动性。

(4)融会贯通。教学中通过多维互动,要求学生总结反思,让学生在做中体悟,进而实现新旧知识的融会贯通,让学生能自主灵活地运用知识去理解实际、解决问题,培养学生分析和解决问题的能力,不断实现专业课堂思政化的教学目的,实现"躬行践履,方得真知"。如尝试让学生利用所学知识,分析中国外贸发展中为什么选择自由贸易,有效考察学生对相关知识的掌握情况,提升思政教育的效果。

3. 课后学习环节

课后布置习题、发布调研任务,加强学生对知识的理解领悟。课后开展学生间作业互评、疑难互助,帮助学生再度检验专业知识,形成自我反馈,从而巩固课程思政成效。此外,教师应注重线上线下沟通,进行学业提醒,对学习有困难的学生开展有针对性的学业帮扶。

(二)"比较优势理论"课程思政教学设计(教学过程和方法)

"比较优势理论"课程思政教学分课前、课中和课后三个阶段展开,具体流程如表1所示。

表1 具体流程

教学环节	教学内容	教学过程	教学目标
课前环节 (45分钟)	资料学习和复习旧知识	教师利用华师大云平台推送比较优势理论预习指南,督促学生自主预习。让学生明确比较优势理论的学习目标、内容、重点难点。 提示温习绝对优势理论	激发学生学习兴趣、提升学生学习主动性

续表

教学环节	教学内容	教学过程	教学目标
课中环节（90分钟）	时事热点导入（4分钟）	以李克强2022年3月11日答记者关于"对外开放"问题为切入点，紧扣时事，吸引学生关注时事热点，了解中国贸易发展方向与策略	利用时政新闻导入授课内容，培养学生对外贸新闻的敏感性，培养学生思辨能力，增强国家认同感、大国荣誉感
	展示目标（1分钟）	提出本次课的教学目标——知识目标、能力目标、素养目标、思政目标	教学内容展示，明确目标和重难点
	复习回顾（5分钟）	请学生回顾国际贸易四个基本问题、绝对优势理论等内容	温故而知新；鼓励学生思考
	提出问题学生讨论（10分钟）	借助"田忌赛马"这一历史故事，引发思考：为什么田忌的马会赢？小组讨论：田忌的马与齐王的马相比均具有绝对优势，那比赛还有必要进行吗？引发学生对绝对优势理论局限性的思考，引出比较优势理论，探讨比较优势理论	锻炼学生独立思考、自主探究、理性比较、合作解决问题的能力。历史传承：用中国古典故事激发学生兴趣，引发文化认同和热爱，培养学生文化自信
	重难点讲授——比较优势理论（25分钟）	理论阐述：结合中国智慧，讲授"两利相权取其重，两害相权取其轻"的比较优势理论	历史传承：结合中国古典故事激发学生兴趣，引发文化认同，培养理论自信
		比较优势理论论证：利用数据介绍比较优势理论经济模型，用图形分析李嘉图模型和规模报酬递增理论、比较优势理论和贸易利得，使枯燥乏味的经济学理论变得生动有趣	把抽象的理论具象化，用通俗、直观的方式讲解晦涩的理论知识，以便学生掌握。通过问答引起学生的学习兴趣和探究精神

续表

教学环节	教学内容	教学过程	教学目标
课中环节（90分钟）	边学边练——设计"小试牛刀"环节、开展研讨（15分钟）	小组讨论：让学生分析为何耐克等服装制造企业退出中国，去东南亚建厂，产业"出逃"意味着什么。希望学生充分理解"机会成本"，探究中国的制造业升级、产业结构调整的动因，引出比较优势理论的发展	用所学知识分析现象，解决实际问题；锻炼学生独立思考、自主探究能力，树立合作意识。立足国内现实，放眼国际局势，站稳中国市场，深刻理解中国产业政策调整，坚持制度自信，践行道路自信
	重难点——比较优势理论发展及适用性（20分钟）	评价比较优势理论，包括比较优势理论的积极意义和不足 比较优势理论的发展（动态比较优势理论），结合图表、视频等阐述弯道超车战略	培养学生独立思考能力，从正反两方面看待问题。 帮助学生理解中国相关政策，坚持制度自信，践行道路自信
	应用分析（5分钟）	借"卖油翁"案例，强调"只专注一点"，分析"长板理论"——关注长板，尽量做自己擅长的事并把它做到极致，且以此为支撑取得成功	通过"天生我材必有用""企业优势"，巩固知识，引发学生思考。培养学生的专注力及精益求精的工匠精神
	课程总结和布置作业（5分钟）	回顾本次课所学知识——比较优势理论，评价比较优势理论。强调全球经济增速放缓，地缘冲突加剧，逆全球化形势下，贸易保护主义抬头，中国坚持共建"人类命运共同体"，展现了大国气度与担当。 布置习题，要求学生预习新古典贸易理论。鼓励大家参加实践，提升外贸能力，探究贸易利得分配	鼓励学生站在国家治理、民生福祉角度，理解外贸问题，鼓励大家发挥自身比较优势，助力祖国发展，增强中国对外贸易发展模式的自信，践行道路自信 通过作业，巩固新知。提出问题，培育学生的探究能力。引导学生正确认识自己，增强主观能动性

续表

教学环节	教学内容	教学过程	教学目标
课后环节 （45分钟）	复习总结	学生结合实际课后自主复习，寻找生活中能体现比较优势理论的案例，思考交换比例应如何确定，交易双方的利益分享机制应如何构建	通过教师批改作业，生生互评，查看学生反馈，分析学情，总结经验和不足，形成教学反思，调整教学内容，改进教学方法

三、"国际贸易理论"课程思政教学反思

依托五星教学模式，"国际贸易理论"课程围绕立德树人根本任务，开展线上线下深度融合的混合式教学，将课程思政贯穿教学全过程。教学效果良好，学生满意度高，学生学习能力、专业人才培养质量得到提升，有效实现思想政治教育与专业教育融合、培养德才兼备贸易人才的目标，能够为国际贸易学、经济学及相关人文社科专业课程开展课程思政提供借鉴。

（一）育人成效显著

课程以学生为中心，努力实现从以教为主向以学为主转变，从专业教育向思政教育和专业教育有机结合转变，从以课堂为主向课内外结合转变，从结果评价向结果和过程评价相结合转变。学生出勤率高，抬头率高，学生学习积极性、参与度高，课堂氛围轻松，获得校、院督导和学生的认可。学生对我国的贸易发展状况及贸易政策、时事热点的关注度上升，能够从中国立场出发，提出问题、分析问题、解决问题。学生课堂展示、课程论文显示其团队合作能力、数据收集与处理能力、分析能力、报告撰写能力有一定提升，为其学业发展奠定了良好的基础。课程实现知识传授与价值引领的有效结合，以润物无声的方式实现立德树人。

（二）教学反思

"国际贸易理论"课程思政教学改革还有提升和改进的空间，今后打算从以下方面着手。一是结合学生反馈，安排实践教学，组织学生参观外贸企业、高科技企业，加深学生对经贸政策的理解，让学生切身体会社会主义制度对人

民幸福生活的有力保障,切实感受我国外贸变迁和未来经济发展趋势。二是编写"专业+思政"国际贸易理论教材。教材将积极融入思政案例、纳入更多中国故事和元素,体现思政特色。还将对教学内容再梳理,紧密结合国际形势的发展变化,及时更新教学内容,突出重点,完善网络课程资源建设。三是加强对思政教学理论、思政教学方法的学习,积极进行思政教学项目申报,进一步提升课程思政教育教学能力。

参考文献:

[1] 习近平.把思想政治工作贯穿教育教学全过程 开创我国高等教育事业发展新局面[N].人民日报,2016-12-09(1).

[2] 谭晓爽.课程思政的价值内涵与实践路径探析[J].思想政治工作研究,2018(4):44-45.

[3] 虞丽娟.从"思政课程"走向"课程思政"[J].光明日报,2017-07-20(14).

热点研讨

讲好中国故事：推动习近平新时代中国特色社会主义思想入脑入心
——基于湖北省某高校课程调研的分析

覃愿愿

摘要："习近平新时代中国特色社会主义思想概论"课程是高校思政课建设的重中之重。要推动习近平新时代中国特色社会主义思想入脑入心、见行见效，讲好中国故事应成为当前教学工作中的重要抓手。讲好中国故事的关键有三点：一是在确保故事可靠性的基础上，还必须注重故事的政治性、科学性、生活性及新颖性，选择真正的"好故事"打造有深度、有活力的课堂；二是要把故事的道理讲透，把故事的趣味性讲活，让故事的真实性可感，做到理论性、生动性、实践性相统一；三是充分尊重学生的主体性与特殊性，创新方式方法为学生从故事的"倾听者"转变为"讲述者"提供广阔舞台，让学生在亲身讲述的过程中更好理解习近平新时代中国特色社会主义思想深刻的理论内涵及重大意义，不断坚定理想信念，增强历史定力，锤炼坚韧品格。

关键词：习近平新时代中国特色社会主义思想；中国故事；"00后"大学生

基金项目：华中科技大学2023年教学研究面上项目"'习近平新时代中国特色社会主义思想概论'课增进大学生'四个认同'的实践机制与提升路径研究"（项目编号：2023111）；国家社科基金高校思政课题研究专项"'习近平新时代中国特色社会主义思想概论'课实践教学研究"（项目编号：23VSZ002）；中央高校基本科研业务费资助项目"新业态党组织建设的困境及优化路径研究"（项目编号：2022WKYXQN040）。

作者简介：覃愿愿，法学博士，华中科技大学马克思主义学院讲师，主要研究方向为习近平文化思想、马克思主义分工思想。

2022年秋季学期开始，按照教育部统一规定，"习近平新时代中国特色社会主义思想概论"课程作为大学生必修科目在全国高校全面铺开。习近平新时代中国特色社会主义思想是当代中国马克思主义，为实现中华民族伟大复兴提供了行动指南，为推动构建人类命运共同体贡献了智慧方案。推动习近平新时代中国特色社会主义思想入脑入心、见行见效，是培育新时代全面发展高素质人才的重大举措，是高校思政课建设的重中之重。

为更好了解学生学习这一课程的真实情况，湖北省某高校马克思主义学院"习近平新时代中国特色社会主义思想概论"教研室全体教师，围绕"对课程的喜爱度及评价""学习的收获与感受""对课程内容及教学方式的需求""课程存在的不足及改进方向"等，面向全体学生发放6800份纸质问卷展开了深入调查。通过对收集到的各类数据进行分析，37.7%与24.8%的学生分别表示"课程内容太枯燥""课堂传授方式过于传统，缺乏足够的吸引力"是影响课程喜爱度的重要原因。18.6%、8.1%、20.4%的学生分别认为课程存在着"授课教师存在过分依赖教材或课件、照本宣科的情况""课程讲解与视频播放时间分配不合理""教师语言表达缺乏感染力，导致课堂气氛沉闷"等不足之处。那么，怎样才能使课程更有活力、更有温度、更有吸引力？实际上，学生提出的教学建议已经为一线教师指明了具体的改进方向。学生表示，在教师系统讲述习近平新时代中国特色社会主义思想时，十分希望教师能够通过融入更多更好的故事案例帮助他们深入理解各类理论知识点的深刻内涵，用鲜活、真实的人与事打动学生的心灵，不断激发学生自觉将自身成长积极融入中华民族伟大复兴历史进程的坚定信念。由此可见，如何讲好中国故事与"习近平新时代中国特色社会主义思想概论"课程的提质增效具有直接、紧密的联系。

一、遵循"五重性质"选择"好故事"：讲好中国故事的首要前提

讲好中国故事，首先要选择出真正的"好故事"。中华民族历史悠久，新中国自成立以来的奋战征程波澜壮阔，不论是古代、近现代还是当代，都涌现出了无数可讲可说的中国故事。但是要在浩如烟海的史料中挑选出优质的故事用作教学材料，在确保故事可靠性的基础之上，还必须注重故事的政治性、科学性、生活性及新颖性，最终实现其教育性。

讲好中国故事：推动习近平新时代中国特色社会主义思想入脑入心 覃愿愿
——基于湖北省某高校课程调研的分析

一要尊重史实，坚定历史自信，用真实可靠的故事廓清青年学生思想迷雾。

"习近平新时代中国特色社会主义思想概论"课程集中体现党和国家意志，是思想育人的载体，直接关系到社会主义人才的培养方向和质量。课程的性质决定了教学内容绝不能出现任何思想或立场上的问题，这就要求教师在教学时必须选择能够经得住实践推敲、经得起时间检验的"中国故事"。故事的来源必须是正史而非野史，切忌道听途说、随意编撰、信口开河。何谓正史与野史？当前社会各界较为统一的意见认为，二者之间最大的区别在于编撰的主体是否权威，编撰内容的真实性、严谨性是否经得起考证。当然，野史并不意味着完全是对历史的歪曲或篡改，其存在也能在一定程度上为我们了解历史的真相提供更多的维度与佐证。但是在教育教学过程中，倘若把野史等同于正史进行传授，则很容易使学生的认知被错误、低级的"糟粕"内容所误导。尤其是近年来，随着互联网技术的迅猛发展，传统媒体逐渐式微，新媒体开始崛起，各类门户网站、社交平台、自媒体的诞生和普及，使得大众接收、发布信息的速度、广度、频率呈现出较大转变以及"爆炸式"增长。由于网络监管机制有待完善，一些错误思潮很难得到及时有效的清理。例如历史领域出现的"历史虚无主义"，站在唯物史观的对立面，通过歪曲、否定、贬损中国共产党的历史，社会主义革命、建设和改革开放的历史，或者对已明确的历史定论进行所谓的"翻案""还原""揭秘"等，企图达到混淆社会视听，动摇民心国本的目的。面对这种情况，思政课教师只有尊重历史，坚定历史自信，始终坚持在正史中选用与教学目标相契合的历史故事，讲好中国优秀传统文化的精髓和我党百年奋斗的光辉历程，从根源上帮助学生认清历史虚无主义的本质与危害，深刻理解为何中华文明能够绵延五千年而不断，深刻把握中国从"站起来""富起来"到"强起来"的历史发展逻辑，方能从源头抓起，提高学生明辨是非的能力，让他们在具有正确历史观的历史故事和历史评价中把握历史的主流和本质。

二要站稳政治立场，坚持科学理论指导，用典型故事夯实理想信念之基。

所谓政治性，就是由正确政治方向、政治原则、政治立场、政治观点所体现出来的鲜明价值属性。① 牢牢站稳政治立场是思政课教学的鲜亮底色与根本

---

① http://www.81.cn/jfjbmap/content/2022-07/13/content_319695.htm。

要求,同理,在教学中选取的"中国故事"也必须始终遵守这一基本原则。这意味着,任课教师不仅要善于选择出"好故事",更要弄清楚自身到底应该站在何种立场去讲好故事这一重要问题。马克思主义唯物史观认为,人民群众是历史的创造者,是推动社会发展的决定性力量。中国共产党作为马克思主义政党,自成立之日起就始终坚持以人民为中心,将全心全意为人民服务作为根本宗旨。正因如此,党的二十大报告才会强调指出,我们"必须坚持人民至上"、要"站稳人民立场"。此外,立德树人是思政课的根本任务,在传播理论知识的过程中,要以科学思想为指引,帮助学生树立起正确的价值观念。所以,始终坚持思想政治教育的科学性也具有不容忽视的现实意义。聚焦到"习近平新时代中国特色社会主义思想概论"这一特定课程,怎样才能在汗牛充栋的素材库中选择出兼具真实性、政治性、科学性的"中国故事",教育引导学生"正确认识世界和中国发展大势""正确认识中国特色和国际比较""正确认识时代责任和历史使命""正确认识远大抱负和脚踏实地"[①]?有效的路径之一就是将中国优秀传统文化故事、中共党史、新中国史、改革开放史、社会主义发展史、红色经典故事、爱国主义故事、社会主义先进典型故事等重要内容有机融入"习近平新时代中国特色社会主义思想概论",以真实的人物和事迹让广大学生在了解国家的过去与现在的过程中受到启示和鼓舞,不断坚定理想信念、筑牢信仰之基。

三要紧系需求,畅通交流渠道,用贴近实际生活的故事增强学生学习兴趣。

问卷调查结果显示,针对"更希望教师在课程中讲解的内容"这一问题,"贴近大学生学习和生活实际的内容"的响应频率位居第二。由此可见,学生在学习的过程中,十分期望教师能够以自身的生活经验为切入点,使抽象的理论知识变得直观、具体、"接地气"。习近平新时代中国特色社会主义思想是一个系统的整体,涵盖了经济建设、政治建设、文化建设、社会建设、生态文明建设、国家治理体系和治理能力现代化、全面深化改革、全面依法治国、全面从严治党、人类命运共同体、国防和军队建设等多个领域的内容。如何在有限的课堂时间里让学生尽可能深入了解、认识新中国成立70多年来取得的伟大成就,仅仅依靠各类数据与图表是无法达到预期效果的。教师作为主讲者,在教

---

① 王子蕲、齐卫平:《高校思想政治理论课讲好中国故事》,《思想政治课研究》2017年第1期。

学过程中要想更好提升学生的专注力,就不能简单地进行单向的知识灌输,而应该寻求办法与学生之间建立起紧密的"关联感",即在学习的过程中必须让学生产生一种强烈的"与我相关"的感受。

"具身认知理论"是心理学中新兴的一个重要研究领域,意指人的生理感受与抽象的心理状态之间具有十分紧密的联系,身体在人的认知的形成过程中甚至起到一种决定性作用。这一观点的诞生打破了西方传统的认知主义,使人们逐渐意识到"认知"的形成是身心共同作用的结果而非单一的"心智"所致,身体的活动方式与切实感受对于思维的最终形成具有不容忽视的影响。[①]实际上,马克思、恩格斯曾经在《关于费尔巴哈的提纲》中就已经表达过相近的看法:人的思维是否具有客观的真理性,这不是一个理论的问题,而是一个实践的问题。人应该在实践中证明自己思维的真理性,即自己思维的现实性和力量,自己思维的此岸性。一旦确定了人的"身"与"心"是统一而非割裂的关系,那么在教学过程中教师就必须尊重学生的主观感受,不能脱离其实际的生活体验去进行纯粹抽象的讲授。要避免这一问题的出现,最为直接有效的方式便是主动走到学生中间去,畅通师生沟通交流的渠道,通过一对一交谈、发布问卷星调研等多种方式,摸准学生究竟想听、爱听什么?在此基础上紧系学生需求,用贴近实际生活的故事提升学习兴趣,让学生在听故事的过程中对所学的理论知识产生一种深刻的"理解共鸣"。

四要与时俱进,关注时政热点,用契合"00后"口味的故事拉近师生距离。

当前大学生的构成主体基本都是出生于21世纪的"00后",他们的成长历程适逢祖国快速腾飞的重要时期,随着信息技术的迅猛发展,不论是生活经历还是学习方式都深受互联网的影响。科技是一把双刃剑,从积极的层面来看,网络的广泛运用极大缩小了世界的距离,让青少年获取知识的效率更高、成本更低,足不出户即可知天下事。但是从消极的一面来看,虚拟的网络世界由于监管难度较大,机制不健全,各类信息鱼龙混杂,缺乏社会经验的青少年很难有效辨别真伪,错误的思潮很容易侵蚀、扭曲他们的世界观、人生观、价值观。因此,面对这样一群思维开放、个性突出的"网络先住民"群体,教学内容尤其是故事、案例的选择倘若老生常谈、毫无新意,基本很难有效调动青年学生的

---

① 李姝慧、魏幸雅:《具身教学理论视角下高校思想政治理论课教学路径优化探析》,《教育教学论坛》2022年第39期。

学习兴趣。调查数据显示，26.9%的学生希望任课教师在授课时能够"增强对时事政治及社会热点的分析"，这就要求教师在潜心钻研书本知识的同时还必须时刻保持对外部世界的密切关注。

一方面，教师要与时俱进，积极拓宽获取信息的渠道，跟上青年学生的脚步。党的二十大报告指出，当前中国网民数量已经突破十亿人。相关调查也表明，青年大学生已经成为网民群体的重要组成部分，是各类新媒体极为活跃的受众之一。面对这种现实情况，教师不能故步自封，要勇于跳出"舒适区"，主动了解学生获取信息的方式和渠道究竟有哪些，通过紧跟学生的步伐，尽可能缩小师生之间因年龄、喜好、生活环境不同而造成的各类"代沟"。

另一方面，教师要因人制宜，根据学生的口味、特性选取适宜的故事助力教书育人目标更好实现。"00后"的思维具有十分明显的"开放性""多元性"等特征，他们对于新鲜事物总是抱有极大的热情和极高的敏锐性。例如，对于国内外在政治、经济、文化、生态、科技等各个领域发生的热点事件，以及元宇宙、ChatGPT等新潮概念，"00后"学生了解的速度与深度很多时候已经超越了教师。面对这样一群"与往昔"大有不同的教育对象，任课教师不仅要拓宽自己更新知识的渠道，更要因人制宜，在不断涌现的各类海量信息中选择出真正能够牢牢抓住"00后"学生眼球的内容。例如，以各类受青年学生欢迎的新闻门户网站、App为切入点，精准把握学生在不同时段感兴趣的话题是什么、接触到的不良思潮有哪些等关键问题，以此为抓手，及时更新课件，插入学生想听、爱听的案例故事，引导学生从更高层面认识世情、国情、党情、民情，帮助学生拨开思想上的迷雾，树立正确价值观念。

二、理论性、生动性、实践性相统一：讲好中国故事的关键着力点

选择"好故事"是首要前提，如何"讲好故事"则是关键。正因如此，教师必须把握住重点，力求把故事的道理讲透，把故事的趣味性讲活，让故事的真实性可感，切实提升育人实效。

一是讲故事不能仅仅局限于讲好故事本身，更要与习近平新时代中国特色社会主义思想内容紧密衔接，讲好其中蕴含的深刻道理。在教学过程中穿插各类相关案例的根本目的在于"以事育人"，因此教师一定要树立起传道授业解惑的教学理念，以深厚的理论性为讲好中国故事奠定坚实基础，避免出现

只讲故事却"传道不足"的情况。不论是过去还是现在,可讲、值得讲的中国故事不计其数。面对如此庞大的"数据库",怎样才能准确把握不同故事所要传递的"道"?事实上,只要理解了"道"的本质代表着某种价值观或者精神,就能够有效解决这一难题。例如,讲中国优秀传统文化的故事,核心就在于教导学生要认真吸收各类思想的精华,深入挖掘和阐发中华优秀传统文化讲仁爱、重民本、守诚信、崇正义、尚和合、求大同的时代价值,增强文化自信,建设文化强国;讲红色故事,核心就在于教导学生传扬革命文化和革命精神,将不屈不挠、艰苦奋斗、坚韧不拔的精神深深融入中华儿女的骨血;讲改革开放的故事,核心就在于教导学生要勇于解放思想、实事求是,以谦逊好学的精神、开放包容的姿态面对世界[①];讲新时代的中国故事,核心就在于教导学生学习好中国共产党如何立足于百年未有之大变局,为解决社会主要矛盾进行理论和实践探索,如何带领中国一步步走近世界舞台的中心[②]。归根结底,只有透过故事本身抓住问题的实质,才能让学生在听故事的过程中真正理解"马克思主义为什么行""中国共产党为什么能""中国特色社会主义为什么好"这三个中国故事最精彩的主题,进而增强中国特色社会主义道路自信、理论自信、制度自信、文化自信,坚定为中华民族伟大复兴和中国特色社会主义现代化而不懈奋斗的坚强决心。

二是讲故事不能仅仅局限于枯燥的口头讲解,还要借助现代化手段,充分发挥好多媒体的积极作用,以学生喜闻乐见的方式激发课堂活力与课程趣味。当前青年大学生是成长于互联网时代的新兴一代,接收信息的渠道多元且现代,传统以"口头讲解"为主的授课方式较难吸引学生的注意力。正因如此,不少学生在问卷调查中表示,至少在现有条件下,希望教师能够平衡好音视频播放与讲课的时间分配比例。面对新情况、新要求,教师一定要积极主动打破固有授课模式,通过创新方式方法,以学生喜闻乐见的形式更好激发课堂活力以及课程的趣味性。一方面,教师可以运用多媒体打造沉浸式的"智慧课堂",实现信息技术与教学的深度融合。按照当前的现实状况,许多大学的教室普遍安装了电脑与投影幕布,这就为教师在课堂上播放音视频提供了有效的保障。不过需要特别注意以下两点:① 音视频播放时长一定要适宜,切勿将严肃的

---

① 国纪平:《我们这个时代的伟大故事》——改革开放40年世界回响》,《党的生活(黑龙江)》2018年第12期。

② https://m.gmw.cn/baijia/2022-03-22/35605078.html。

思政课变为娱乐性质的"影视课";② 音视频来源要正规优质,内容要与所讲的知识点紧密相关。例如,可以选取官方制作的纪录片、新闻报道或者广受好评的影视片段等,通过听觉与视觉的双重作用加深学生对中国故事的记忆力,从而起到寓教于乐的目的。另一方面,教师可以利用"数字技术赋能",打破时间和空间限制,有效整合优质教师资源,探索实现"互联网+联合教学"新模式。受经济发展、地理环境等多种因素的影响,必须承认我国教育当前依然面临着资源分布不平衡等问题。如何弥合这一鸿沟?信息技术、互联网的快速发展无疑为这一现象的改变创造了较大机会。以"习近平新时代中国特色社会主义思想概论"课程为例,各高校可以依托腾讯会议、虚拟课堂、教育云平台等现代化技术,通过邀请、合作、公益互助等多种方式打破资源壁垒与时空限制,促进资源在不同区域、不同学校之间的流动、共享与均衡。对于学生而言,不同授课风格、不同专业背景教师的"云"加入也可以在一定程度上缓解他们的"听觉疲劳",提升学习的兴趣和热情。

三是讲故事不能仅仅局限于在课堂中讲,还要与实践教学相融合,通过深度链接社会大课堂赋予"概论"课程以更鲜活的生命力。理论来源于实践,党的十八大以来,以习近平同志为核心的党中央,顺应时代发展,基于理论与实践相结合的维度,系统回答了新时代坚持和发展什么样的中国特色社会主义、怎样坚持和发展中国特色社会主义等重大时代课题,创立了习近平新时代中国特色社会主义思想。这一思想是马克思主义中国化的最新成果,呈现出鲜明的实践性。① 因此,对于习近平新时代中国特色社会主义思想的学习绝不能局限于书斋之中,要想让这一思想入脑入心,就需要探寻"理论+实践"的有效策略。根据学生们的反馈与意见,主要可从以下三个方面着手推进这一目标的顺利实现。

首先是盘活资源,充分利用好属地与校本的经济、政治、文化、社会、科技、生态等各类优质资源,为学生更好读懂中国故事提供丰富多样的现实素材。由于学生人数众多,为了在有限的时间、空间内尽可能让学生更好了解当前社会发展的真实状况,最贴近实际的办法就是依托本地现有资源,打造"行走"的"习近平新时代中国特色社会主义思想概论"的实践课堂。以坐落于湖北省武汉市的华中科技大学为例,一方面教师可以将武汉市作为开展

---

① http://theory.people.com.cn/n1/2023/0403/c40531-32656551.html.

各类实践教学活动的广阔舞台。武汉市作为湖北省会城市与全国重要的工业基地、科教基地、综合交通枢纽,在发展进步的过程中,获得国家历史文化名城、全国公共就业创业服务示范城市等多种荣誉称号,教师可以课程内容为导向,与适宜的企业或者基地进行对接,为学生提供近距离学习、参与、体验、锻炼的机会和平台。比如在讲授习近平生态文明思想时,可以前往武汉市蔡甸区生态湿地公园,通过亲眼所见感受"青山绿水就是金山银山""山水林田湖草是生命共同体"的真谛;在学习建设社会主义文化强国时,可以前往湖北省博物馆等地亲身感受中国传统文化的深厚底蕴,增强文化自信。此外,还应该充分挖掘校本资源,例如在条件允许的情况下参观各类科学实验室、校史馆、红色基地等,用身边的人与事帮助学生以小见大,透视中国社会的飞速发展。

其次是变革方法,打破固有授课模式,以"专兼结合"的模式积极吸纳不同专业领域的优秀教师加入实践教学队伍。在现有的教学体系中,"习近平新时代中国特色社会主义思想概论"课程普遍是由马克思主义学院专职教师主讲,这种方式能够有效保障教学的专业性、政治性,但与此同时也存在着一定的局限性,即这一思想涉及社会发展的方方面面,跨度广、难度高,部分教师由于自身阅历较浅或者研究方向受限,很难将所有专题的内容都讲深、讲透、讲活。当前的教学应该积极探索"专兼结合"的新路径,通过吸纳各方优质力量的支持来助力这一难题的破解。一方面可以打通校内的师资壁垒,与不同院系建立长期长效的合作机制,在涉及专业性特别强的内容时,可以进行"联合教学";另一方面可以联动社会,让基层实务工作人员带着丰富的经验与体验走进课堂,让发生在祖国大地的故事真正在课堂中生根发芽。

最后是精心设计,紧贴学生真实需要,打造一批有特色、有亮点、可持续、易推广的教学实践项目。1930年5月,在《反对本本主义》中,毛泽东提出了"没有调查,没有发言权"的著名论断。2023年,为深入学习贯彻习近平新时代中国特色社会主义思想,全面贯彻落实党的二十大精神,中共中央办公厅印发了《关于在全党大兴调查研究的工作方案》,指出,要在全党大兴调查研究。毋庸置疑,调查研究的方法是谋事之基、成事之道。高校思政课的教学工作虽然主要是在教室之中完成的,但是结合实践教学,让学生能够多维度、有深度地对社会进行观察和体验,已经成为推动思政课提质增效的必由之路。但是如果仅仅依靠走马观花、缺乏新意的"参观式实践",或者是短期的"浅层次实践",则很难有效完成这一宏大目标。实践是检验真理的唯一标准,要想突破现有瓶颈,可行的路径之一便是充分利用属地属校拥有的各类资源和阵地,以教学内容为导向,紧系学生真实所需与专业特性,打造一批有特色、有亮点、可持续的教学实践项目,让学生能够围绕某一个主题进行长期、深入的调查研究,有效引导学生在学思践悟中更好理解习近平新时代中国特色社会主义思想深刻的理论内涵及重大意义,坚定理想信念,在奋发有为中践行初心使命,不断增强历史定力、锤炼坚韧品格。

三、多措并举增强学生主体性:讲好中国故事的必然要求

好的课堂绝不是教师全程单向输出的课堂,只有充分尊重学生的主体性,给学生表达自我、展示自我提供机会与平台,才能真正增强学生的获得感、满足感。正因如此,在学习习近平新时代中国特色社会主义思想的过程中,中国故事的讲述主体不能仅仅局限于教师一方,从课堂内到课堂外,都应该积极运用多种方式有效提升学生的参与感、积极性、主动性。

一要坚持"以学生为本",推动教学从"硬性灌输"转向"对话范式"。问卷调查结果显示,部分学生认为教师在授课的过程中普遍存在与学生交流互动不足的问题,单向的、以自我为中心的教学方式一方面容易忽视学生的主体性,使学生在学习过程中与教师之间产生一种心理上的"隔离";另一方面由于缺乏对授课对象的深入了解,也容易导致教师所讲的内容尤其是选取的故事、案例严重脱离学生的生活体验,无法真正引起学生的情感共鸣。所以,只有始终坚持"以学生为本"的教学理念,以学生想听、爱听的故事、案例为抓手,才能打破师生间的交流屏障,有效提升学生学习习近平新时代中国特色社会主义思想的热情和兴趣。要实现这一目标,教师可从以下两个方面着手:① 课堂上要注意时常保持与学生的交流互动,鼓励学生就某一个问题或者现象发表有自我思考的观点;② 善用学生熟悉、习惯的话语模式与表达方式,使中国故事的讲述更加"年轻化"。"00后"大学生作为"网络先住民",各类新潮的网络用语或者是所谓的"梗""段子"已经成为他们在日常生活中进行交流的重要语言载体。教师可以选择将正向、积极的网络流行语融入教学话语,以此为突破口拉近师生距离,积极推动习近平新时代中国特色社会主义思想的教学从"硬性灌输"向"对话范式"转化。

二要打造翻转课堂,让学生从被动的"倾听者"转变为主动的"讲述者"。讲好中国故事的主体不仅仅有教师,还应该充分调动起学生的积极性,让他们从单纯的听众变身为讲述者。一方面,教师在课堂上要合理分配教学时间,既要给予想主动讲故事的学生以上台展示的机会,也要通过适宜的激励机制,鼓励、吸引更多学生加入"讲好中国故事,传播好中国声音"的队伍中;另一方面,教师要引导学生开动脑筋,充分发挥自身的创造创新能力努力将故事讲得"更有趣"。例如讲故事的形式可以更加多元化、现代化。从人员构成层面看,学生既可以选择单人讲述,也可以通过自由组队合作完成任务;就呈现方式而言,可以融入情景化演绎、编排舞蹈、歌曲演唱、主题故事辩论等多种充满趣味性且学生喜闻乐见的形式。此外,故事内容的选取可以更加时代化、个性化。"00后"大学生有着自身鲜明的时代特征,作为互联网的"弄潮儿",他们关心的话题一般都走在时代的前沿。在把握好政治性前提的基础上,任课教师可以多鼓励学生以独特的视角,对身边正在发生的各类故事进行评述和探讨。再者,由于学生来自五湖四海,其成长历程不可避免存在着地域文化、经济发展水平等方面的差异。基于此,学生可以结合真实体验选择有自我特点的故事内容进行讲述,这样既能在彼此的交流中开阔视野,也能够在思维的碰撞中对热点、难点问题进行更有深度的剖析。

三要尊重个体差异,为不同学科背景的学生讲好中国故事创造广阔舞台。由于习近平新时代中国特色社会主义思想的内容十分丰富,在有限的课堂时间内很难保障所有学生都有机会参与中国故事的讲述。正因如此,任课教师需要充分利用好课后时间,采取有效的手段让更多的学生以不同途径"发出自己的声音"。就当前的现实情况来看,课堂或者课后作业能够最大限度辐射到所有学生,但是任课教师最常采用的方式是在课堂上预留20~30分钟时间让学生当堂完成一道简答题,或者在课后撰写提交一篇800~2000字的课程心得。必须承认的是,这种形式确实能够以较小的成本让所有学生参与到教学过程之中,然而单一化、同质化的方式很难真正调动起学生的积极性,甚至会有陷入"形式主义"困境的风险。因此,在保留课程作业这一外在形式的基础上,应该重点思考的问题是:能否通过改变课堂/课后作业的内容及呈现方式,给学生创造更多讲好中国故事并且表达自我思想的机会?例如,任课教师可以根据习近平新时代中国特色社会主义思想的具体内容,设置政治、经济、社会、文化、生态、科技、军事等不同的板块单元,鼓励学生结合自身的专业知识或者兴趣爱好,以中国优秀传统文化故事、党史、红色故事、先进典型榜样故事、新时代故事乃至个人、身边的故事为创作素材,通过诗歌、书法写作、绘画、朗诵、宣讲、录制短视频、制作手工艺品、摄影、编排文艺作品等各类形式,生动、形象、多维度反映出中华民族的深厚底蕴及新中国成立以来所取得的伟大成就。

人工智能赋能"习近平新时代中国特色社会主义思想概论"课程的逻辑理路、创新进展与优化路径

江文路　彭佳捷

摘要："习近平新时代中国特色社会主义思想概论"课程是广大高等院校用习近平新时代中国特色社会主义思想铸魂育人，切实提升高校思想政治理论课教学水平和教学效果的重大改革举措。互联网与教学科研的深度融合推动了高等教育的快速数字化转型。面对世界百年未有之大变局与中华民族伟大复兴战略全局，以人工智能赋能"习近平新时代中国特色社会主义思想概论"课程教学，推进课程的数字化、智能化建设，切实提高习近平新时代中国特色社会主义思想进教材、进课堂、进学生头脑的实效，既是教育部对广大高校的工作要求，也是高校思政课程守正创新、勇毅前行的重要路径，更是新时代落实立德树人根本任务、全面提高人才自主培养质量的关键之举。

关键词：人工智能；"习近平新时代中国特色社会主义思想概论"课程；路径

基金项目：华中科技大学2023年教学研究面上项目"'习近平新时代中国特色社会主义思想概论'课增进大学生'四个认同'的实践机制与提升路径研究"（项目编号：2023111）；国家社科基金高校思政课题研究专项"'习近平新时代中国特色社会主义思想概论'课实践教学研究"（项目编号：23VSZ002）；中央高校基本科研业务费、华中科技大学自主创新研究基金资助项目"新时代党建引领社区治理减负增效的路径机制研究"（项目编号：2022WKYXQN044）。

作者简介：江文路，华中科技大学马克思主义学院讲师，硕士生导师，法学博士，主要从事"习近平新时代中国特色社会主义思想概论"课程教学；彭佳捷，华中科技大学马克思主义学院硕士研究生，主要研究方向为党的建设。

一、问题的提出

2022年10月,习近平总书记在党的二十大报告中指出,推进教育数字化,建设全民终身学习的学习型社会、学习型大国。党的二十大报告首次写入"推进教育数字化",赋予了教育在全面建设社会主义现代化国家中新的重要使命与任务,明确了教育数字化在未来的发展行动纲领,这对于新时期的高等教育而言具有十分重要的战略意义。当前,人类社会正从信息社会加速迈向智能社会。全球人工智能(AI)加速发展,呈现出深度学习、跨界融合、人机协同、群智开放、自主操控等新特征。2020年以来,一场由生成式人工智能大模型(ChatGPT、Sora等)引领的爆发式发展正席卷全球。AI从"小模型+判别式"转向"大模型+生成式",从传统的人脸识别、目标检测、文本分类,升级到文本图像语音视频生成、3D数字人生成的全新阶段,并朝着多模态大模型、视频生成大模型、具身智能、AI4R方向加速演化。2024年5月14日凌晨,OpenAI在线发布新旗舰模型"GPT-4o",可提供同时理解文本、图像、音频等内容的多模态能力,标志着人机自然交互技术迈上新台阶。环顾世界,人工智能正处于群体性技术变革的起点,重大成果不断涌现,在全方位推动经济社会发展的同时,也孕育着新的重大变革。① 李强总理在2024年的政府工作报告中提出,深化大数据、人工智能等研发应用,开展"人工智能+"行动,打造具有国际竞争力的数字产业集群。对教育系统而言,以人工智能为代表的数字技术改变传统高等教育理念和范式,重塑高等教育形态,已经成为全球共识和行动。② 人工智能是把"金钥匙",它不仅影响未来的教育,也影响教育的未来。要想更好地抓住机遇、应对挑战,就必须积极拥抱科技与产业的变革,主动拥抱智能时代。③

"习近平新时代中国特色社会主义思想概论"(以下简称"概论")课程是用习近平新时代中国特色社会主义思想铸魂育人,切实提升高校思想政治理论课教学水平和教学效果的重大改革举措。中共十九届六中全会指出,党的十

---

① https://www.chinanews.com.cn/m/shipin/cns-d/2024/03-25/news985745.shtml。
② https://www.163.com/dy/article/HTL0BTRH05366EUH.html。
③ 《十四届全国人大二次会议举行民生主题记者会,教育部部长怀进鹏回答记者提问 厚植人民幸福之本 夯实国家富强之基》,《中国教育报》2024年3月10日。

八大以来，以习近平同志为核心的党中央勇于进行理论探索和创新，以全新的视野深化对共产党执政规律、社会主义建设规律、人类社会发展规律的认识，取得重大理论创新成果，集中体现为习近平新时代中国特色社会主义思想。2022年7月，教育部等10部门印发《全面推进"大思政课"建设的工作方案》，提出要建构党的创新理论研究阐释和教育教学的自主知识体系。要求各高校全面开设"习近平新时代中国特色社会主义思想概论"课，推动用党的创新理论铸魂育人，不断增强针对性、提高有效性，实现入脑入心。因此，高等院校建设好"习近平新时代中国特色社会主义思想概论"课程，切实提高习近平新时代中国特色社会主义思想进教材、进课堂、进学生头脑的实效，是不断推动高校思想政治工作高质量发展的重大举措，既非常必要又十分紧迫。在人工智能时代背景下，如何有效应对人工智能技术加速迭代对"概论"课程教学的冲击与挑战，抓住AI所带来的战略机遇，更好地用党的创新理论铸魂育人，是摆在我们面前的一项迫切需要解答的前沿课题。

二、人工智能赋能"概论"课程教学：时代所需与发展趋向

伴随第四次工业革命，数字技术、物理技术、生物技术不断融合，大数据广泛渗透到经济社会各领域，有力促进了教育技术创新、管理创新和服务创新。作为数字时代的重要战略资源和核心创新要素，大数据、云计算和人工智能组合在一起，在金融、医疗、汽车、零售、高端制造等领域实现了数据智能，推动以数据为核心的价值链、产业链、供应链的形成，在某些方面产生了颠覆性的影响。区块链技术、量子技术等一些前沿领域的数字技术创新也在构建信任、提高计算能力等方面具有重要意义，信息革命成为促进数字化时代发展的核心动力。作为科技时代的前沿技术和数字时代创造的新兴文明，人工智能是研究、开发用于模拟、延伸和扩展人的智能的理论、方法、技术及应用系统的一门新的技术科学，包括机器人、语言识别、图像识别、自然语言处理、专家系统、机器学习、计算机视觉等研究领域，自身具有渗透性、替代性、协同性和创造性四项技术经济特征①，能够应用于经济社会方方面面，现在正悄然改变着经济社会组织运行的模式以及人们的生产生活方式。2022年11月30日，OpenAI公

---

① 蔡跃洲、陈楠：《新技术革命下人工智能与高质量增长、高质量就业》，《数量经济技术经济研究》2019年第5期。

司推出人工智能对话聊天机器人ChatGPT,其出色的自然语言生成能力引起了全世界范围的广泛关注,国内外随即掀起了一场大模型浪潮,Gemini、文心一言、Copilot等各种大模型如雨后春笋般涌现。目前,人工智能技术正在朝着多模态大模型、视频生成大模型、具身智能、AI4R四个方向飞速发展。① 在未来,拥有与人类相当甚至超过人类智能的通用人工智能不仅能像人类一样具有感知、理解、学习和推理等基础思维能力,还能在不同领域灵活应用、快速学习和创造性思考。在教育教学领域,随着科技的日趋进步,人工智能可以通过智能搜索、深度学习、云操作处理等技术手段实现对人类智能的模拟和拓展,更好地服务于新时期"概论"课程教学的客观需要,为思政课教育教学提供理念创新、内容创新、载体创新、方法创新,为党的创新理论武装青年大学生助力赋能。

习近平总书记高度重视信息化建设和人工智能的发展,多次强调数字化、网络化、智能化在中国特色社会主义现代化建设中的重要意义。习近平总书记指出,当今时代,数字技术作为世界科技革命和产业变革的先导力量,日益融入经济社会发展各领域全过程,深刻改变着生产方式、生活方式和社会治理方式。要把新一代人工智能作为推动科技跨越发展、产业优化升级、生产力整体跃升的驱动力量,努力实现高质量发展。以人工智能技术推动教育创新和变革,已成为高等教育数字化、智能化转型的共识所在。在党中央、国务院的科学部署下,我国出台了多项推进高等教育数字化的政策和措施。2012年3月,教育部发布《教育信息化十年发展规划(2011—2020年)》;2016年6月,教育部印发《教育信息化"十三五"规划》;2017年10月,办好网络教育被写入党的十九大报告;2018年4月,教育部印发《教育信息化2.0行动计划》;随后《加快推进教育现代化实施方案(2018—2022年)》《中国教育现代化2035》相继出台,我国教育信息化发展驶入快车道,实现了广泛的教育资源数字化,构建了以国家智慧教育平台等为代表的数字应用场景,从而为广大师生时时处处接受教育提供了良好的数字技术保障。2022年全国教育工作会议明确提出,要深化新时代教育评价改革,激发基层和学校活力,提升依法治理水平,实施教育数字化战略行动,健全4%落实机制。② 在教育现代化发展进程中,以教育

---

① http://www.npc.gov.cn/c2/c30834/202404/t20240430_436915.html。

② http://www.moe.gov.cn/jyb_xwfb/gzdt_gzdt/moe_1485/202201/t20220117_594937.html。

信息化推动教育高质量发展,以信息化引领现代化、以智慧化驱动智能化,不仅是当前教育改革与实践中的热点,而且是未来教育创新变革的发展趋势。

教育数字化、智能化建设相关政策部署与发展演进见表1。

表1 教育数字化、智能化建设相关政策部署与发展演进

时间	重要文件	政策部署	教育数字化、智能化相关论述与核心要义
2012年	《教育信息化十年发展规划(2011—2020年)》	建设覆盖城乡各级各类学校的教育信息化体系,促进优质教育资源普及共享,推进信息技术与教育教学深度融合,实现教育思想、理念、方法和手段全方位创新,对于提高教育质量、促进教育公平、构建学习型社会和人力资源强国具有重大意义	以人才培养、教育改革和发展需求为导向,开发应用优质数字教育资源,构建信息化学习和教学环境,建立政府引导、多方参与、共建共享的开放合作机制。探索现代信息技术与教育的全面深度融合,以信息化引领教育理念和教育模式的创新,充分发挥教育信息化在教育改革和发展中的支撑与引领作用
2016年	《教育信息化"十三五"规划》	完成"三通工程"建设,全面提升教育信息化基础支撑能力。实现公共服务平台协同发展,大幅提升信息化服务教育教学与管理的能力。不断扩大优质教育资源覆盖面,优先提升教育信息化促进教育公平、提高教育质量的能力。加快探索数字教育资源服务供给模式,有效提升数字教育资源服务水平与能力。创新"网络学习空间人人通"建设与应用模式,从服务课堂学习拓展为支撑网络化的泛在学习。深化信息技术与教育教学的融合发展,从服务教育教学拓展为服务育人全过程。深入推进管理信息化,从服务教育管理拓展为全面提升教育治理能力。紧密结合国家战略需求,从服务教育自身拓展为服务国家经济社会发展	依托信息技术营造信息化教学环境,促进教学理念、教学模式和教学内容改革,推进信息技术在日常教学中的深入、广泛应用,适应信息时代对培养高素质人才的需求。积极探索信息技术在"众创空间"、跨学科学习(STEAM教育)、创客教育等新的教育模式中的应用,着力提升学生的信息素养、创新意识和创新能力,养成数字化学习习惯,促进学生的全面发展,发挥信息化面向未来培养高素质人才的支撑引领作用。建立健全教师信息技术应用能力标准,将教师信息技术应用能力纳入教师培训必修学时(学分),有针对性地开展以深度融合信息技术为特点的课例和教学法的培训,培养教师利用信息技术开展学情分析与个性化教学的能力,增强教师在信息化环境下创新教育教学的能力,使信息化教学真正成为教师教学活动的常态

续表

时间	重要文件	政策部署	教育数字化、智能化相关论述与核心要义
2017年	《新一代人工智能发展规划》	深入实施创新驱动发展战略,以加快人工智能与经济、社会、国防深度融合为主线,以提升新一代人工智能科技创新能力为主攻方向,发展智能经济,建设智能社会,维护国家安全,构筑知识群、技术群、产业群互动融合和人才、制度、文化相互支撑的生态系统,前瞻应对风险挑战,推动以人类可持续发展为中心的智能化,全面提升社会生产力、综合国力和国家竞争力,为加快建设创新型国家和世界科技强国、实现"两个一百年"奋斗目标和中华民族伟大复兴中国梦提供强大支撑	利用智能技术加快推动人才培养模式、教学方法改革,构建包含智能学习、交互式学习的新型教育体系。开展智能校园建设,推动人工智能在教学、管理、资源建设等全流程应用。开发立体综合教学场、基于大数据智能的在线学习教育平台。开发智能教育助理,建立智能、快速、全面的教育分析系统。建立以学习者为中心的教育环境,提供精准推送的教育服务,实现日常教育和终身教育定制化
2018年	《教育信息化2.0行动计划》	通过实施《教育信息化2.0行动计划》,到2022年基本实现"三全两高一大"的发展目标,即教学应用覆盖全体教师、学习应用覆盖全体适龄学生、数字校园建设覆盖全体学校,信息化应用水平和师生信息素养普遍提高,建成"互联网+教育"大平台,推动从教育专用资源向教育大资源转变、从提升师生信息技术应用能力向全面提升其信息素养转变、从融合应用向创新发展转变,努力构建"互联网+"条件下的人才培养新模式、发展基于互联网的教育服务新模式、探索信息时代教育治理新模式	推进信息技术和智能技术深度融入教育教学全过程,促进教育信息化从融合应用向创新发展的高阶演进,推动改进教学、优化管理、提升绩效。加快面向下一代网络的高校智能学习体系建设。适应5G网络技术发展,服务全时域、全空域、全受众的智能学习新要求,以增强知识传授、能力培养和素质提升的效率和效果为重点,以国家精品在线开放课程、示范性虚拟仿真实验教学项目等建设为载体,加强大容量智能教学资源建设,加快建设在线智能教室、智能实验室、虚拟工厂(医院)等智能学习空间,积极探索基于区块链、大数据等新技术的智能学习效果记录、转移、交换、认证等有效方式,形成泛在化、智能化学习体系,打造教育发展国际竞争新增长极

续表

时间	重要文件	政策部署	教育数字化、智能化相关论述与核心要义
2019年	《高等学校人工智能创新行动计划》	加快构建高校新一代人工智能领域人才培养体系和科技创新体系,全面提升高校人工智能领域人才培养、科学研究、社会服务、文化传承创新、国际交流合作的能力,推动人工智能学科建设、人才培养、理论创新、技术突破和应用示范全方位发展,为我国构筑人工智能发展先发优势和建设教育强国、科技强国、智能社会提供战略支撑	推动学校教育教学变革,在数字校园的基础上向智能校园演进,构建技术赋能的教学环境,探索基于人工智能的新教学模式,重构教学流程,并运用人工智能开展教学过程监测、学情分析和学业水平诊断,建立基于大数据的多维度综合性智能评价,精准评估教与学的绩效,实现因材施教;推动学校治理方式变革,支持学校运用人工智能技术变革组织结构和管理体制,优化运行机制和服务模式,实现校园精细化管理、个性化服务,全面提升学校治理水平;推动终身在线学习,鼓励发展以学习者为中心的智能化学习平台,提供丰富的个性化学习资源,创新服务供给模式,实现终身教育定制化

作为教育系统准确识变、主动求变、积极应变,抓住重大机遇,开创教育新局面的重要抓手,教育数字化、智能化将为我国思政教育的高质量发展注入新的强大动力。特别是数字技术、智能技术的广泛应用,展现了教育现代化发展的广阔前景。从实际应用来看,生成式人工智能产生的强大推动力促使高等教育形态重塑。刘明、郭烁等人基于对国内外38篇高质量期刊文献的系统性分析,指出生成式人工智能从"三层面十维度"重塑高等教育形态,包括:以课堂教学、课外实践、在线学习为代表的教育场景,以教学目标、教学资源、教学模式和教学评价为闭环的教学流程,以学生核心素养、教师数字素养和管理者智能化领导力为核心的"人"的思维范式。[①] 在思政课教学应用方面,生成式人工智能具有内容生产的高效性、信息供给的精准性、虚实融合的共生性、出场情景的灵活性、检验过程的自动性等特质,将变革思政课创新逻辑,增进其理

---

① 刘明、郭烁、吴忠明等:《生成式人工智能重塑高等教育形态:内容、案例与路径》,《电化教育研究》2024年第6期。

论引力与情感认同,拓展育人阵地,重构评价机制。① 对高校思政课教师而言,人工智能在为高校思政课教师的教学和工作带来便利的同时,也带来了自身角色与功能被人工智能替代的压力与危机,要求高校思政课教师正确把握自身的角色定位,发挥价值引领作用并回归育人本质,在发挥人工智能数据和运算优势的基础上实现人机共教,借助政府和高校的支持提升人工智能素养,最终实现自身的角色超越。② 就"概论"课程教学而言,人工智能有助于推进习近平新时代中国特色社会主义思想传播内容精准化、传播过程智能化、传播场景动态化、受众需求个性化,将人工智能嵌入习近平新时代中国特色社会主义思想传播有助于开辟新环境、催生新业态和拓展新渠道。③ 面对世界百年未有之大变局与中华民族伟大复兴战略全局,以习近平新时代中国特色社会主义思想为指引,以人工智能赋能"概论"课程教学是适应数字化、智能化时代教育发展的需要,也是推动高校思政课立德树人、铸魂育人培养体系全局性、整体性变革的重要突破口,更是新时期以党的创新理论铸魂育人、培养更多担当民族复兴大任时代新人的必备项。因此,本文拟以华中科技大学数年来单独开设"概论"课程为例,从人工智能技术驱动教育教学变革的逻辑视角,分析把人工智能技术运用到"概论"课程教育教学和管理全过程、全环节的逻辑理路、现实困境与优化策略,不断提升课程教学的有效应、适应性,让青年大学生更加主动地学习党的创新理论,让授课教师更加创造性地教授"概论"课程,推动学生全面深入地理解习近平新时代中国特色社会主义思想的理论体系、内在逻辑、精神实质和重大意义,引导学生将习近平新时代中国特色社会主义思想内化于心、外化于行,争做这一思想的坚定信仰者、忠实践行者、接续奋斗者,为AI时代推进高校思政教育改革创新提供参考。

三、人工智能赋能"概论"课程建设的探索历程与实践进展

习近平新时代中国特色社会主义思想体系完整、逻辑严密、内涵丰富、博

---

① 杨耀文、张崇旺:《机遇·隐忧·进路:生成式AI介入思政课的三维探赜》,《江汉大学学报(社会科学版)》2024年第3期。

② 栾艳娜、刘玲:《困境与超越:人工智能时代高校思政课教师的角色重塑》,《武汉理工大学学报(社会科学版)》2024年第2期。

③ 周良发、唐冰冰、陈元晴:《人工智能助力习近平新时代中国特色社会主义思想传播》,《中国石油大学学报(社会科学版)》2020年第6期。

人工智能赋能"习近平新时代中国特色社会主义思想概论"课程的逻辑理路、创新进展与优化路径

江文路　彭佳捷

大精深。进入新时代以来,在习近平新时代中国特色社会主义思想的科学指引下,党和国家事业取得历史性成就、发生历史性变革。学好用好习近平新时代中国特色社会主义思想的世界观和方法论,就必须全面准确理解和把握这一思想的精髓,进行体系化凝练,明确学习内容范畴。2019年8月,中共中央办公厅、国务院办公厅发布《关于深化新时代学校思想政治理论课改革创新的若干意见》,该意见明确提出,全国重点马克思主义学院率先全面开设"概论"课。从课程设置来讲,"习近平新时代中国特色社会主义思想概论"课是新时期高校思政课建设的重中之重,更是当代大学生了解新时代中国历史巨变的关键性思政课程。教育部十分重视"概论"课程建设工作,围绕如何将课程打造成学生满意、学校认可、社会称道的思政金课,做出一系列重大部署。

经过试点教学到逐步完善,到2020年秋季学期,41所全国重点马克思主义学院及培育单位实现了全面开设"概论"课程,其他高校也陆续开设"概论"课程,且已取得了一定的成效,也积累了一些成功的经验。[①] 2021年7月,国家教材委员会印发了《习近平新时代中国特色社会主义思想进课程教材指南》,明确了习近平新时代中国特色社会主义思想的核心要义、理论与实践贡献、方法论、理论品格和历史地位,强调把马克思主义中国化最新成果系统纳入各级各类学校课程教材。2022年7月,教育部等10部门印发《全面推进"大思政课"建设的工作方案》,该方案明确指出,各高校全面开设"概论"课。华中科技大学于2019年开设"概论"课程,相关工作任务由马克思主义学院具体承担。经过教学摸索和实践,华中科技大学马克思主义学院坚持用习近平新时代中国特色社会主义思想立德树人、铸魂育人,通过理论授课与课外实践相结合的方式,不断加强学生对党的创新理论的深刻理解,推动学生充分认识新时代坚持和发展中国特色社会主义的重大历史任务,增强广大学生自觉参与中华民族伟大复兴宏伟事业的责任感和自信心,取得了重要进展。

2022年秋季学期,华中科技大学马克思主义学院"概论"课程在整体设计与实施方面,凸显了思政课立德树人、培根铸魂的教化引领作用;在学习体验方面,学生对于理论学习的兴趣得以激发,政治意识得以增强,学习获得感十足。

[①] 胡芳:《高校单独开设"习近平新时代中国特色社会主义思想概论"课的三重逻辑》,《思想理论教育》2022年第8期。

首先，坚持以习近平新时代中国特色社会主义思想为指导，在课程教学中充分运用定制教室和课程、答疑解惑、线上学习、自动设置任务、学习评估等手段方式，指引青年大学生进一步感悟思想伟力。"概论"课程以宣传和讲解习近平新时代中国特色社会主义思想为主旨，以党的政治、经济、文化、社会、生态、军事和外交理论思想为课程主线，涵盖新时代新思想新飞跃、坚持党的全面领导、全面从严治党、坚持总体国家安全观、发展全过程人民民主、全面依法治国、以新发展理念引领高质量发展、坚持人与自然和谐共生、习近平文化思想、全面建设社会主义现代化国家、坚持以人民为中心的发展思想、加强以民生为重点的社会建设、坚持和发展中国特色社会主义的总任务、全面深化改革和推动构建人类命运共同体15个专题板块，课程内容既强调对于习近平总书记理论思想的全面深入讲授，又不乏理论联系实际的案例分析和故事分享；课程站位高、思路清、方向明，向学生及时、准确、有效地传达了党的最新理论成果和思想精华。学生们纷纷表示，通过学习这门课程，对于中国特色社会主义所处的历史方位、新时代所面临的三大时代课题、解决三大时代课题的方法论钥匙等知识内容有了更深的了解认识，掌握了很多新的思想理论，帮助自己深入了解和学习了党的创新理论、指导思想、行动指南等。

习近平新时代中国特色社会主义思想概论"这门课是一门新的思政课，采用不同教师轮番讲课的方式，将习近平新时代中国特色社会主义思想与时事相结合，给我们带来了多方位的视角，让我们能够更加整体地观察这个社会。正所谓"十年树木百年树人"，"树木"，在于培育可用之材；"树人"，在于塑造可用之人。而这门课正好能如此启迪我们。

——学生在学习"概论"课程后的感想（节选）

其次，"习近平新时代中国特色社会主义思想概论"课程组的教师通过革新教学手段、创新教学形式，将新时代数字技术、智能技术与大学生思想政治教育深度融合，持续探索将人工智能技术应用于课程教学创新的理念、原则、方法及措施。一是探索运用智慧平台进行考勤、组卷、分数记载、统计成绩、数据收集等工作，将任课教师从烦琐、机械的重复性、事务性工作中解脱出来，使教师有更多的时间和精力关注学生情感的沟通和价值观的培养。二是尝试运用智能技术对学生群体实施更加精准的情感关注。借助人工智能的语音识别、文字识别、面部识别、动作识别等技术优势,实时捕获、汇总和分析学生的学习所得,有针对性地加以理论辅导和问题答疑,实现全过程、全周期育人。三是探索通过智能对话等方式,利用生成式AI的文本、图像、音乐生成功能,依据每一个专题的教学目标、课程难度等设定关键词,快速创造出适合自己教学风格和特点的创新教学方案。更加灵活、透彻地解析教材中每一个专题中的重要知识点,并依靠生成式AI强大的自然语言处理能力,将复杂的信息转化为易于理解的语言和表达形式,构建兼顾阶段性与整体性的知识图谱,从而辅助学生理解、消化和吸收课程知识点。四是将人工智能软件转变为青年学生的学习"同伴",变单项灌输为双向互动,采用国内AI大模型等智能聊天机器人与学生展开互动,以虚拟现实技术给学生带来接近真实的情感体验,不仅支持学生的认知发展,同时也增强"习近平新时代中国特色社会主义思想概论"课程的时代感和吸引力。通过运用智能技术频繁地与学生互动和协作,建立和维持社会关系以及提供个性化情感关怀,任课教师逐渐将人工智能整合为教育协作主体,把习近平新时代中国特色社会主义思想蕴含的世界观和方法论"讲深、讲透、讲活",实现面向学生的思政课精准供给,做到因人施教、人机共教,进而提高"习近平新时代中国特色社会主义思想概论"课程的育人功效。

相关调查显示,人工智能赋能"习近平新时代中国特色社会主义思想概论"课程,一是改变了学生以往对思政课枯燥乏味、照本宣科等刻板印象,初步实现由兴趣驱动的学习理解。调查数据显示,超过半数的学生发自内心地认为学习"习近平新时代中国特色社会主义思想概论"课程重要性十足,学习态度十分端正。二是全面拓宽学生的国际视野,全面提升学生的获得感。许多学生表示,学习"概论"课程让自己"了解世情国情党情,拓宽国际视野""对党史的了解更为深入""学到了最新的时政理论"。三是显著增强学生政治意识,帮助学生系好人生的第一颗扣子。学习完本课程后,学生普遍反映对祖国、对中国共产党的认同和热爱加深了,通过学习党的奋斗历程和创新理论,能够发自内心地敬党爱党,自觉承担起国家富强、民族振兴、人民幸福的历史使命。

  新时代青年要增强担当意识,长做中国人的志气;厚植担当情怀,强做中国人的骨气;提升担当能力,厚做中国人的底气。就在本周,我通过了党组织的考核,光荣地成为一名中共预备党员。从刚入大学时递交入党申请书至今,我在思想上、行动上都有了很大的进步,始终向着有理想、有追求,有担当、有作为,有品质、有修养的大学生而不懈努力。通过"概论"课,我系统地学习了党史与习近平新时代中国特色社会主义思想,使我更深入地了解了我们党,清楚了党的伟大历史,清晰了党的光辉未来。也更纯洁了我的入党动机,更坚定了自己的使命责任。立足当下,着眼未来,在习近平新时代中国特色社会主义思想的指引下,我定将:学以致用强本领,学习上不断严格要求自己,学有所成;艰苦朴素助民众,生活上尽我所能帮助他人,克己奉公;忠诚老实听党话,思想上学深悟透习近平新时代中国特色社会主义思想,坚定信仰;服从组织跟党走,行动上坚决做到两个维护,砥砺前行。争取早日转正,当好旗帜,成为习近平新时代中国特色社会主义思想的坚定信仰者和实践者。

——学生在学习"概论"课程后的心得体会(节选)

在人工智能赋能"习近平新时代中国特色社会主义思想概论"课程教学过程中,任课教师也面临如下困惑。一是生成式AI作为高度复杂系统,在监管规制层面存在一定难度,用于思政课后存在技术异化风险,可能产出一系列与主流意识形态相违背的信息内容,进而有害于思政课教学目标的实现,这就为任课教师运用AI技术的能力素养提出了新的更高要求。二是生成式AI因其性能的强大、操作的便捷,可能会导致学生产生惰性心理、惯性思维,进而使"应用范围"和"伦理边界"等使用条件遭遇漠视和淡化,最终会逐渐远离批判性思维,被动地接受生成式AI提供的诸多信息,就如同身处"信息茧房",丧失对虚假信息的辨析能力。三是生成式AI用于思政课可能会带来娱乐化、戏谑化课程知识的风险,部分学生可能会将生成式AI大模型矮化为休闲娱乐工具,从而带来课程科学性、权威性、规范性被消解等潜在问题。因此将人工智能技术更好地运用于"习近平新时代中国特色社会主义思想概论"课程教学,为党的创新理论传播拓展新视野、注入新动能,必须精准把握生成式AI对思政课教学带来的机遇和风险,创建生成式智慧课堂环境,创生智能孪生实践环境,嵌入个性化辅导与陪伴智能体,精准供给赋能思政课理论传播,虚实共生增进思政课情感认同,以全新智能技术迭代助力思政课教学革新,开创交叉融合发展新局面,打造"习近平新时代中国特色社会主义思想概论"课程教学新范式,从而强化党的创新理论教育、占据高校意识形态阵地的话语权与主导权。

四、人工智能赋能"概论"课程教学的优化路径

在人类社会从工业文明向数字文明跨越的时代,以大数据、人工智能为核心构成的数字引擎赋能高校思政课程,推进课程的数字化、智能化建设,切实提高习近平新时代中国特色社会主义思想进教材、进课堂、进学生头脑的实效,既是教育部对广大高校的工作要求,也是数字文明时代高校落实立德树人根本任务、全面提高人才自主培养质量的必然趋势。"问题驱动+理念引领"是人工智能赋能"概论"课程教学创新的基本原则,必须推动大学生学习范式的变革从"教学者中心"向"学习者中心"转型,并通过构建数字化、智能化流程以优化其课程组织和管理流程,大力推进课程信息化与相关资源数字化建设,推动课程的"智能进化+系统提升+创新突破"。

第一,开发精准有效数字智能应用,创新教育教学评价方式,不断推进课程教学体系的现代化。首先,要加快数字化、智能化教学手段的创新,实现在海量大数据中快速提取与习近平新时代中国特色社会主义思想相关的思政案例、思政资源、思政信息,及时更新教学内容,让受教育群体感受到良好数字化体验。要按照"应用为王、服务至上、示范引领、安全运行"的工作要求和思路一体化,推进"习近平新时代中国特色社会主义思想概论"课程建设与应用。把开发精准有效的数字应用摆在优先、突出位置,以课程教学的应用需求驱动运行数字平台、标准平台和数据资源平台建设,加强课程相关内容建设和运营维护,不盲目追求最新技术,而是以实用高效为导向,切实为师生提供能用、好用的习近平新时代中国特色社会主义思想相关数字化资源。其次,要加强资源整合,做好教育数字化建设推广、应用,构建新技术融合的课程数字学习生态系统。通过数字技术链条的方式,将"概论"课程的教、学、管、测、评有机的整合在一起,从而推动课程教学数字化、智能化实现发展标准化、成果品牌化,大力提升课程管理体系和管理能力现代化水平。再次,创建数据赋能的新型教育教学评价方式。充分利用智能技术,提高课程评价的科学性、专业性、客观性。从高等教育发展趋势来看,在信息连接的基础上用数据驱动变革,以数据赋能教育评价改革是教育数字化的基本方向。因此,创建数据赋能的新式教育数字化评价方式,增加更加多元的过程性评价和增值性评价新方式,使"概论"课程的评价过程更加科学、结果更加准确、手段更加丰富。

第二，整合和创生新形态数字化、智能化课程资源，满足教师精准化教学和学生个性化学习的需求，不断提升课程的价值引领、能力提升、知识传授能力。加强课程的数字化建设，需要探索面向数字文明时代的教育教学新模式，在人工智能、5G、云计算、大数据等技术的基础上，孵化信息化、数字化、智能化的教育教学新模式。要加强课程的新形态优质数字化课程资源开发工作，持续扩大优质数字教育资源供给，撬动教学过程数字化转型。通过智能技术提供的全方位数据分析和互动服务，持续性地对教师和学生群体进行大数据"学习画像"，从而帮助教师精准地了解学生学习需求，同时也有的放矢地帮助学生把握课程重难点，实现知识素养和探索能力双提高。因此，我们可以借助全新的人工智能技术工具，探索新型思政课教学模式，既能减轻学生的学习负担，又能帮助学生形成自我学习、深度学习能力，从而有效提升教学效率。我们要最大限度地增加课程的优质数字化课程资源，推动各类机构数字教育资源开放共享，合力打造优质高等数字教育资源库，把虚拟的实践场景"搬到"课堂。① 加速实现物理世界、精神世界、虚拟世界思政教育的相互融合。

第三，将智能化思维贯穿课程教学改革创新全过程，必须着力强化广大教师和教学管理人员的人工智能素养和技能。当前，人工智能技术的迭代更新为推动"概论"课程教学模式变革提供了重要机遇、提出了更高要求，这就要求从事本课程教学的教师队伍加快进行数字化、智能化转型能力建设。首先，教师和教学管理人员需要积极转变教育教学理念，重视"概论"课程教学数字化转型价值。因此，在高校思政课教学中应着力加强教师教学数字化转型能力培养，可探索建立首席信息官（CIO）制度，做好数字化课程教学改革的试点和推广工作。第四，要着力增加线上课程含金量，探索学科交叉性，提高学生选择自由度，突出发展进阶性，打破学习天花板，全面提升思政课的教学实效。因此，高校在"概论"课程建设中应提供相应的硬件设施保障。在学校硬件教学设施方面，打造时空和教学深度融合、线下和线上虚实融合的智能学习空间，推进场景式、体验式、沉浸式教学。努力打通学校、家庭和社会之间的数据信息壁垒，促进教育数据的全方位挖掘和整合，不断优化教学服务质量和效率，探索构建由国家、地方和高等学校不同层级提供的高质量数字化学习体验、高内容适配性和高教学效率的大学生"概论"课程智能化教学体系。

---

① 陈振娇、熊璋：《大力推进教育数字化》，《人民日报》2022年12月5日。

五、结语

人工智能赋能"概论"课程教育教学改革,既是人工智能时代思政课教学改革创新的机遇所在,也是广大高校思政课教师为党育人、为国育才的职责所系。面对世界百年未有之大变局与中华民族伟大复兴战略全局,高校思政课建设坚持以习近平新时代中国特色社会主义思想为指引,加快推进"概论"课程数字化、智能化建设,是进一步增强习近平新时代中国特色社会主义思想"三进"成效的内在要求。面向未来,以信息化驱动现代化,以数字化引领智能化,以智能技术赋能思政课教学,打造"概论"思政"金课",拉近学生与伟大思想之间的距离,使广大学生增强听党话、跟党走的思想自觉和行动自觉,真正得到思想启发、战略启示、智慧启迪、信仰启蒙,既是守正创新、勇毅前行的重要路径,也是新时代落实立德树人根本任务、全面提高人才自主培养质量的关键之举。

"习近平新时代中国特色社会主义思想概论"课程实践教学环节的优化路径研究

潘 博 邓 帅

摘要:"习近平新时代中国特色社会主义思想概论"课程的实践教学环节具有重要意义。由于"习近平新时代中国特色社会主义思想概论"课程具有较强实践性,其实践教学环节是一项新生事物,推动习近平新时代中国特色社会主义思想入脑入心需要多元途径等现实需求,"习近平新时代中国特色社会主义思想概论"课程实践教学环节的专门性设计具有重大意义。针对当前实践中存在的实践教学内容形式有待完善、实践教学基地对接水平不高、社会师资教学水平有限等现实问题,可以从"不断优化教学的内容形式,提升与学生需求的契合水平""建立'校社政企'联动平台,形成长效对接机制""完善师资更新培训机制,建设高质量师资队伍""将党的创新理论有机融入实践教学,鲜活、鲜明、有机呈现"等方面,系统构建"习近平新时代中国特色社会主义思想概论"课程实践教学环节的优化路径。

基金项目:华中科技大学2023年教学研究面上项目"'习近平新时代中国特色社会主义思想概论'课校本资源的开发利用机制研究"(项目编号:2023110);国家社科基金高校思政课题研究专项"'习近平新时代中国特色社会主义思想概论'课实践教学研究"(项目编号:23VSZ002)。

作者简介:潘博,政治学博士,华中科技大学马克思主义学院讲师、硕士生导师,主要研究方向为基层党建与基层治理;邓帅,华中科技大学马克思主义学院硕士研究生,主要研究方向为党的建设。

"习近平新时代中国特色社会主义思想概论"课程实践教学环节的优化路径研究　　潘　博　邓　帅

关键词:"习近平新时代中国特色社会主义思想概论";实践教学;优化路径

高校思政课是为党育人、为国育才的核心课程,思政课提质增效、推动理论入脑入心具有重大实践意义。过去思政课讲授多以大班授课为主,导致课堂沉闷乏味、受众反响较差;后来随着翻转课堂、小班教学等思政课改革,思政课授课效果得到大幅提升。可以说,思政课堂的改革创新一直"在路上"。新时代背景下,思政课的重要性得到进一步彰显,这意味着要对思政课内容、形式进一步创新,更加凸显其生动性、互动性、体验性,加深其对于学生的世界观、人生观、价值观的正向引导。这对目前思政课上课提出了更高要求。这需要提升其实践性,凸显出加强思政课实践教学的重大意义。从目前情况来看,思政课实践教学虽已取得了一定的成果,但是很多高校依然停留在实践教学的形式,尚未从实践教学课程化的角度来统筹安排,致使实践教学在具体组织实施过程中存在着组织缺乏科学性、参与缺乏广泛性、过程缺乏指导性、形式缺乏多样性、评价缺乏合理性等多方面亟待解决的问题。① 随着思政课改革的深入,"习近平新时代中国特色社会主义思想概论"等新的思政课投入课堂。作为新开设的思政课门类,其实践教学需要根据课程的新内容、新特点、新情况等有针对性进行设计,从而实现实践教学实效的最大化。这意味着,深入、系统建构"习近平新时代中国特色社会主义思想概论"课程的实践教学环节,具有重大实践意义,亟待学界予以深入探讨。基于此,本文对"习近平新时代中国特色社会主义思想概论"课程实践教学环节的优化路径开展专门研究,以期为该门课程的实践教学环节优化提供参考。

一、"习近平新时代中国特色社会主义思想概论"课程实践教学环节建设的重大意义

"习近平新时代中国特色社会主义思想概论"课程的开设具有重大意义,因此其实践教学环节也需要专门设计。从课程本身来说,"习近平新时代中国

---

① 王国桢:《新时代高校思政课实践教学课程化建设研究》,《学校党建与思想教育》2022年第15期。

特色社会主义思想概论"课程具有较强的实践性,其作为一门新课,需要更加有效的实践教学环节。要切实提升其授课效果,必然要采取更加多元的教学形式。

(一)"习近平新时代中国特色社会主义思想概论"课程具有较强实践性

习近平新时代中国特色社会主义思想于2017年由习近平总书记首次提出,当时正值中国改革开放进入一个新的发展阶段、中国特色社会主义进入一个新的发展阶段、马克思主义中国化进入一个新的发展阶段。这是一个新的历史阶段,在该历史阶段中,形势有哪些新变化、面临哪些新问题、承担哪些新任务等,都是习近平新时代中国特色社会主义思想首先要面对、要回答、要解决的问题。正是因为这一点,习近平新时代中国特色社会主义思想是中国实践新的思想符号,是在把握国内外两个战略大局的历史境遇中"理论自觉"的产物,实践性是它的生命价值。① 从专题设置来看,"习近平新时代中国特色社会主义思想概论"课程包括"马克思主义中国化时代化新的飞跃""坚持和发展中国特色社会主义的总任务""坚持党的全面领导""坚持以人民为中心""全面深化改革""以新发展理念引领高质量发展""社会主义现代化建设的教育、科技、人才战略""发展全过程人民民主""全面依法治国""建设社会主义文化强国""加强以民生为重点的社会建设""建设社会主义生态文明""全面贯彻落实总体国家安全观""建设巩固国防和强大人民军队""坚持'一国两制'和推进祖国统一""推动构建人类命运共同体""全面从严治党"等专题,包含治党治国治军、内政外交国防等丰富内容。而这些内容基本都是中国政治、经济、文化、社会、生态等现实实践的汇集,具有高度的实践性,这需要在具体的相应实践中,将具体情境、蕴含哲理、情感感召、角色体验、动机强化(纠正)等充分体现出来。这就需要配套以较为有效的实践教学环节。

(二)"习近平新时代中国特色社会主义思想概论"课程实践教学环节是一项新事物

在开设"习近平新时代中国特色社会主义思想概论"课程前,高校思政课主要包括"马克思主义基本原理概论""毛泽东思想和中国特色社会主义

---

① 秦德君:《习近平新时代中国特色社会主义思想实践性探析——兼论马克思主义科学理论的实践性》,《毛泽东邓小平理论研究》2020年第7期。

概论""中国近现代史纲要""思想道德修养和法律基础",这四门课程教材经历多次修改,教材内容、教学体系、教学方案等均已较为成熟。特别是"思想道德修养和法律基础"等课程教材自2006年正式使用后,已经历了从2007年到2021年的多次修订,有经验的授课教师已经将课程精髓基本"吃透",而新授课的教师基本也能有章程可循。基于该成熟基础之上的实践教学环节也容易建立起来,并很容易形成较为成熟的模式。然而,大部分高校的"习近平新时代中国特色社会主义思想概论"课程是2022年左右开始全面铺开的。虽然华中科技大学等少数高校从2019年开始就开设了"习近平新时代中国特色社会主义思想概论"课程,并启动了教研活动,取得了较为丰富的成果,但其作为一门新课,还在探索之中。实践教学环节更是近年来广泛设置的新的教学环节。因此,对于实践教学这一新事物和"习近平新时代中国特色社会主义思想概论"新课程如何更好融合,如何打造较为有效的实践教学环节,依然有较大提升空间。特别是"习近平新时代中国特色社会主义思想概论"课程的专任教师大部分是从其他教研室选拔而来,对于如何上好"习近平新时代中国特色社会主义思想概论"的实践教学课程也难以把握重点。因此,作为一门新课,"习近平新时代中国特色社会主义思想概论"课程的实践教学环节亟待完善。

(三)推动习近平新时代中国特色社会主义思想入脑入心需要多元途径

高校开设思政课的目标,不仅在于将党的创新理论等作为知识传授给学生,或是向学生传授特定的知识和技能,更是强调要让党的创新理论及其蕴含的深刻哲理、价值理念入脑入心,让学生对正向的世界观、人生观和价值观充分形成认识、认同、信仰,从而影响其理想信念、个体行为,并形成青年人群体乃至全社会的积极向上、求真务实、艰苦奋斗、热爱祖国的良好氛围。如果只是传授知识,特别是仅限于课堂讲授的话,那么尽管能从材料、数据上完成"开课",但思政课应当具备的"为党育人、为国育才"的核心功能将难以实现,最终导致授课和影响"两张皮"。因此,如何在普遍开设的基础上,推动积极正向的价值理念"入脑入心",让思政课讲授的实效最终"落实落地"?这需要不断探索创新教学形式。"习近平新时代中国特色社会主义思想概论"课程的主要教学目标,就是让学生理解"习近平新时代中国特色社会主义思想"的产生背景与重大意义,对"习近平新时代中国特色社会主义思想"的丰富内涵与理论构成深入认识,对其中的价值理念悟深悟透、深入认同,并结合自身的学习、生活、工作等自我对标,从而培养符合党和国家需要的时代新人。不同于"马克思主义基本原理概论""中国近现代史纲要""思想道德修养和法律基础"等理论性较强、贴近纵向视野或聚焦社会规范的思政课程,"习近平新时代中国特色社会主义思想概论"课程贯通古今中外,但更侧重于当代中国现实,很多实践内容会变成教学中的鲜活内容,而很多课堂内容需要通过自身实践才能真正体悟。班杜拉的社会学习理论强调主体、行为和环境三者相互影响,强调人的思想、动机和行为是综合作用下的产物①,实践教学为形塑人的思想提供了有效的"综合作用"的途径。因此"习近平新时代中国特色社会主义思想概论"课程迫切需要有效的实践教学环节。

二、"习近平新时代中国特色社会主义思想概论"课程实践教学环节建设存在的现实问题

"习近平新时代中国特色社会主义思想概论"课程实践教学环节在实际中存在一些现实问题,包括实践教学内容与形式有待完善、实践教学基地对接水平不高、社会师资水平有限、未能深度融合党的创新理论等,这导致实践教学与课堂教学之间脱节,降低了教学效果。

(一)实践教学内容与形式有待完善

"习近平新时代中国特色社会主义思想概论"课程实践教学环节的参与主体主要是大学生,要求大学生在实践教学中主动参与、主动融入并主动引导实践探索的每个环节。实际上,部分高校思政课在实践教学中未能充分考虑学生的主体性,在主题设置、议程选定、内容设计和教学形式等方面非但未能充分结合学生的现实需求、接受偏好等,反而只强调自上而下的安排甚至是"灌输",导致学生参与的积极性不高。除此之外,部分高校思政课实践教学的实践活动缺乏整体建构、连续性不强,实践内容同质化、固态化现象严重。特别是一些实践教学内容明显滞后于社会发展,或虽然内容来源于实践,但对于实践的解读、评价等过于滞后,并未与时俱进地对其加以调整、修正、丰富,与现

---

① 郭斯萍、张晓冰:《班杜拉的社会学习理论再评价——从文化心理学角度》,《心理研究》2022年第2期。

实生活有所脱节,教学内容周延性不足,教学结构整体性和层次性不强,无法引发学生的兴趣。

(二)实践教学基地对接水平不高

"习近平新时代中国特色社会主义思想概论"课程的实践教学内容覆盖面非常广,包含政治、经济、社会、文化、生态各个领域,这意味着课程实践教学基地可以覆盖到整个社会领域,大到国家机关、大型企业,小到田间地头、文化场馆,都可以成为实践教育基地的场所。然而,目前"习近平新时代中国特色社会主义思想概论"实践教学基地的设置、运作、管理等依然存在一些问题。一是对接难。"习近平新时代中国特色社会主义思想概论"实践教学意义重大,是社会主体应尽的社会责任。然而部分主体对建设大思政课基地等不置可否,甚至非常抵触,不愿与高校进行对接。二是运行难。实践教学基地的运作需要大量资源,最为突出的就是资金。运行需要在互惠的基础上进行,特别是经济基础较为薄弱、生存压力较大的实践基地载体,需要高校本身甚至高校通过关系网络来提供所需的支持。然而一些高校合作态度不够真诚,或在合同执行时"变通执行""折扣落实",导致双方合作信用受损;或在基地建设中不断追加要求,让合作单位疲于应对。这些均可能导致实践教育基地难以长期有效运行,实践教学效果不理想。

(三)社会师资的教学水平有限

"习近平新时代中国特色社会主义思想概论"是政治站位很高、政治意义重大的课程,这要求其授课师资具备较高的政治素养、专业知识、授课能力等。各高校的"习近平新时代中国特色社会主义思想概论"课程教师虽然在现阶段大部分由各教研室抽调而来,但大多为授课经验丰富、业务素质过硬的骨干教师;新进教师也多为同批次教师中的佼佼者,能够有足够能力胜任"习近平新时代中国特色社会主义思想概论"课程的教研任务。同理,实践教学作为"习近平新时代中国特色社会主义思想概论"课程的重要组成部分,其对于社会师资的要求也很高。从实践来看,主要包括对习近平新时代中国特色社会主义思想的了解,对国家大政方针的把握,理论联系实际能力,活动掌握和把控能力,较强的亲和力,口语表达与语言组织能力,安全意识与风险意识,较强的共情能力,等等。但是目前部分社会师资良莠不齐,缺乏必要的能力,导致实践教学环节成效不彰,甚至让学生感到逆反。如有些社会师资缺乏对习近平新时代中国特色社会主义思想的深刻理解,导致实践教学内容无法与习近平新时代中国特色社会主义思想有机结合起来;亲和力不足,在实践教学环节照本宣科、态度冷漠,将实践教学作为任务而非事业,导致成效较差;缺乏安全意识与风险意识,在课堂上存在言论不当等情况,不能继续胜任"习近平新时代中国特色社会主义思想概论"实践教学环节的师资,等等。这成为限制"习近平新时代中国特色社会主义思想概论"课程实践教学效果的重要瓶颈。

(四)未能深度融合党的创新理论

"习近平新时代中国特色社会主义思想概论"课程的教学目标是,在教学中凸显习近平新时代中国特色社会主义思想的生成背景、了解丰富内容、体悟领导人情怀、树立报国理想信念,推动学生深刻领会、认同党的创新理论。这要求在实践教学中有机呈现以习近平新时代中国特色社会主义思想为代表的党的创新理论,推动学生通过该门课程的实践教学,深刻了解党的创新理论内容丰富、立意高远的特点,体悟习近平总书记的政治智慧与崇高情怀,对党的创新理论的成果形成清醒认识,并认识到党治国理政的重大优势,明确自身在新时代的角色定位与理想信念。可以说,在实践教学环节,要凸显党的创新理论包含的理论与实践元素。然而,在部分实践教学中,实践教学成为合作单位展示自身的"舞台",未能充分融合与呈现党的创新理论的最新成果,未能做到"从小切口展示大成就",导致学生对党的创新理论未能形成深刻认识。

三、"习近平新时代中国特色社会主义思想概论"课程实践教学环节建设的路径建构

"习近平新时代中国特色社会主义思想概论"课程实践教学环节是一项系统工程,需要以问题为导向,通过不断优化内容与形式、形成长效的对接机制、建设高质量的师资队伍、更多体现习近平新时代中国特色社会主义思想元素等方式,全方位、立体式构建"习近平新时代中国特色社会主义思想概论"实践教学切实可行的有效模式。

(一)不断优化教学的内容与形式,提升与学生需求的契合水平

一是做好前期调研与设计工作。"习近平新时代中国特色社会主义思想

概论"教研室(中心)在排课阶段,应当充分利用集体备课会,邀请已经上过该门课的学生代表、即将上该门课的学生代表及实践教学做得比较好的教研室的代表进行会谈,了解不同专业的学生偏好,并尽可能与学生专业发展前景紧密结合。如文史类学生一般比较喜欢人文气息浓郁的实践教学内容,理工科学生一般比较喜欢科技氛围感较强的内容,医、农等专业学生也有各自的偏好,这些信息都需要通过前期调研获取,并进行有效整合、研判,以制订出更为贴合学生需求的实践教学计划。除此之外,应当选取较具代表性的课堂理论教学的章节和内容作为实践教学的内容,这需要教师对内容吃透,并在此基础上进行遴选。如"全面依法治国"中的核心内容在于从依法治国到全面依法治国、中国特色社会主义法治体系等,可以将其遴选为实践教学内容,再相应地设计实践活动方式,这样才能实现内容与形式的统一。

二是采用更加多元化的教学形式。从实践教学的现实来看,部分高校认为实践教学重在"体验",安排了很多参观红色纪念馆等类型的"被动体验"活动,此类活动事先安排了主题和流程,但互动性较差。此类活动虽然必不可少,也有其重要意义,但互动性较差,导致学生只有"被动体验感"而缺乏"主观参与感"。这使得部分学生认为此类活动只是走流程、走过场,并且获得感较低,其对于实践教学所要推动"入脑入心"的理念和价值的认同程度也难免大打折扣。基于此,可以采取更为多元化的社会实践方式,包括:① 观察参与类内容,包括参观考察、调查研究、志愿服务等,这些活动可以让学生近距离观察实践教学客体,并获得观察社会的知识与技能;② 智力磨炼式实践教学,主要包括课题讨论、辩论、演讲等,通过这些活动,不仅能够加深学生对理论内容的理解和把握,而且能锻炼学生的语言表达能力和写作能力;③ 音像图书类实践教学,旨在通过影视、图片、图书等教学手段和条件,辅助课堂理论教学,包括电影评论、读书会、专题讲座等活动,不仅形式较能吸引学生注意力,更能让学生在讨论中升华认识;④ 创作类实践教学,如让学生将实践教学的内容拍摄成短视频、照片等作品,或将实践教学经历设计成文艺演出、小品比赛等,以此提升学生的参与感,让学生在参与中形成对习近平新时代中国特色社会主义思想的深刻认识。①

---

① 王虎丹、易荣伟:《关于提升高校思政课实践教学质量的思考》,《学校党建与思想教育》2023年第6期。

(二)建立"校社政企"联动平台,形成长效对接机制

一是做好整合工作,将学院前期资源与基地建设整合起来。"习近平新时代中国特色社会主义思想概论"课程是一项核心课程,需要高校马克思主义学院汇聚全院之力进行建设,马克思主义学院需要将其他资源投入到"习近平新时代中国特色社会主义思想概论"实践教学建设中,提供更多的资源来与实践基地对接。如华中科技大学马克思主义学院习近平新时代中国特色社会主义思想概论教研中心,在建设实践教学基地前,首先进行目标遴选,选取距离武汉市较近、有合作潜在意愿、具有全省乃至可能形成全国影响力的实践点,遴选范围主要依托湖北省新时代文明实践研究院进行。湖北省新时代文明实践研究院是中共湖北省委宣传部和华中科技大学马克思主义学院共建的省级智库平台,前期在与鄂州市孔关村、洪山区南湖社区等合作过程中,发现其具备优秀的实践教学基地的条件,并且随着其发展,能够为学生提供的实践教学内容也在不断丰富完善。因此,在前期合作基础上,华中科技大学马克思主义学院习近平新时代中国特色社会主义思想概论教研中心在遴选实践基地时非常顺利,和城乡社区、辖区企业等建立起了多方联动平台。

二是建立互惠机制,不断推动长效性的合作共赢。只有前期对接而无互惠规范的实践教学基地,无论是后期运行还是管理,均难以持续。因此,建立在共赢基础上的合作才是可持续的,它是构建高水平实践教学基地的基础。要想建立起长期的"校社"互惠,一是要建章立制,不仅要完善双方的合作协议,厘清双方权利、义务,避免"隐藏条款"等情况出现,更需要就实践教学基地的使用、管理、补给等建立专门制度,特别是经费方面,需要通过经费来源、经费使用、经费监督等方面的规定,避免经费这一关键问题给实践基地运行制造障碍。如学院应当每年对实践教学等拨付专项经费,并做到专款专用,确保每个学生参加实践活动所需的费用。对特殊的具有社会调研、生产劳动、公益活动、科技发明等性质的活动,学校应当适度额外拨付经费,确保实践教学有效果、出成果、结硕果。① 华中科技大学马克思主义学院在与孔关村等实践教学基地的合作中,在合同方面进行多轮磋商,在双方开诚布公的探讨下拟定最终

---

① 靳慧:《发挥社会实践在思政课教学中的重要作用》,《中国高等教育》2017年第6期。

合同,并且建立起实践教学基地的管理制度,这为发挥实践教学基地的作用提供了坚实保障。

（三）完善师资更新、培训机制,建设高质量师资队伍

一是要完善师资更新机制,确保引进高质量的社会师资。"习近平新时代中国特色社会主义思想概论"要在社会现实中讲授,就必然要引进社会师资,师资遴选这"第一道保险"就很重要。对于社会师资更新机制,应当从以下方面进行完善。① 单位举荐与学院考察相结合。由于实践教学单位举荐师资后,一般学院会默认其担任实践教学环节师资,这中间缺乏考察环节。而一些学院"碍于情面",会对社会师资的情况放松考察。针对这一情况,应当补充完善社会师资考察环节,对于因能力不足、态度问题等无法继续胜任社会师资的,要及时与合作单位沟通,对其予以辞退等处理,并及时补充新的社会师资进入队伍中。② 建立社会师资评估机制,在期末评教中加入对实践教学环节社会师资的评价内容,主要是对其教学态度、教学能力等进行评估。一方面避免社会师资问题影响学生对"习近平新时代中国特色社会主义思想概论"课程的整体评价,更容易精准地发现问题所在;另一方面建立起以受众为中心的教学导向,让学生的评教对社会师资形成外部压力,倒逼其认真履职。对于学生评价普遍较低的,应当结合师资更新机制,对不合格者强制清退,解除聘用关系。

二是建立社会师资培训机制,全面提升其业务能力。由于社会师资涉及群体很多,如高校学者、各类纪念馆与红色旅游从业者、乡镇干部与驻村书记等,其各有所长,但从社会师资的整体标准考量,往往不同群体会有不同的需要提升之处。如基层干部往往业务能力较强,能够结合自身工作讲解丰富精彩的故事,但部分基层干部的理论水平有待提升,往往难以将理论结合实践讲深、讲透。这要求建立起"习近平新时代中国特色社会主义思想概论"课程的社会师资培训机制,要针对不同群体的薄弱环节进行针对性培训,并推动不同类型的师资进行合作轮训,将好的经验进行共享,通过"大练兵""大比武"等方式不断锤炼社会师资的能力。

（四）将党的创新理论有机融入实践教学,鲜活、鲜明、有机呈现

一是要在实践教学环节加强对习近平新时代中国特色社会主义思想呈

现的支撑。党的创新理论是思想、实践、历史、价值辩证统一的逻辑整体,实践教学内容中的思想、实践、历史、价值等元素,都可以与党的创新理论深度结合起来。如中国共产党在探索"中华民族伟大复兴"的理论进路中,回应如何"为人民谋幸福、为民族谋复兴、为世界谋大同"这一核心主旨凝结而成的理论成果,从理论的创新逻辑来看,它实现了马克思主义中国化的新飞跃,体现出历时性的动态发展和共时性的规范体系双重创新逻辑特征,等等。① 特别是新时代以来,我国在全面从严治党、重大科技创新、社会应急管理、经济高质量发展等方面取得了显著成就,其中许多经验都体现出习近平新时代中国特色社会主义思想中"以人民为中心"等价值意蕴,这些通过具体的事件、实践等体现出来,都可以提升学生对习近平新时代中国特色社会主义思想的认识水平。

二是要结合"转折"讲,将实践过程中的张力体现出来。很多实践教学环节都谈到了新时代的成就,这是没有问题的。但是我们国家的各项成就建立于艰苦奋斗的基础上,很多成就并非一蹴而就。这需要以实践教学为"小切口",将中国共产党人团结带领人民群众进行艰苦奋斗、攻坚克难的伟大历程呈现出来,并在此过程中体现出科学的指导理论的重大意义所在。因此,在实践教学环节,应当结合本地的发展变化,将变化背后的张力凸显出来,将党的创新理论在引领发展、指引方向、团结人民、坚定信念等方面的重要作用呈现出来,将坚持党的集中统一领导的政治优势阐释出来,凸显党的创新理论成果的重要意义,形塑学生的学习兴趣和认同态度。

四、结语

"习近平新时代中国特色社会主义思想概论"课程作为一门新课,其实践教学环节需要结合课程特征和需求进行针对性设计。目前,该门课的实践教学环节依然处于探索阶段,虽然已经获得一些经验,但依然面临许多问题。本文以问题为导向,在阐述推进"习近平新时代中国特色社会主义思想概论"课程实践教学建设的基础上,对其发展模式进行探讨,系统提供了具有针对性和可操作性的建议。

---

① 秦慧、罗杰:《提升"习近平新时代中国特色社会主义思想概论"课程教学实效性研究》,《思想教育研究》2022年第12期。

"习近平新时代中国特色社会主义思想概论"课程教学的数字化转型：趋势、困境与路径

翁俊芳

摘要：在教育数字化背景下，高校思政教育数字化转型是时代发展的必然要求，是国家实现教育高质量发展的重要举措。高校"习近平新时代中国特色社会主义思想概论"课程教学主动顺应数字时代发展趋势，积极推进数字化转型进程。"习近平新时代中国特色社会主义思想概论"课程教学的数字化转型在教学方式、教学载体以及教学评价体系等方面已呈现出新的发展趋势，但依然在教师素质、教材内容、教学资源库、教学评价等方面存在数字化转型的发展困境，高校应把握数字化变革和科技赋能的新机遇，通过提升教师数字素养、更新课程教学内容、建立数字资源共享体系、优化教学评价机制等途径促进"概论"课程教学提质增效。

关键词：思政教学；"习近平新时代中国特色社会主义思想概论"；数字技术；数字化转型

基金项目：华中科技大学2023年教学研究面上项目"'习近平新时代中国特色社会主义思想概论'课增进大学生'四个认同'的实践机制与提升路径研究"（项目编号：2023111）；国家社科基金高校思政课题研究专项"'习近平新时代中国特色社会主义思想概论'课实践教学研究"（项目编号：23VSZ002）；华中科技大学文科双一流建设项目"数字技术运用与治理能力现代化研究"（项目编号：3041408006）。

作者简介：翁俊芳，政治学博士，华中科技大学马克思主义学院讲师，主要研究方向为中国政治与基层治理、数字治理。

数字技术作为科技革命和社会变革的内驱力量，正以新理念、新模式、新渠道、新业态全面渗透人类社会发展的各个领域和环节，深刻改变着人类的生产生活与教育教学。当代信息科技与数字技术的迅猛发展为高校教育提供了颠覆传统教学方式的多种可能性，新时代高校教育教学面临数字化转型发展的新趋势。习近平总书记在主持中共中央政治局第五次集体学习时强调，教育数字化是我国开辟教育发展新赛道和塑造教育发展新优势的重要突破口。随着互联网、大数据、人工智能等现代数字技术的迅猛发展，加快推进高校思政教育数字化建设与发展，是落实立德树人根本任务的内在要求。高校思政教学是传播马克思主义的重要路径，是确保高校立德树人、培养新时代创新人才的重要方法。因此，结合当前我国高校教育数字化转型的发展要求，高校思政教学也应加快数字化转型发展的速度。"习近平新时代中国特色社会主义思想概论"（以下简称"概论"）课是当代大学生学习和了解习近平新时代中国特色社会主义思想的重要基础课程，其教学质量直接关系到大学生如何理解和认识中国特色社会主义理论体系建构与中国式现代化发展进程。在信息化时代，如何运用好数字技术手段，有效提高"概论"课教学效果，推动党的创新理论成果入脑入心，是各大高校推进高等教育数字化发展必须面对和解决的现实问题。

一、"概论"课教学数字化转型的发展趋势

党的二十大报告指出，"教育、科技、人才是全面建设社会主义现代化国家的基础性、战略性支撑"，首次对教育、科技、人才进行"三位一体"统筹安排、一体推进。[①] 不仅如此，党的二十大首次将"推进教育数字化"写入报告，是以习近平同志为核心的党中央做出的重大战略部署，不仅赋予了教育在中国式现代化建设发展中新的使命任务，也明确了教育数字化未来发展的行动指南，对高校思政教育数字化转型与发展具有重大意义，为进一步发展高等教育数字化指明了方向、提供了遵循。2022年4月，习近平总书记赴中国人民大学考察期间，首先前往观摩的是马克思主义学院的思政课智慧教室，由此可见，高校

---

① http://www.moe.gov.cn/jyb_xwfb/xw_zt/moe_357/jjyzt_2022/2022_zt17/xxgc/xxgc_bt/202212/t20221221_1035380.html。

思政教学的数字化建设与发展受到前所未有的关注。① 当前,高校"概论"课教学的数字化转型在教学重点、教学方式、教学载体、教学评价等多个方面也逐步展现出新的发展趋势,有助于党的创新理论更好地搭载数字技术快车,助力课程教学实现立德树人的总目标。

(一)教学重点转型:从"重知识"向"重能力"的转变

习近平总书记在全国高校思想政治工作会议上强调,要坚持以习近平新时代中国特色社会主义思想为指导,加快构建中国特色哲学社会科学。这是对高校思政教育工作的重要指示,也是对习近平新时代中国特色社会主义思想的科学定位。近年来,我国高等教育进入高速发展期,全国各地的办学规模和教学质量都得到了大幅提高。随着教育数字化的发展,高校"概论"课教学数字化转型在教学重点方面逐步展现出从"重知识"向"重能力"的转变。在以往的高校思政教育中,教师主要通过公共必修思政课、形势与政策课、理论宣讲、实践选修课、红色教育基地参观活动等传统教学模式来引导学生树立正确的人生观、世界观和价值观,以面对面理论教学方式帮助学生提高分析问题、解决问题的能力。这种传统的理论教学模式难以快速有效地培养学生的思辨思维和应用能力,因此,部分高校教师借助当前较为流行的数字化教学手段创新"概论"课程的教学内容,通过案例教学、社会实践、项目学习等方式来培养学生的创新能力和实践能力。结合新时代数字技术媒介与网络平台,高校思政课教师基于学生的能力培养和素质提升来设置"概论"课程内容,线上线下同步最新的教学资源与教辅材料,不断提高学生对课程内容本身的学习兴趣,逐步增强学生学习"概论"课的主动性和积极性,有效提高学生的自主思考能力、演讲展示能力、动手实践能力和举一反三能力。

(二)教学方式转型:从"单向灌输"向"交互参与"的转变

伴随着时代发展与社会进步,高校思政教学方式也经历了多次改革与创新发展。从传统的"单向灌输式"教学到"师生互动式"教学再到如今的"数字化交互参与式"教学,高校思政教学方式的变革推动了"概论"课程教学质量的

---

① 孙伟平、夏晨朗:《基于智能技术的思政课教学方式创新》,《中国大学教学》2022年第11期。

提高。一是数字化技术能够打破时空限制,为师生互动与交流提供便捷高效的网络平台。教师可以利用数字媒介在课前、课中、课后共享丰富的学习资源及相关音视频资料,为学生营造与时俱进的学习氛围与学习环境。① 二是教师可以通过多媒体教学设备、虚拟现实技术、网络信息技术等多种数字技术手段为学生提供沉浸式体验,帮助学生更好地理解课程内容,并借助数字后台及时掌握学生的学习数据和学习情况,从而及时调整自身的教学方式和内容,精准对接学生的实际需求。三是数字技术帮助改善高校师生关系,降低师生间的沟通成本,形成良好互动教学格局。一方面,教师可通过数字技术向学生共享各类教学资源;另一方面,师生可通过数字技术开展在线交流和协作学习。在这种新型的师生关系下,不仅有利于师生之间的平等合作与相互学习,还有利于激发学生对"概论"课程学习的兴趣和主动性。

(三)教学载体转型:从"单一媒体"向"多维媒体"的转变

数字技术的广泛运用,逐步催生了多种媒体的创新和运用,使当代教育资源的流通渠道日益多元化。在数字化教育转型与发展的背景下,"概论"课程教学载体形式逐渐从"单一媒体"转向"多维媒体"。所谓"多维媒体",指的是以多媒体为基础,通过不同技术手段将文字、图片、音频、视频等形式进行有机融合。数字化时代的到来,对高校思政教学载体提出了新的要求。一是要实现教学内容与载体之间的融合。随着技术的进步,数字媒体技术不断地被运用到高校思政教学中,在具体实施过程中,需要高校思政课教师在运用新媒体技术时更加注重对多媒体技术的掌握,并将多媒体技术的运用有机结合到具体的教学过程之中。二是要实现不同教学载体之间的融合,提高教育资源的流通速度。数字化时代下高校思政教学载体发生了较大变化,因此需要高校思政课教师在运用数字工具时注重整合不同载体之间的资源和优势。三是多媒体智慧教室在高校思政教学过程中逐步普及,高校思政课教师能够结合智能化教学平台开展"概论"课程教学。例如,当今高校思政课教师普遍使用腾讯会议、学习通、微助教、慕课等线上软件,能够结合线下课堂的教学内容,打破时空界限和场域限制,提升师生的线上互动与连续性教学的效果。

---

① 杨晓宁、王维美:《高校思政课混合式教学高质量发展的内涵、问题及实践策略》,《扬州大学学报(高教研究版)》2022年第4期。

(四)教学评价转型:从"结果评价"向"过程评价"的转变

过去传统的高校教学模式容易导致"重结果轻过程"的教学评价体系,这种倾向会严重影响教师对学生的全面发展和学校教学质量的提高。具体表现为:一方面是考试制度重成绩轻能力,以考试结果来衡量学生学习水平,忽视了学生学习过程中的努力程度和成长进步;另一方面是对学生的学习态度、学习习惯、学习连续性等非智力因素的评价不够全面,缺乏对学生学习态度、学习能力变化和学习过程的关注。在高校"概论"课程教学数字化转型的过程中,各大高校结合教师对数字技术的运用,不断改善教学评价的方式方法,使得该课程的教学评价体系逐步从"结果评价"向"过程评价"转变。一是高校教师在关注学生期末考试成绩的同时,也要关注学生在学习过程中的主观能动性、学习效果。尤其是高校思政课教师在使用多媒体教学软件或线上平台时,增加对于学生线上互动、课堂参与、自主学习、期中作业完成等情况的考察,积极回答学生线上留言及相关课程问题,有效提升线上线下教学的综合效果。二是高校教师充分利用数字技术,从在线学习平台、课程平台、资源平台等多个维度对学生学习"概论"课情况进行全方位记录和分析,根据相关数据及时了解学生学习情况,有针对性地调整此课程的教学方式,从而提高"概论"课的教学效果和教学质量。

二、"概论"课教学数字化转型的发展困境

"概论"课教学数字化转型是一个系统工程,需要各大高校统筹规划、多方推进,才能有效突破发展困境。目前,高校"概论"课数字化转型尽管在教学重点、教学方式、教学载体和教学评价等多个方面呈现出新的发展态势,但整体上依然存在教师数字素养和授课能力有待提升、课程教材数字化转型力度有待加强、课程资源数字化转型建设亟待完善、课程数字化教学评价体系有待优化等问题。

(一)教师数字素养和授课能力有待提升

教师数字素养是指教师运用数字化技术的能力,包括数字知识、数字技能和数字伦理。数字素养是数字时代高校教师普遍应该具备的核心能力,也是高校思政课教师履行立德树人使命的必备素质。目前,高校思政课教师在数

字素养和综合授课能力方面还存在不足之处。从总体上看,部分讲授"概论"课程的教师对思政教育数字化转型的认知和理解还不够深入,还未熟练掌握数字技术与课程教学有机融合的运用能力。在数字时代,部分思政课教师缺乏将对数字技术的理解,也缺乏将数字化技术应用于思政教学的能力。在数字化意识方面,部分思政课教师习惯使用传统的教学方法和教学工具,缺乏对数字化应用场景和具体应用模式的理解和掌握。① 在数字技能方面,一些高校思政课教师对数字技术基础知识和基本技能掌握不够到位,不能熟练地运用数字化技术开展"概论"课教学活动。在数字伦理方面,一些思政课教师缺乏数字伦理素养。部分高校思政课教师只注重技术应用与课堂教学、科研等工作的结合,忽视了技术使用与管理、个人隐私保护、网络安全等问题,这些问题影响了教师数字化应用能力和道德素养的提升。例如,部分高校思政课教师不能正确使用数字化平台进行"概论"课教学活动,或者在运用数字技术开展教学活动过程中不能合理处理好信息资源利用与个人隐私保护等问题。

(二)课程教材数字化转型力度有待加强

教材是教学的依据,是师生之间教与学的桥梁和纽带。教材数字化是数字中国建设总体背景下高等教育发展形成的新型教学载体,是数字时代高校思政课教学改革的重要内容,是推进"概论"课教学数字化转型的重要环节。目前,高校"概论"课程教材仍存在数量偏少、形式较为单一、编写水平参差不齐等问题。在数量上,教育部第一批"马克思主义理论研究和建设工程"重点教材共110种左右,存在覆盖面不足的情况,亟须加强思政类学科专业的课程教材建设。在质量上,各类教材内容存在一定的滞后性,缺乏时代感和时效性,难以和学生的日常生活形成紧密联系。教材的整体内容理论性过强,需要思政课教师花大量精力进行教案撰写和教学设计,教学难度较大。在形式上,教材重形式轻内容、重文字轻图表,没有充分利用数据、图片、案例等形式丰富教材内容,缺乏一定的针对性和创新性。目前,"概论"课程教材已形成统一且具有权威性的全国性版本,但相关配套性的教辅、教参还未及时跟进,学生目前能够接触的学习资料大多为政策文件汇编及相关学习纲要,难以直接提高

---

① 李若瀚、高娜:《高校思政课混合式教学模式改革面临的困境与出路》,《高教学刊》2022年第26期。

学生对该课程的学习兴趣及效果。不仅如此，"概论"的数字化课程资源包括优质在线课程、精品慕课、视频公开课、名师微课堂等，存在优质资源偏少的情况，高校教师缺乏统一的官方数字化资源辅助课堂线下教学，增加了该课程的教学难度。

(三)课程资源数字化转型建设亟待完善

随着大数据、云计算、ChatGPT等人工智能技术的发展，高校思政课数字化网络数据库建设已经成为高校思政教育数字化转型的重要环节。建立一套高效便捷的教学数据资源体系，有利于实现数据共享、资源整合、智慧学习、智能分析，是提升高校思政教学质量的重要前提保障。目前，我国高校"概论"课程的教学数字化资源体系建设还存在以下几个方面的问题。一是数据资源类型较少，类型较为单一，内容相对单薄。当前，"概论"课程的数据资源可供教师和学生选择的类型有限，难以有效满足学生在不同学习阶段对学习信息与资源的需求。二是各大高校的教学资源数据库还未在全国范围内统一对接共享。大部分高校内部会建立适合自身使用的数据平台和数据资料库，不同高校之间存在隐性"数据壁垒"，"概论"课程数据资源难以互联互通，导致部分数据资源无法得到及时更新、更新速度较慢、更新数量不均衡等问题。三是部分数据资源缺乏系统的设计规划和分类整理。尤其是"概论"课程的数字化资源体系建设还未形成系统化、规范化和体系化的发展思路，全国不同高校还处于探索发展的阶段，各自建立的数字化资源体系存在壁垒和门槛，难以形成全国高校合作教学与资源流通的发展格局。

(四)课程数字化教学评价体系有待优化

数字化教学评价是以教师教学效果和学生学习成效为基础，以数据为支撑，通过对学生学习过程与结果的采集、分析，学生对教学质量进行评估与诊断。高校教师通过学生反馈及评价调整授课形式及内容，从而提高教学质量。当前，"概论"课程数字化教学评价体系还存在一些不足。一是教学评价方法较为传统、单一。高校的教学评价主要采取督导旁听课程打分与期末学生系统评教打分相结合的方式，对于教师的教学过程和学生的学习效果未进行长时间的系统跟踪，容易导致教学评价结果存在主观性和片面性。二是教学评价指标体系有待完善，评价指标缺乏多维度分析。大部分教学评教指标集中在对于教师教学形式、内容方面的测量,未对教师使用的教学工具、教学方法进行多维度的考量。尤其是在多媒体教学工具的使用方面,未对教师进行统一、规范的培训和考核,部分年长的教师很少使用数字化教学工具。三是教学评价缺乏对学生线上学习过程及师生线上互动反馈的追踪与评估,大部分评价倾向于短期性和即时性的学习效果,很少借助数字化技术突破和改善当前传统的评价形式。四是评价主体比较单一,主要由校内督导和听课学生组成,未借助数字化教学方式扩大教学影响力,很多教学内容及教学评价仅仅局限于自身的校园系统,没有向社会面公开展示或提升宣传范围。

三、"概论"课教学数字化转型的具体路径

在教育数字化、信息化的大背景下,高校思政教学数字化转型已成为必然的发展趋势。[①] 当前,我国高校"概论"课程数字化转型面临着教师数字素养不高、教辅教参更新不及时、数据库建设数字化不足、评价体系待优化等问题。因此,高校在推进"概论"课程数字化转型时,应从提高教师数字素养、及时更新教材内容、完善数字资源系统、优化教学评价机制等方面入手,积极探索和构建以学生为中心的"数字技术+思政"教学生态圈,实现"概论"课程数字化改革、发展与转型的最终目标。

(一)提升教师数字素养,构建"数字技术+思政"生态圈

在数字时代快速发展的大背景下,高校要通过提高教师数字素养、转变教学模式,实现"数字技术+思政"生态圈的构建,让多媒体平台及网络空间成为学生获取思政知识的重要途径。因此,高校在推进"概论"课程数字化转型过程时,应充分调查和收集学生的学习兴趣与需求,坚持"以学生为中心"的原则底线,提高学生对教师授课的满意度。具体而言,高校要明确教师、学生和网络平台三者之间的关系,通过建立师生之间、生生之间的"数字技术+思政"生态圈,有效提高数字化授课效果。一是高校"概论"课教师应主动将数字技术运用到教学中,不断提高自身的数字化素养和技术能力。教师可以通过建设思政类品牌网络电视节目、打造网络思政课堂和开展网络实践活动等方式,将

---

① 孙伟平、夏晨朗:《基于智能技术的思政课教学方式创新》,《中国大学教学》2022年第11期。

理论性较强的"概论"课程内容以学生喜闻乐见的形式进行讲授,让学生在各类丰富且公开的教育教学活动中感受思政课程的魅力。二是高校应积极建设"概论"教学的网络平台,引导学生通过各类学习平台、学习软件了解国家大事、关注时政热点、跟进课程学习进度,注重对学生的引导和启发,培养学生自主学习能力和创新思维能力。三是不断完善"概论"课教师队伍建设,强化网络课堂的教学效果,调整教师数字化教学思维从"教"向"导"转变。① 通过系统化培训,提高教师数字化网络教学能力、时政信息敏感度、有效数据抓取能力,以此提高课程内容的吸引力和丰富度。

(二)更新课程教学内容,提高"数字技术+思政"发展实效

当前,高校"概论"课程教学内容与国家发展联系紧密,官方教材、教学课件、教师教案、教辅教参都需要与时俱进、及时更新。因此,高校要充分利用数字技术优势,积极推动"概论"课教学内容的数字化转型,提高"数字技术+思政"发展实效。一是及时更新教学使用的官方教材、教辅教参,提高教学的权威性和规范性,便于学生在课堂学习过程中有比较统一的教辅内容作为参照。二是高校教师应积极学习多媒体教学辅助工具、及时优化教学内容和方法。高校教师可利用微信、微博、抖音等新媒体平台为学生提供即时性教学资源,充分利用线上平台构建向学生开放的网络学习平台和交流社区,开展师生互动或线上实践等教学活动。三是利用"数字技术+思政"平台向学生推送与课程相关的学习资料和资讯,并邀请相关专家对课程内容进行解析和补充,帮助学生在课前课后都能进一步深化理论学习。四是要充分利用数字技术为高校学生打造沉浸式学习空间。在教育信息化环境下,高校可以借助多媒体技术、虚拟现实技术等营造沉浸式学习空间。同时,还可以通过虚拟现实技术将学生带入教学场景,让学生能够获得身临其境的体验感,从而更好地理解和掌握"概论"课程知识。

(三)建立数字资源体系,发挥"数字技术+思政"联动优势

当前高校思政教学资源数据库建设及网络学习平台的统筹管理有待加强,

---

① 高杨、乔源:《数字化赋能高校思想政治工作探索:动因、原则与策略》,《北京教育(德育)》2023年第4期。

"概论"课程数字化建设的统筹管理需要学校、院系、部门的共同努力。一是学校层面应建立健全"概论"课教学资源数字化建设的统筹管理机制,对教学资源数字化建设进行整体规划和统一部署,在顶层设计上确保教学数据库、网络教学平台、教学软件等技术运用的科学性、合理性和有效性。二是在资源建设中注重提高"概论"课程数字化内容的质量和形式,同时加强教学资源库与学生学习平台、师生互动平台等其他教学平台的互联互通,并基于此建立健全教学资源共建共享机制,提升不同高校之间的联动合作。三是要利用数字技术和多媒体教学工具增强"概论"课教学的时效性。高校要借助"数字技术+思政"平台对"概论"课程内容进行及时更新和补充。例如,高校可通过建立课程案例库的方式对"概论"课程内容进行及时更新,并不断丰富教学资源。四是学校层面应加强对学生的引导和管理工作,完善学生参与课程数字化建设的激励机制、监督机制、反馈机制等,以充分调动学生参与"概论"课程数字化转型建设的积极性和主动性。

(四)优化教学评价机制,改革"数字技术+思政"评价形式

教学评价是教师开展教学活动的重要组成部分,它能在一定程度上反映教学效果和学生听课的满意度。长期以来,传统的教学评价存在着内容片面、主体单一、缺乏科学性等问题,部分高校的教学评价结果受主观因素影响较大。在数字时代发展背景下,优化教学评价机制,改革"数字技术+思政"评价形式,需要构建起基于数据分析的多主体评价机制。[1] 在实践中,高校可通过以下几个方面来建立"概论"课程"数字技术+思政"的多元评价机制。一是高校要根据实际情况,明确参与主体的职责分工,制定明确、详细的评价标准。在进行教学活动评价时,要充分考虑不同主体的优势和特点,如高校可以通过师生问卷调查、师生访谈等方式了解学生对课程内容和教学方式的看法及意见和建议;通过平台数据分析来了解学生在课堂上是否有所收获,广泛收集学生对于课堂学习及线上学习的评价和反馈。[2] 二是高校要重视学生在教学评价中的主体地位,保障师生之间的平等交流。教师要在日常授课过程中从知

---

[1] 杨晓宁、王维美:《高校思政课混合式教学高质量发展的内涵、问题及实践策略》,《扬州大学学报(高教研究版)》2022年第4期。

[2] 马一:《线上线下混合式教学行动研究——信息技术与思政课教学融合创新》,《教育学术月刊》2020年第7期。

识传递者转变为学习引导者,学生要从知识接受者转变为自主学习者。① 借助多媒体教学平台,学生能够向教师提出更多自主的思考和个人的学习需求,从而有效改善教师的教学形式和内容。三是高校应构建多主体协同参与的数字化教学评价机制,为教师提供更多线上线下交流的机会,通过各类教学竞赛、教学合作和交流论坛等形式不断完善与优化教学评价机制。

四、"概论"课教学数字化转型的相关思考

曼纽尔·卡斯特曾在《网络社会的崛起》中提到:"新信息技术正以全球性网络整合世界。"②随着数字技术的飞速发展,世界各国的各类教育都逐步呈现出数字化转型的新趋势。许多国家的文化教育活动在继承以往传统模式的同时,更加积极地借助数字化网络及多媒体技术的优势,不断创造和发展更高质量的数字化教育,提升"教育数字化变革"的覆盖面和影响力。③ 我们要认真把握当前教育数字化发展的新趋势,深入反思数字技术在高等教育中发挥的作用,积极响应《数字中国建设整体布局规划》,稳步推进中国式现代化进程中高等教育的数字化转型与发展建设。信息技术的飞速发展、人工智能与教育的深度融合、疫情期间大规模线上网络教育的实施,为全国各大高校提供了丰富的实践探索经验。结合我国发展的实际情况,只有充分利用大数据、人工智能等技术,才能加快构建与国家发展战略布局相匹配的数字化教育体系和数字化教育发展格局。④

2024年5月,习近平总书记对学校思政课建设做出重要指示,强调新时代新征程上,思政课建设面临新形势新任务,必须有新气象新作为。对此,全国各大高校应结合"概论"课程的学科特点及核心内容,着力构建以提升教师数字素养为核心、以资源建设为基础、以课程教学为关键环节、以数据应用为依托的教学数字化体系。同时,坚持问题导向和目标导向,不断优化

---

① 彭南生、刘建清、曹阳等:《信息化推动新一轮教学改革的探索和实践》,《中国大学教学》2015年第8期。

② 曼纽尔·卡斯特:《网络社会的崛起》,夏铸九、王志弘等译,社会科学文献出版社2001年版。

③ 冯珍珍:《教育数字化发展的新趋势及其反思》,《教育发展研究》2012年第Z2期。

④ http://www.moe.gov.cn/jyb_xwfb/xw_zt/moe_357/jjyzt_2022/2022_zt17/xxgc/xxgc_bt/202212/t20221221_1035380.html。

机制建设和资源配置,逐步提高"概论"课程教学质量和水平。高校在建设智能化思政教学平台的过程中,不能一味地追求高科技而忽略了实际应用效果,应针对不同类型、不同层次的学生制定个性化的服务方案和服务内容,促进学生全面发展和健康成长。① 在数字技术投入使用的过程中,高校教师要警惕自身对数字技术服务的"路径依赖",严格把握数字技术使用的边界,避免思政课教学出现游戏化、娱乐化倾向,给予学生正确的价值导向和思想引导。

美国著名数字化教育专家柯蒂斯·J. 邦克曾指出:"电子图书、其他网络文档和获取对象的不断增加,为教育的变革提供了机会。"②我们在"促进人的全面发展"的教育目标指导下,必须审慎地使用计算机数字技术,在运用多媒体教学工具时也要遵循教育规律,避免盲目崇拜和依赖数字技术,否则容易导致高校教师和学生在"信息瀑布""信息茧房""网络陷阱"中丧失自主思考能力和个人创造力。③ 教育的数字化革命与高校思政教学的数字化转型确实能为高校教育发展提供较大潜能,高校教师需要不断增强数字化发展意识和数字化教学能力,避免滥用数字化技术。各大高校要通过创新教学方式、构建智慧学习系统、完善教学评价体系等途径促进"概论"课程教学数字化转型,进一步推动高校思政教育高质量发展,为全面建成社会主义现代化强国培养更多让党放心、爱国奉献、担当民族复兴重任的时代新人。

---

① 张博、张世昌:《高校思政课混合式教学整体性的三个协同》,《思想政治教育研究》2020年第6期。

② 柯蒂斯·J. 邦克:《世界是开放的:网络技术如何变革教育》,焦建利等译,华东师范大学出版社2011年版。

③ 冯珍珍:《教育数字化发展的新趋势及其反思》,《教育发展研究》2012年第Z2期。

"习近平新时代中国特色社会主义思想概论"课程教学的现实问题与优化对策

李文爽　吕宏山

摘要:"习近平新时代中国特色社会主义思想概论"课程是对习近平新时代中国特色社会主义思想的系统体系、思想脉络、精神实质和现实运用等进行讲解的思政课程。这一课程具备根本的政治性、突出的时代性、鲜明的特殊性与高度的实践性等特征。自这一课程开设以来,其面临着教学任务较为复杂、教学方式不够合理、教师素质有待提升与教学评价不够充分等现实问题。为优化这一课程的教学工作,可以从系统把握教学任务、灵活运用教学方法、全面提升教师素质与综合总结教学评价等方面采取措施,以期使这一课程的教学更加符合教学规律,从而达到更好的教学效果。

关键词:"习近平新时代中国特色社会主义思想概论"课程;思想政治理论课;教学方式

基金项目:华中科技大学2023年教学研究面上项目"'习近平新时代中国特色社会主义思想概论课'校本资源的开发利用机制研究"(项目编号:2023110);国家社科基金高校思政课题研究专项"'习近平新时代中国特色社会主义思想概论'课实践教学研究"(项目编号:23VSZ002);中央高校基本科研业务费资助项目"新业态党组织建设的困境及优化路径研究"(项目编号:2022WKYXQN040)。

作者简介:李文爽,浙江大学马克思主义学院博士研究生,主要从事马克思主义理论研究;吕宏山,华中科技大学马克思主义学院副教授,华中科技大学国家治理研究院研究员,主要从事马克思主义理论研究。

2024年5月,在新时代学校思政课建设推进会上,习近平总书记肯定了党的十八大以来学校思政课建设的历史性成就,指出新时代思政课的建设环境与生态发生了转变,提出思政课建设要有新气象新作为。习近平总书记强调,新时代思政课建设要坚持以新时代中国特色社会主义思想为指导,构建以新时代中国特色社会主义思想为核心内容的课程教材体系。① 在高校思政课建设中,"习近平新时代中国特色社会主义思想概论"(以下简称"概论")课程近年来在高校全面开设,成为传播习近平新时代中国特色社会主义思想的重要载体,成为教育宣传新时代以来党的创新理论、落实立德树人根本任务的一大主要思政课程。

当前学界对"概论"课的研究主要包括以下几个方面。第一,从教材出发,梳理"概论"课教材的体系结构、内容逻辑,解析重难点。② 第二,从逻辑出发,阐释推动"概论"课建设发展意义,阐明在全国设置发展"概论"课所基于的逻辑起点,即实现中华民族伟大复兴的使命逻辑③,实现马克思主义中国化新飞跃的理论逻辑④,培养时代新人的人才逻辑等⑤。第三,从历史出发,回顾"概论"课的建设历程,总结这一课程在规模化、规范化等方面的显著成效,归纳"概论"课建设的历史经验。⑥ 此外,部分学者也探讨了如何推进"概论"课建设的问题,并提出了相应的原则与进路。⑦ 已有研究奠定了坚实基础,但伴随着这一课程不断发展着的实践,当前研究仍有较大空间。"习近平新时代中国特色社会主义思想概论"课程的建设发展是综合性事务,而课程成效归根结底要靠其中的教学环节来实现,因而针对"概论"课教学状况,探索如何使该课程教

---

① https://www.gov.cn/yaowen/liebiao/202405/content_6950473.htm。
② 顾海良:《理解和把握〈习近平新时代中国特色社会主义思想概论〉教材体系的几个问题》,《中国高等教育》2024年第1期。
③ 刘光林、樊建武:《开好建优"习近平新时代中国特色社会主义思想概论"课的意义、原则与路径》,《中国高等教育》2023年第20期。
④ 胡芳:《高校单独开设"习近平新时代中国特色社会主义思想概论"课的三重逻辑》,《思想理论教育》2022年第8期。
⑤ 刘贵芹:《高质量建好上好"习近平新时代中国特色社会主义思想概论"课》,《思想理论教育导刊》2024年第4期。
⑥ 李国泉:《"习近平新时代中国特色社会主义思想概论"课程建设的回顾与展望》,《思想理论教育》2024年第3期。
⑦ 陆静:《"习近平新时代中国特色社会主义思想概论"课程从教材体系向教学体系转化的逻辑理路》,《中国大学教学》2024年第4期。

学更符合教学规律、达成更好的教学效果极为必要。

为优化课程教学,需要界定"习近平新时代中国特色社会主义思想概论"课程的内涵,明晰该课程教学模式的基本特征和主要任务,发现其教学所面临的现实问题,并在此基础上,结合实践经验与理论资源,采取针对性举措,推动习近平新时代中国特色社会主义思想通过该课程的讲授"入脑入心"。

一、"习近平新时代中国特色社会主义思想概论"课程的基本特征

"习近平新时代中国特色社会主义思想概论"课程是对习近平新时代中国特色社会主义思想的理论体系、思想脉络、精神实质和现实运用等进行讲解的思想政治教育课程;推动习近平新时代中国特色社会主义思想通过课程讲授"入脑入心"、实现"立德树人",是该课程的核心目标。同时,依据"习近平新时代中国特色社会主义思想概论"课程教材所设置的课程目标,概括地讲,"概论"课有以下三项主要任务。第一,通过向高校学生讲授习近平新时代中国特色社会主义思想中的理论、政策等方面的知识,使学生基本了解和掌握习近平新时代中国特色社会主义思想理论体系。① 第二,运用习近平新时代中国特色社会主义思想的内容铸魂育人,激励学生树立正确、科学的理想信念,培养担当民族复兴大任的时代新人。第三,该课程指向明确的现实功用,这就是要高校学生能够善于思考和妥当认识当前国家、社会、个人的情况,在面对现实问题时做出正确的判断,提高学生解决现实问题的实践能力。

作为面向全体本科生和研究生开设的必修课,"概论"课既具备根本的政治性、突出的时代性特征,同时亦具备鲜明的特殊性、高度的实践性等特征。基于此,明晰这一课程的基本特征,有利于据此进行针对性改革,以期达到更好的教学效果。

(一)根本的政治性

"习近平新时代中国特色社会主义思想概论"课程本质上是思政课,因而政治性是其根本属性。讲好这门课,首先要讲思想、讲理论、讲政治,向青年学

---

① 杨金海:《深化习近平新时代中国特色社会主义思想的总体性研究》,《北京行政学院学报》2023年第1期。

子讲习近平新时代中国特色社会主义思想的重要意义、重大成果,引领学生做这一思想的坚定信仰者、忠实践行者和积极传播者。具体而言,从目标任务上看,"培养什么人、怎样培养人、为谁培养人"始终是教育的根本问题,这是一个政治任务。习近平总书记明确指出,我国教育的根本任务是要培养德智体美劳全面发展的社会主义建设者和接班人。"概论"课就是用习近平新时代中国特色社会主义思想铸魂育人,激励学生树立科学的理想信念,培养担当民族复兴大任的时代新人。[①] 从此课程的部分授课内容也能知悉其政治功能,例如这一课程涉及新时代以来党和国家在政治、经济、文化、社会和生态等各个领域的治国理政智慧。同时,这一课程也承担着与形形色色错误社会思潮做斗争的任务,防止享乐主义、历史虚无主义等错误社会思潮对学生产生不良影响,使学生坚定正确的政治方向和价值取向。[②] 因此,政治性是"习近平新时代中国特色社会主义思想概论"课程的根本属性。

(二)突出的时代性

"习近平新时代中国特色社会主义思想概论"课程并非凭空产生,而是孕育于新时代以来的特定时代背景和实践土壤,并伴随现今的发展变化而不断更新。习近平新时代中国特色社会主义思想是当代中国马克思主义是中华文化和中国精神的时代精华,实现了马克思主义中国化、时代化新的飞跃,[③]体现了当代中国国情以及当下中国特色社会主义的伟大实践,反映时代形势,指引时代方向,具有突出的时代性特征。这就决定了"概论"课必须时刻保持以战略性眼光关注时代发展,立足世情国情党情,因事而化、因时而进、因势而新,不断拓展理论资源、历史资源、实践资源和网络资源,及时将习近平新时代中国特色社会主义思想的理论成果和实践成果纳入教学内容,并对教学内容进行精心设计,增强课程的时代感,通过课程教学讲清楚、讲明白,帮助学生真正理解这一伟大思想成果,不断夯实青年学生的思想之基、理论之基。

---

① 刘力波、张子鉴:《思政课把道理讲彻底的三个维度》,《思想理论教育导刊》2022年第11期。

② 张荣军、张溪:《"思政课的本质是讲道理"的价值意蕴与实践指向》,《学校党建与思想教育》2023年第3期。

③ 章忠民:《马克思主义中国化时代化新的飞跃的深刻意涵与当代价值》,《马克思主义研究》2022年第11期。

(三)鲜明的特殊性

"习近平新时代中国特色社会主义思想概论"课程虽然属于思政课,但与"马克思主义基本原理概论""思想道德修养与法律基础"等其他思政课存在区别。在内容上,这一课程所讲授的是习近平新时代中国特色社会主义思想的内在真理与机理。① 这些内容广泛涉及当今中国政治、经济、文化、社会、生态等各个方面,既有理论,又有实践,既体现了对马克思主义基本原理的运用,对历史的继承,也体现了当代国际国内时局的变化,因而该课程的特殊性也体现为内容涉及领域的广泛性、与其他思政课程内容的交叉性。因此,"概论"课教学需要辩证把握其特殊性和与其他思政课共有的共同性,正确梳理课程教学内容,依据其特殊性,有针对性地采取相应的教学方法。

(四)高度的实践性

"习近平新时代中国特色社会主义思想概论"课程教学不仅是一般讲授习近平新时代中国特色社会主义思想相关知识的过程,而且是紧密联系实践进而实施教育的过程,即运用理论联系实际这一根本方法要求学生把学到的理论知识付诸实践,指导自己的思想和行动。也就是说,这一课程的教学从本质上来说是引导学生获得理性认识,指导自身实践,进而改造主观世界和客观世界的过程,且课程教材中的理论知识、思想观点、道德规范等只有通过学生的亲身实践,与新时代以来自身的现实生活发展变化相结合,才能转化为学生的理论素养、精神品质和思维方法,升华为学生的价值追求和自觉行动。如果削弱甚至脱离了现实和实践环节,那么习近平新时代中国特色社会主义思想所蕴含的丰富内涵就难以转化为学生素质修养和自觉行为,"概论"课程的建立与设置也就失去了实际意义。② 因此,"概论"课程具有高度的实践性,需要把课程同社会、个人紧密结合,既利用社会实践资源开展教学,又引导学生广泛参与新时代社会实践。

---

① 石海君,黄蓉生:《"思政课的本质是讲道理"的深刻蕴涵与实现路径》,《思想理论教育》2022年第8期。

② 费翔:《高校思想政治理论课实践教学规律探索》,《甘肃联合大学学报(社会科学版)》2011年第1期。

二、"习近平新时代中国特色社会主义思想概论"课程教学的现实问题

"习近平新时代中国特色社会主义思想概论"课程在全国范围内的设置与建设取得了显著成效,但推动其高质量发展仍需认识这一课程教学环节的现实状况。当前,"概论"课教学仍存在教学任务较为复杂、教学方式不够合理、教师素质有待提升与教学评价不够充分等问题。

(一)教学任务较为复杂

高校对于"习近平新时代中国特色社会主义思想概论"课程目标的认识不够系统。如前所述,作为思政课体系中的重要组成部分,"概论"课的课程目标或主要任务具有多重性和复杂性,其致力于引领、培育学生的正向价值观,实现立德树人根本任务;帮助学生全面认识与理解习近平新时代中国特色社会主义思想的重要地位、时代价值、主要内容与内在逻辑,提升学生对这一思想的认同感[①];帮助学生获取和强化相关协调、组织、表达、执行能力,强化学生从该课程所习得的知识与自身生活中的现实问题相结合的能力等。"概论"课既是一门思政课,又是一门公共课,其对部分学生而言,只是一门需要修学分、得高分的课程,且因一些错误思潮的传播、不合教学规律的传统思政教学的影响等,部分学生对此课程有一定程度的误解。通过该课程消除部分学生对思政课整体的刻板印象,摆正部分学生心中的思政课形象,引起学生对该课程的重视,同样成为该课程的目标之一。但是,重重目标的叠加,虽然表明了该课程教学的重要意义,却也展现出其艰巨性。难以兼顾多重教学任务的主要原因是实践资源短缺、授课时间有限等,教学过程一般偏重习近平新时代中国特色社会主义思想中理论、政策的宣传普及,而无暇顾及理想信念的培育与实践能力锻炼等深层次目标。因此,"概论"课教学必须敢于面对这一课程教学任务的复杂性,致力于系统认识,把握其多重教学任务,如此才能真正实现教学目标,发挥这一课程的功效与价值。

(二)教学方式不够合理

"习近平新时代中国特色社会主义思想概论"课程包含本科生和研究生课

---

① 王刚、岳奎、刘经伟等:《思政课的本质(笔谈)》,《文化软实力》2022年第2期。

程,部分学生认知能力尚显薄弱,尤其是处于本科低年级阶段的学生缺乏对生活的具象化经验。而该课程内容的文本大体以抽象的政策为主,这就要求该课程的教学方法要有效解决课程内容的抽象性和学生认知能力尚显薄弱之间的矛盾。但是,现有教学方式较为单一,多局限于课堂上"教师讲—学生听"的传统面授方式,而传统教学方式则会在一定程度上埋没这一课程具有高度时代性、实践性特征所带来的优势,使该课程的感染力、吸引力不足。一些教师会采取课堂展示、小组报告等教学方式。这些教学方式虽然看似以学生为主体,但收效甚微。一些学生的实际感受则是这些课堂分享活动并没有加深自身对习近平新时代中国特色社会主义思想的整体体系或部分专题内容的理解。在公共课、专业课、社团活动等大量充斥于学生日常生活的情况下,课堂分享的十分钟,意味着学生课下要付出更多的时间与精力。因而对学生而言,这种教学方法容易在时间维度给学生造成压力。显然,这类看似新颖且易展现学生风采的教学方式,容易引起部分学生的反感。既综合采取多种教学方式,唤起学生的积极性、主动性,又不造成消极效果,引起学生抵触,还需教师及教学团队在教学过程中更具敏感性,灵活运用教学方法,以提高教学质量,营造良好的教学氛围。

(三)教师素质有待提升

作为"习近平新时代中国特色社会主义思想概论"课程知识与理论的传播者,教师也是该课程教学优化的主要推动者,因而教师的整体素质深深影响着该课程的总体质量。[①] 但是,当前这一课程的教师整体素质参差不齐,其具体表现在以下几个方面。第一,理论素养欠缺。习近平新时代中国特色社会主义思想凝结了党和国家关于社会治理方面的理论精华,同时也对今后经济社会发展做出了一系列符合时代要求的战略部署,具有极为丰厚的理论深度。但该课程的部分教师囿于专业背景、学科知识的储备与掌握等因素,理论素养还有待提升。第二,教学能力欠缺。例如,一些教师的教学内容较为枯燥单薄,在把该课程知识转化为生动的授课内容上,用心不足、思考不深;课前准备不充分,缺少设计教案的环节,过度依靠教材或课件;对视频资料等媒体资源

---

① 宗爱东:《"习近平新时代中国特色社会主义思想概论"课程建设的若干思考》,《中国高等教育》2021年第22期。

的运用不成熟,存在选取内容不够贴合主题、播放时长不合理等问题;在教学过程中,只顾说教,与学生互动较少,难以调动学生积极性等。第三,人文关怀缺失。教师形象是影响学生学习和教学实施的重要因素之一。现今部分教师虽然承担着传播习近平新时代中国特色社会主义思想的任务和职责,但其对岗位的热情不足,对学生的关爱不够,这容易造成在学生心目中教师缺乏人格魅力。因而教师能够坚守与弘扬身为思政课教师的职业精神,提升思想道德素质,展现自身人格魅力,也是使该课程教学更具吸引力的因素之一。第四,教学合作较少。"概论"课教学不断优化是课程团队的目标,也是经课程团队合作方能达到的结果。从教师个体来看,部分教师的合作意识较差,缺乏与其他教师学习交流的主动性;从课程团队来看,课程团队的交流合作常态化机制尚不成熟,课程团队给予教师个体的帮助较少。正因教师个体和课程团队的"少作为""少合作",其凝聚力、向心力等合力就难以形成。因此,从以上方面看,"概论"课还应通过提升教师整体素质,引导教师真正成为该课程优化进步的责任人、推动者、建设者。

(四)教学评价不够充分

"习近平新时代中国特色社会主义思想概论"课程教学的反馈与评价,是高校开展与落实该课程教学工作要求的重要"指挥棒"。然而部分高校对该课程教学的总结并不充分,这会使该课程教学过程存在缺陷,无法实现闭环。首先,"概论"课教学的评价标准尚不够明确,教师讲授和学生学习的方向不够明确,会引发该课程教学的实效性、学生的参与度都没有得到及时、准确、系统的反映。具体而言,教学评价与反馈环节难以持续有效展开所造成的信息不对称问题,会导致课程组在对这一课程的教学内容、教学规划等进行研讨时可依据的参照较少,难以度量教学计划和教学目标的落实情况和效果。此外,对学生而言,"概论"课教学了解学生评价的主要途径是问卷调查,缺少伴随教学过程的观察、访谈等类型调查,加上问卷调查途径多显示出"预先设计""自上而下"的特征,在一定程度上限制了学生提意见、提要求的积极性,因而在了解学生对该课程的评价上,会出现全面性与深度不足的问题。① 对教师而言,部分教师在对待自我上还缺乏反思意识,以得过且过的心态开展该课程教学活动,

---

① 步海洋:《新时代高校思想政治教育协同创新探析》,《江苏高教》2023年第2期。

实施教学行为;课程组在对待教师个体上也缺乏鼓励教师自评、互评的氛围与机制,这显然阻碍了教师通过教学反思来发现教学问题。忽视该课程教学的反馈与评价环节,会引起后续改进无据可循,难以采取跟进措施,造成该课程教学过程存在缺陷,影响最终的教学效果。因此,"概论"课教学还须不断走"收集反馈—总结评价—进行反思—锚定问题—解决问题"的优化路径,注重对教学评价与反馈进行充分的总结、分析。

三、"习近平新时代中国特色社会主义思想概论"课程教学的优化对策

针对"习近平新时代中国特色社会主义思想概论"课程所面临的问题和现实需求,以这一课程教学的基本特征、主要任务为基础,高校开展落实"习近平新时代中国特色社会主义思想概论"课程教学,可从系统把握教学任务、灵活运用教学方式、全面提升教师素质、综合总结教学评价等方面着手。

(一)系统把握教学任务

"习近平新时代中国特色社会主义思想概论"课程承担了多项任务,依据其教学目标,应综合系统地把握教学任务,从而实现教学效果的全面化。首先,注重使学生理解与认同党和国家的方针政策。该课程应推动学生对习近平新时代中国特色社会主义思想中的党和国家的方针政策进行全面认识、透彻理解,了解新时代以来政治、经济、文化、社会、生态、外交、军事等方面的相关知识,扩大学生的认知格局,形成一个稳定的认知体系,提升学生内发于心地认同、支持和拥护这一思想的水平,激励学生自觉地把国家的命运与自身的前途发展紧密联系在一起。其次,注重对学生正向价值观的引领与培育。价值观的引领与培育是"概论"课的重要目标之一,关乎这一课程能否实现立德树人根本任务。为此,该课程教学需要培根铸魂,达到使学生通过课程学习,掌握辩证唯物主义和历史唯物主义的世界观和方法论,加强学生对中国共产党领导和中国特色社会主义道路的认同,帮助学生形成正确国家观、历史观、民族观、文化观,培养出一代又一代爱党、爱国、爱社会主义的建设者和接班人的教学目标。再次,注重对学生相关实践能力的培养与提升。这一课程需要注重培育学生参与社会实践的意愿和思维,鼓励学生用课堂所学的有关习近平新时代中国特色社会主义思想的知识去分析和思考当下与自身生活息息相

关的现实问题,关注社会热点问题。在培育学生关注社会、参与社会实践的意愿的同时,该课程可以通过建设习近平新时代中国特色社会主义思想学习实践教育基地,组织学生在基层、企业等参加相关的校外实践,鼓励学生参与政策宣讲、社会调查等活动,提升学生与之相关的协调、组织、表达、执行等实践能力。最后,注重改变学生对思政课整体的刻板印象。"概论"课是贴近当代实际、贴近生活的一门思政课程,更便于使学生了解思政课的本质与使命,因而该课程教学应通过多样的教学形式、丰富的教学内容,改变学生对思政课的错误认识,消除学生对包含"概论"课在内的思政课的误解,增强学生参与课程学习的主动性。

(二)灵活运用教学方式

灵活运用多种教学方式,可以增强"习近平新时代中国特色社会主义思想概论"课程的吸引力、感染力。首先,对其他思政课程进行学习迁移。在教学设计中融入其他课程的课程认知和课程资源,强化其他思政课程与"概论"课的连接节点,使学生在其他思政课程已经获得的知识、情感和态度等对这一课程的学习产生积极影响,将基本原理、历史规律与客观实践串联成完整的线索,帮助学生从宏观角度更好地掌握课程内容,并且使"概论"课的知识点和其他思政课程的知识点形成系统性的知识网络,形塑学生的认知结构。其次,做好知识具象化和情感沟通。"概论"课内容以抽象的理论和政策为主,这就要求教师运用专业知识、日常语言等对理论和政策进行通俗易懂的解读和拓展,结合图像、案例等素材进行讲授,唤起、培育"感动"等强烈情感,做好课堂上的情感沟通,在这一课程中较好实现"以情动人",让抽象的授课内容鲜活起来。再次,采取多种合适的教学手段。教师可以不单单采取传统的直接授课的方式,而是依据所要讲授的内容,采取与之相适应的其他教学方式。例如,教师可以鼓励学生对授课内容进行深度思考、分组讨论,可以在授课多个环节设置"提问—讨论—反馈—引导"环节,引发学生的认知冲突,并适当加以引导;开展专题授课,以专题形式穿插在教学体系中,激发学生的学习兴趣,以及提升学生理解某一特定主题内容的深度;利用契合教学内容的相关电影、纪录片、书籍,吸引学生注意力,并从理论的高度对这些教学资源进行深度解析,启发学生学会运用所学理论知识。最后,培育学生的实践意识和能力。针对这一课程的高度实践性特征,应当在教学过程中推行实践教学,充分运用情境法、案例法等教学方法，并适当安排相应的集体实践课时，从思维、技能和经验等方面提升学生的理解能力、协调能力、实操能力、执行能力等。

(三)全面提升教师素质

全面提升"习近平新时代中国特色社会主义思想概论"课程教师的素质，有助于为这一课程教学优化、培育主导者，为学生学习习近平新时代中国特色社会主义思想提供引路人。首先，加强教师理论功底。教师只有具备深厚的理论素养，才能真正理解习近平新时代中国特色社会主义思想的深刻内涵和丰富外延。为此，教师应树立终身学习的观念，在"教"之余，做到不断"学"，深刻领悟这一思想的内在逻辑、主要内容，补充其他学科专业知识，使自身具备扎实的理论素养与政治素养、较高的专业水平与钻研能力。其次，提升教师教学能力。教师应提升解读习近平新时代中国特色社会主义思想的能力，驾驭教材的能力，讲好课程知识的能力，创新话语表达方式的能力，融入社会热点、时事政治、典型案例的能力，熟练运用多种教学方法的能力，完善教学体系系统性、衔接性的能力，进而使自身有立得住课堂、站得稳课堂的实在本领。例如，讲解党的二十大精神时，教师应重点推进教学内容设计，做好党的二十大精神同教学体系、教材体系的融合。① 再次，增强教师职业责任感。"概论"课教师要以习近平新时代中国特色社会主义思想中对思政课教师的要求为指导，既要理解自身所担负的推进思想政治教育的重大使命，也要践行身为教师的职业道德规范准则，做到爱岗敬业、乐于奉献、认真负责、关爱学生、诲人不倦、因材施教，增强教育责任感和事业心，不断提升思想道德水平和自身的人格魅力，从而使教学富有感染力。最后，展开教师间的教学合作。"概论"课教学体系尚未完善，该课程的教师也处于摸索教学方法的过程中，同时也较难把握这一课程教学区别于其他思政课教学的特点，因而可以通过以老带新、青年教师交流会、共建教学案例集、观摩优秀教师课堂等合作机制，加强课程组合作，营造课程组和谐互助的氛围，增强教师合作交流意识，从而帮助教师提升教学水平，打造优质"概论"课教学队伍。

---

① 王刚、贾雯:《党的二十大精神融入高校思想政治理论课的多维透视》，《思想理论教育》2023年第1期。

(四)综合总结教学评价

评价与反馈是"习近平新时代中国特色社会主义思想概论"课程教学的必要环节。首先,制定明确的评价标准。教学模式优化效果的反馈应通过参照学校教学评价指标体系及权重,根据"概论"课教学目标,设立教学一级、二级评价指标体系及权重,融入教学内容质量、教学方法接受度、教师素质、课程总体获得感等要素,以此作为考察这一课程教学是否卓有成效的标准。其次,注重学生与教师双重层面的反馈。"概论"课教学是教师"教"与学生"学"的双向互动过程。教学成效既事关学生的理论掌握情况、能力提升情况与价值导向效果,也事关教师教学能力、研究能力的锻炼与强化。其中,在学生层面,学生是这一课程的教学对象,因而学生的评价与反馈最能衡量该课程教学效果。把握学生对该课程的总体印象,一方面可以在课程进行过程中,对学生的情绪状态、活跃水平、互动方式、参与品质、认知水平等展开评析,及时调整教学行为;另一方面可以在课程结束后,根据学生的结课作业、期末测试、问卷调查结果进行全面判断,例如学生对习近平新时代中国特色社会主义思想的理解、掌握、运用程度便是反映教学效果的途径之一。在教师层面,教师要阶段性地进行教学反思,从教学内容、教学方式、教学流程、课堂氛围、教学效果等方面对自身展开评析,回顾自身对这一课程教学任务的落实情况,总结教学过程中的教学问题。最后,课程组定期召开会议,研究"概论"课教学工作,传达上级关于落实习近平新时代中国特色社会主义思想宣传教育工作的精神,布置相关工作,对该课程教学工作进行总结和研究,并形成报告,以此作为后续开展工作的依据。课程组可以通过个人发言、分组讨论等方式探索适应教学规律和学生心理活动规律的教学模式,使"概论"课教学工作朝着科学化、规范化、制度化的方向发展。

校本资源融入高校思政课教学体系的路径优化研究
——以"习近平新时代中国特色社会主义思想概论"课为例

王 锐

摘要:校本资源就是以校为本形成的各种文化、制度、物质、精神、实践等资源。校本资源是对国家教学资源、地方教学资源的一种补充,也是一种新的教学资源开发方式和管理方式。校本资源融入高校思政课教学体系,既是加强思政课教学资源建设、促进教学改革创新的题中之义,也是增强教学亲和力、提升教学质量的重要举措。推进校本资源高质量融入思政课教学体系需要以破解"谁来融入""融入什么""如何融入"三大问题为导向,从做好校本资源开发的顶层设计、加大校本资源开发和内容供给力度、增强技术赋能及扩展校本资源融入思政课的方法途径等方面切实推进。

关键词:校本资源;思想政治理论课;思政元素;教学体系

基金项目:华中科技大学2023年教学研究面上项目"'习近平新时代中国特色社会主义思想概论'课校本资源的开发利用机制研究"(项目编号:2023110);国家社科基金高校思政课题研究专项"'习近平新时代中国特色社会主义思想概论'课实践教学研究"(项目编号:23VSZ002);中央高校基本科研业务费资助项目"新业态党组织建设的困境及优化路径研究"(项目编号:2022WKYXQN040)。

作者简介:王锐,政治学博士,华中科技大学马克思主义学院讲师、硕士生导师,主要研究方向为基层党建与社会治理。

办好思政课,要放在世界百年未有之大变局、党和国家事业发展全局中来看待,要从坚持和发展中国特色社会主义、建设社会主义现代化强国、实现中华民族伟大复兴的高度来对待。① 讲好思政课,要讲好中国故事,也要讲好身边的小故事,致力于把道理讲深讲透讲活,守正创新推动思政课建设内涵式发展,不断提高思政课的针对性和吸引力。② 校本资源作为高校独特的资源,就是在学生所熟悉的校园里形成的一种可用的教学资源。校本资源融入高校思想政治理论课教学,对扩展教学资源、丰富教学内容、提升教学质量、增强育人实效等具有积极意义。因此,研究校本资源如何融入高校思政课具有重要的理论和实践价值。本文以"习近平新时代中国特色社会主义思想概论"课为例,着重探讨校本资源的内涵及其融入高校思政课存在的问题,并提出优化路径,以期为高校思政课教学改革与发展提供有益的借鉴。

一、校本资源的核心内涵

"校本资源"的概念来源于"校本"及"校本课程"。"校本"旨在强调于一般性理论与丰富的学校实践相结合中更重视探求理论重构的路径和学校发展的方向。③ 校本,简而言之就是"以校为本""基于本校"。它包含三个方面的内涵:从目标来看是为了学校的发展,从场域来看是处于学校之中,从来源来看是基于学校发生的。校本课程是指学校根据自己的教育理念,在对学生的需求进行系统评估的基础上,充分利用当地社区和学校的课程资源,通过自行研讨、设计或与专业研究人员合作等方式编制出的可供学生选择的课程。我国于1999年6月出台的《中共中央 国务院关于深化教育改革全面推进素质教育的决定》中明确规定,试行国家课程、地方课程和学校课程。这里的"学校课程"就是指校本课程。在多年的探索实践过程中,国家课程、地方课程、校本课程逐渐构成我国基础教育阶段的三大课程体系。其中,后两者是基础教育课程体系的重要组成部分,是国家课程的拓展补充。④ 地方课程和校本课程的设置旨在增强课程与地方、学校、学生的适配度,激发和调动地方、学校、学生的

---

① https://www.gov.cn/gongbao/content/2019/content_5425326.htm? ivk_sa=1023197a&wd=&eqid=9d3b682100c9406600000002264570118。

② https://www.gov.cn/yaowen/liebiao/202405/content_6950473.htm。

③ 郑金洲:《走向"校本"》,《教育理论与实践》2000年第6期。

④ http://www.moe.gov.cn/jyb_xwfb/s271/202306/t20230609_1063566.html。

积极性和创造性。校本课程的优化建设有助于更好地服务学生个性化学习需求,更注重引导学生及时了解经济、社会和科技等新进展、新成果,有助于明确彰显学校文化,增强办学特色。①

校本资源就是基于本校产生的各种资源。它是在校园这个土壤中逐渐孕育而成的,是全校师生在长期的教书育人、科技创新、社会服务、文化传承及管理实践中创造并传承的各项成果,既继承校园风貌的传统,又体现学校的个性特征,也带有鲜明的时代特征。校本资源是学校自身拥有的各种物质要素和精神要素的综合,大致可分为物质资源、制度资源、精神资源、行为资源以及校友资源等类型。② 对于课程教学而言,校本资源是学校根据自身特点、地域特色等因素开发的一种非常重要的课程资源类型,具有学校自主性、地域针对性、发展可持续性、模式创新性等特征。因此,教学体系中所指涉的"校本资源"需要把握两个点:一是以校为本;二是注重资源开发与应用。校本资源融入思政课教学体系应特别强调挖掘校本资源中蕴含的丰富的思政元素。所以,校本资源是对国家教学资源、地方教学资源的一种补充,也是一种新的教学资源开发方式和管理方式,还是对学校特色和教学体系的创新性探索。

二、校本资源融入思政课教学体系的重要意义

充分挖掘利用校本资源,并将其融入思政课教学,对于扩展教学资源、提升教学质量、增强育人成效、彰显学校特色、培养学生爱校情怀等方面都具有重要意义。

(一)充分开发利用校本资源是扩展思政课教学资源、丰富教学内容的重要途径

一方面,加强教学资源建设一直是教育部推动落实思政课教学工作、加强思政课教学改革、提升思政课教师能力的重要举措。党的十八大以来,党和国家陆续出台的多个文件中都有关于教学资源建设的目标和要求(见表1)。高校是开展思想政治教育活动的重要环境和载体,是进行思想政治教育较为有效的资源之一。教学资源的类型丰富多样,充分开发利用校本资源就是扩展

---

① http://www.moe.gov.cn/srcsite/A26/s8001/202305/t20230526_1061442.html。
② 舒永久、颜怀坤:《校本资源进思政课研究——兴农报国的川农大实践》,西南财经大学出版社2021年版。

思政课教学资源的重要方式和途径。另一方面，校本资源突出的不是统一性、一致性，而是基于学校自身实际和优势展开的实践活动，形成的独具特色和历史底蕴的文化内涵。将校本资源融入思政课，可以让思政课教学内容更加具体化、形象化，对理论的理解更具感染力和针对性，也有助于教师开展更具特色和校园底色的教学。"习近平新时代中国特色社会主义思想概论"课程内容覆盖面广，每个专题极富深度，且随实践的发展而不断创新和深化。高校在新时代新征程围绕乡村振兴、技术创新、文化传播、社会治理等方面开展了丰富的地方实践，围绕党的创新理论做出了诸多生动阐释。这些发生在学生身边的校园里的鲜活案例和故事就是诠释习近平新时代中国特色社会主义思想最好的注脚，也是上好这门课最直接的素材、最生动的案例。因此，根据思政课特征和专题设置，匹配相关的历史类、理想信念类、法治类等校本资源，可以切实丰富思政课教学的素材和案例。例如，将高校积极推进孔子学院建设所取得的成果，融入"习近平新时代中国特色社会主义思想概论"课"推进人类命运共同体"专题教学中，可以让理论性很强的专题更加贴近学生的实际生活和学习环境，提高学生对理论的理解力、认同度，激发学生投身于社会实践的积极性和主动性。

表 1　关于教学资源建设的部分文件及其主要内容

发布时间及单位	文件名称	主要内容
2022 年 7 月，教育部等十部门	《全面推进"大思政课"建设的工作方案》	提出搭建大资源平台，通过项目支持的方式，推动教学资源建设常态化机制化，加强思政课教学资源库建设，例如教学案例库、教学重难点问题库、教学素材库、在线示范课程库等
2021 年 11 月，教育部	《高等学校思想政治理论课建设标准（2021 年本）》	把"建设'大思政课'，调动各种资源用于思想政治理论课建设，把思政小课堂与社会大课堂相结合，突出实践教学，将生动鲜活的实践引入课堂教学，将课堂设在生产劳动和社会实践一线，全面提升育人效果"列为推动高校思政课改革创新的重点指标，要求各高校思政课教学科研机构和教务处遵照执行

续表

发布时间及单位	文件名称	主要内容
2020年12月,中共中央宣传部、教育部	《新时代学校思想政治理论课改革创新实施方案》	强调"支持、鼓励研制优秀教案、课件和案例等,推进数字资源和网络信息资源库建设""做好教材内容向教学内容的转化,组织教师编写教案、制作课件、整理案例,切实把教材体系转化为教学体系"
2020年1月,教育部	《新时代高等学校思想政治理论课教师队伍建设规定》	强调"以讲好用好教材为基础,认真参加教材使用培训和集体备课,深入研究教材内容,吃准吃透教材基本精神,全面把握教材重点、难点,认真做好教材转化工作,编写好教案,切实推动教材体系向教学体系转化"
2019年9月,中共教育部党组	《"新时代高校思想政治理论课创优行动"工作方案》	强调"以高水准教材为遵循,以高水平教学资源为支撑,以高质量示范课堂为抓手,以高效率工作机制为保障,以高标准教学质量为目标,深入推进思政课思路创优、师资创优、教材创优、教法创优、机制创优、环境创优""建立健全教学需求实时收集和反馈机制,不间断地为思政课教师提供丰富多样、易学易教的教学资源"
2019年4月,教育部	《普通高等学校马克思主义学院建设标准》(2019年本)	强调"具有教学大纲核准和教案评价制度,建设精彩教案、精彩课件、精彩课程资源库,实现优质教学资源共建共享"
2018年4月,教育部	《新时代高校思想政治理论课教学工作基本要求》	强调"鼓励思想政治理论课教师结合教学实际、针对学生思想和认知特点,积极探索行之有效的教学方法,自觉强化党的理论创新成果的学理阐释,努力实现思想政治理论课教学'配方'先进、'工艺'精湛、'包装'时尚"

(二)校本资源融入思政课是讲好"校本故事"、增强教学亲和力的有效方法

思政课具有强烈的意识形态和理论性,如果单纯讲理论则很容易落入"枯燥无味"的刻板印象中。近年来,增强思政课的亲和力日益成为理论界和教师们关注的话题。多份文件中也特别强调思政课的亲和力的重要性。例如,在

2018年4月教育部印发的《新时代高校思想政治理论课教学工作基本要求》中就提到"更加重视提升教学质量,不断提升思政课的亲和力和针对性",将其作为思政课教学工作的基本要求,以期增强学生的获得感。2019年8月,中共中央办公厅、国务院办公厅印发《关于深化新时代学校思想政治理论课改革创新的若干意见》,强调要"不断增强思政课的思想性、理论性和亲和力、针对性",这成为推动新时代学校思政课改革的基本原则之一。如何增强思政课的亲和力?可尝试从"八个相统一"方面推进教学改革创新,也可从根据学生成长规律和学校特色编写适应本高校的教材等方面着力(见表2)。在思政课上讲好校本故事就是增强思政课亲和力的重要方法。习近平总书记曾强调,会讲故事、讲好故事十分重要,思政课就要讲好中华民族的故事、中国共产党的故事、中华人民共和国的故事、中国特色社会主义的故事、改革开放的故事,特别是要讲好新时代的故事。讲故事,不仅老师讲,而且要组织学生自己讲。校本故事是中国故事的重要体现和载体之一,讲好校本故事,可以引导学生发现问题、分析问题、思考问题,从启发式教育走向自主式教育。

表2 关于增强思政课亲和力的部分文件及其要求

发布时间及单位	文件名称	文件内容
2020年12月,中共中央宣传部、教育部	《新时代学校思想政治理论课改革创新实施方案》	强调"遵循思想政治工作规律、教书育人规律、学生成长规律,编写适用不同类型高校的教材,进一步增强思政课的思想性、理论性和亲和力、针对性"
2020年1月,教育部	《新时代高等学校思想政治理论课教师队伍建设规定》	提出"思政课教师应当深化教学改革创新。按照政治性和学理性相统一、价值性和知识性相统一、建设性和批判性相统一、理论性和实践性相统一、统一性和多样性相统一、主导性和主体性相统一、灌输性和启发性相统一、显性教育和隐性教育相统一的要求,增强思政课的思想性、理论性和亲和力、针对性,全面提高思政课质量和水平"

续表

发布时间及单位	文件名称	主要内容
2019年8月,中共中央办公厅、国务院办公厅	《关于深化新时代学校思想政治理论课改革创新的若干意见》	专门提出"不断增强思政课的思想性、理论性和亲和力、针对性",具体包括"加大思想性、理论性资源供给""探索建设融媒体思政公开课,推动优质教学资源共享"等

在高校思政课教学实践中,"亲和力"可以分解为理论上的说服力、内容上的吸引力、形式上的感染力,解决学生对思想政治理论"信不信""爱不爱""用不用"的问题。[①] 思想政治教育是在特定的社会历史条件下进行的,同时也受客观环境的影响和启发,反作用于客观环境。基于学生所学习和生活的学校发生的故事形成的校本资源,既彰显了时代气息,同时也蕴含着丰富的校园特色。将校本资源融入思政课教学,会让教学更具个性化、差异化,增强学生的学习兴趣和参与度。很多校本资源也是学生以及校友亲身参与形成的科研成果和社会实践,有助于激发学生向朋辈学习的积极性,培养学生的创新思维和实践能力。例如,对习近平经济思想以及新发展格局等专题的讲解,因校制宜引入部分理工类院校围绕新能源、新科技方面攻坚克难,取得诸多突破性成就的案例,以此感染相关专业的学生积极投身于科技创新的社会实践中。所以,校本资源可以让思政课缩短与学生的物理距离和心灵距离,更加生动有趣、贴近实际需求,让学生在学校科研和校友故事中获得感性认知,不断强化理性认知,让思政课在有意义的同时也能做到有意思。

(三)校本资源融入思政课有助于涵养学生爱国爱校情怀,提升教学质量

充分挖掘校本资源、用好校本资源中的思政元素,是落实习近平总书记在学校思想政治理论课教师座谈会上的指示精神,思想政治理论课要坚持理论性和实践性相统一,用科学理论培养人,重视思政课的实践性,把思政小课堂同社会大课堂结合起来,教育引导学生立鸿鹄志,做奋斗者。任何一个高校的办学过程都与国家和时代的发展密切结合在一起,其成长壮大与党和国家同呼吸、共命运,凝聚了几代人的努力。开发好、用好、讲好校本故事、校园文化、

---

① 佘远富、李亿:《以提升亲和力为导向的高校思政课教学创新与实践》,《江苏高教》2018年第9期。

校园精神,可以增强大学生对学校的了解,涵养学生对学校的认同感和归属感,培养学生对学校的热爱,进一步增强对国家和社会的热爱,进而形成正确的世界观、人生观和价值观。校本资源必然蕴含着党的指导方针、践行社会主义核心价值观的理论和实践活动,培养爱校情怀、爱国主义精神永远是校本资源的重要内核,学校的诸多学术研究及文化资源也必然蕴含着马克思主义理论体系以及在新的时代背景下产生的党的最新理论成果。校本资源中丰富的人文历史、精神气质等思政元素有效融入思政课教学体系,有助于推动大学生在学习和实践中进一步增强爱国爱校情怀、更加坚定理想信念。

三、校本资源融入思政课教学体系面临的主要困境

对校本资源融入思政课教学体系的现实情况和面临的主要问题进行科学分析,是充分开发利用校本资源的前提和基础。校本资源融入思政课教学体系是一项牵涉诸多单位的系统工程,不是一蹴而就的。校本资源对思政课教学具有重要意义与当前对校本资源挖掘重视程度不够之间的矛盾,丰富的校本资源存量与当前对校本资源挖掘力度不足之间的矛盾等,是当前校本资源挖掘、开发、利用方面存在的主要困境。

(一)对校本资源融入思政课的重视程度不够,工作体系和队伍合力尚未形成

从整体来看,无论是教师还是管理部门,对校本资源融入思政课的重视程度都不够,融入碎片化、个案化特征突出,融入体系性不强,尚未形成真正的自觉自发的行为。高校教师在思政课教学过程中偶有提及校本资源,但大多聚焦于非常突出的科研突破、重大的新闻报道等个别案例、人物和故事上,对校本资源开发利用的系统性不高。具体来说,一是对校本资源融入思政课的重要性和必要性认识不清。学校各职能部门将校本资源的开发利用集中在新生入学教育、学生社团实践活动方面,没有站在构建大思政课格局中深入思考校本资源融入思政课教学的重要性和必要性。二是校本资源分散在各个职能部门和二级学院,资源分散化现象普遍存在,各个学院和部门之间往往存在信息孤岛,优势校本资源无法得到有效整合和共享,导致思政课教师对校本资源的开发和利用存在较大困难,仅凭个人之力难以针对思政课程引入匹配度较高的校本案例。三是校本资源开发的工作队伍分散在马克思主义学院及其他学院和职能部门,尚未形成合力。虽然在大思政课

的背景下逐渐建构起与思政课相呼应的课程思政体系,其他专业学院也开始注重在专业课教学中引入思政元素,但这种引入具有一定的个性化和随机性。尤其在近几年的政策要求下构建高质量的思政课教学资源库,此重任主要落在了马克思主义学院这一个单位中,与其他各学院和职能部门的常态化、制度化合作体系暂未完全形成。

(二)对校本资源的内容开发力度不足,校本资源的思政元素效果发挥不佳

高校拥有的校本资源非常丰富,但是融入思政课教学体系的校本资源需要充分挖掘其中的思政元素和育人内涵,但这些往往都是隐性、潜在的,需要给予专门的人力和财力支撑,进行系统开发和利用,才能有效推动校本资源高质量融入思政课教学体系。具体而言,校本资源开发力度不足、融入体系化程度不高体现在两方面。一方面,对校本资源内容底细不清、类型划分不明、挖掘方向模糊。从校本资源的横向开发广度上,当前各高校对校本资源的挖掘集中在对校史和优秀校友的挖掘,对校园文化精神、校园软硬件设施、校园活动、校园科研等方面的挖掘仅停留在宣传报道层面,开发力度不足。例如,校史和校训一般会作为新生入学典礼的第一课,但将其他类型的资源融入思政课教学的力度不足。另一方面,从校本资源的纵向融入深度来看,校本资源整体上处于原始、零散和低质的状态,对校本资源所蕴含的思政元素、思政功能挖掘不够,校本资源融入思政课的程度不足。部分案例进入思政课可能只是简单地作为一些背景材料使用,对校本资源与时代发展的关切、彰显的家国情怀等方面的讲解深度、分析力度不足,难以让学生从案例中领会到学校积极落实党和国家要求,积极为国家发展、文化传承、科技创新等方面付出的艰辛探索,从而很难形成情感共鸣和理论认同,致使校本资源融入思政课的育人功效发挥不足。

(三)校本资源融入思政课的方式相对单一,校本资源的教学体系化程度不高

思想政治理论课是一门理论性很强的课程,目前已经初步形成了相对固定的教学体系和教学模式。发展相对成熟的四门思政课已经有稳定的教材,如何推动理论性强的教材体系向生动活泼的教学体系转化,如何将校本资源与教育部统一定制课件中插入的经典案例相协调,是各高校思政教学面临的共同问题。一方面是校本资源融入形式与教学内容时间安排有限性

之间的协调问题。思政课教学内容本身已经有丰富的框架和案例体系，融入校本资源可能会增加教学内容的复杂性。如何在有限的时间内合理安排校本资源的有效融入是当下面临的现实难题。另一方面是校本资源融入程度与教育部统一课件规范性之间的协调问题。目前教育部统一制定的课件中，几乎每个专题和每个章节都插入了相应的经典案例，如何处理好极具地方特色的校本资源与这些定制式、规范性案例之间的关系是亟待思考和解决的问题。同时，当前校本资源融入以课堂案例分析和讲解为主要形式，缺少视频、音频、纪录片、实地体验等融入渠道，缺乏课前、课后、线上校本资源的供给方式。校本资源融入的方式相对单一，部分教师对校本资源的理解力、应用能力有限，校本资源教学体系化程度亟待提高。

四、校本资源融入思政课教学体系的优化路径

校本资源融入思政课教学体系的优化路径需要以破解"谁来融入""融入什么""如何融入"三大问题为导向，遵循思想政治工作规律、教书育人规律和学生成长规律，从做好校本资源开发的顶层设计、增强校本资源内容开发力度、扩展校本资源融入途径等方面着力，切实推动校本资源融入思政课教学体系，增强育人成效。

(一)做好校本资源开发的顶层设计，形成思政课教学合力

校本资源的开发利用是一项牵涉校园历史、文化、实践等各领域，涉及学校档案馆、宣传部、组织部以及各个学院等各单位的系统性工程，高质量的校本资源开发利用尤其需要加强顶层设计。一是推动实施"校本资源融入思政课建设"的"一把手"工程。思政课是落实立德树人根本任务的关键课程，推动校本资源融入思政课是提升思政课教学资源和教学质量、体现治校特色的重要举措，院校两级书记及各职能部门负责人应主动担责，高度重视校本资源融入思政课建设工作，将其纳入年度工作规划和工作总结，推动成立相应的管理机构或部门，负责统筹规划和协调各项工作。二是建立相关单位参与校本资源融入思政课建设工作的联席会议制度，定期梳理并公开各单位的校本资源清单、责任清单和项目清单，建立常态化制度化的交流沟通机制、集体备课会制度，创新建立校本资源共享平台和资料库，解决资源碎片化和信息壁垒问题，推动校本资源共建共享。例如，华中科技大学宣

传部发起的、面向全校师生的"讲好华科大故事"活动自 2018 年起已举办多届,并且建立了相应的官方网站展示活动成果,激发了学生参与校本资源创作、开发的积极性,这就是促进校本资源开发的创新举措。三是建立校本资源开发、审核、利用、激励、评价、反馈的全流程管理机制。例如,提供专项课题支持和资金保障,鼓励教师申报校本资源开发及利用等各类项目,推动成果转化,编写校本资源案例库、校本资源教材,将其纳入教学考核和评价体系。以此推动思政课教师、专业课教师、管理服务者、学生共同参与校本资源开发利用体系,形成全员、全周期、全方位、全过程校本资源融入思政课教学的育人体系。

(二)加大校本资源的开发力度和深度,丰富思政课教学内容

教师要注意在教材体系向教学体系转化上下功夫,在找准、讲清、讲透思想政治理论和"00 后"大学生理论兴趣的共鸣点上下功夫。① 校本资源融入思政课是丰富思政课教学体系、提升教学质量的重要突破口之一。校本资源的开发需要注意两个问题。一是校本资源的开发应该遵循"贴近学生需求、强调实践性与体验性、注重多元性与包容性、突出可持续发展"等基本原则,注重加强对校本资源的思想性、科学性、时代性、规范性、协同性等方面的审核工作,保证校本资源的质量。校本资源融入思政课应以增强教学内容吸引力、激发学生情感共鸣、解决学生思想困惑为出发点和落脚点。这就要求根据学生学科属性、文化背景、年龄特征来选择挖掘相关的校本资源,并与特定的思政课教学内容密切结合,通过参观考察、社会实践等方式,亲身参与校本资源的挖掘和讲解,增强学生的参与性、体验感,使教学更加贴近学生实际生活与学习环境。同时,也要注重对珍贵校本资源的保护,确保其可以长期有效地融入思政课教学。二是以思政课教材为纲,加大不同主题、类型的校本资源开发力度,加大思政课教学的案例内容供给,尤其注重对校本资源中蕴含的思政元素挖深挖透。主要以校史、校训、校友、校情为主线,既挖掘硬件资源,也挖掘软件资源;既挖掘显性资源,也挖掘隐性资源;既挖掘当下的实践,也挖掘过去的历史,等等。各高校应以挖掘学校特色为着力点,以共性资源为基础,加大对党旗领航、公益服务、专业学习、科技自立自强、创新创业、杰出校友、管理服

---

① http://www.moe.gov.cn/srcsite/A13/moe_772/201904/t20190428_379873.html。

务、治病救人、民族团结、国际交流、历史足迹与校园文化等主题资源的开发力度,有效挖掘这些案例中蕴含的立德树人元素。校本资源的呈现也应多元化,以访谈、音视频、高清组图、数据库等多种形态进入思政课教学体系。例如,基于华中科技大学自身的理工科背景、实践探索、自然资源等校园特色,可以探索推动"党旗领航工程"等校本资源融入"习近平新时代中国特色社会主义思想概论"的相应专题的教学(见表3)。这些真实发生在学生身边的故事和案例,可以充实和丰富课堂教学素材,激发学生的讨论欲和参与感,同时有助于缩短思政课与学生的学习生活之间的距离,帮助学生通过形象生动的案例和故事理解抽象的理论,推动理论学习和理论思考融入学生日常学习生活,从而提升教学质量。

表3 "习近平新时代中国特色社会主义思想概论"部分专题的校本资源融入情况

专题类型	专题名称	可供参考的校本资源	校本资源融入方式
理论性较强的专题	马克思主义中国化新的飞跃	华科大在云南临沧的声音和足迹(乡村振兴案例)	课堂叙事式教学(案例深度分析) 网络延展式教学
	坚持党的全面领导	"党委领导下的校长负责制"在华科大的实践	
	全面从严治党	"党旗领航工程""胡吉伟党支部"建设情况	
	推动构建人类命运共同体	"孔子学院"建设的华科大智慧	
实践性较强的专题	以新发展理念引领高质量发展	"构建新发展格局先行区"的华科大贡献	情景体验式教学 网络延展式教学
	社会主义现代化建设的教育、科技、人才战略	黄德修教授与"武汉·中国光谷"的故事	
	全面依法治国	华科大法学院师生在联合国人权理事会议上的"发言风采录"	
	建设社会主义文化强国	2023"沐光而行 共赴山海"毕业光影科技秀	

续表

专题类型	专题名称	可供参考的校本资源	校本资源融入方式
实践性较强的专题	建设社会主义生态文明	"湖溪河综合治理工程""森林大学从何而来"	情景体验式教学 网络延展式教学
	全面贯彻落实总体国家安全观	华科大网安学院与"网安中国"	

（三）拓展校本资源融入的方法路径，增强思政课育人效果

校本资源融入思政课教学体系，涉及校本资源融入的方法路径与机制问题，直接关系到校本资源的育人效果。

一方面，校本资源融入思政课教学应发挥教师主导、学生主体作用。办好思想政治理论课的关键在教师。教师应加大校本资源的科学研究力度，深挖校本资源蕴含的思政元素和深刻哲理，找到校本资源与学生的共鸣点、与教材的契合点，开展启发式教学，加强课程教学的系统性设计，增强学生对校本资源的认同度，提高其思想政治觉悟。同时，也要加强对教师使用校本资源的培训力度，提升教师校本资源运用、扩展能力。另外，学生是思政课教学的核心对象，在思政课中处于主体地位，要充分调动学生积极性，让他们主动参与到校本资源的创造、讲解和推广中来。例如，可以在上"建设社会主义生态文明"专题课之前，让学生围绕校园绿化率、污水治理、管廊改造等方面开展实地调查并在课堂上分享调研结果。这种情景体验式教学和朋辈分享模式有助于提升学生的兴趣和关注度，让学生在亲身体验中感受校园环境和国家生态文明建设的变化，在潜移默化中培养保护环境的意识和责任感。

另一方面，加强科技赋能，打造校本资源融入思政课的"线上＋线下""短视频＋案例深度分析"模式。校本资源融入思政课教学应该根据专题特色开展与之相适应的教学模式。一般而言，理论性较强的专题应多开展案例深度分析和研讨，实践性较强的专题应该多开展情景体验式教学。但两种类型的专题都应以网络延展式教学为重要补充方式，都应注重增强教学的互动性和回应性。正如习近平总书记所言，只有打好组合拳，才能讲好思政课，但无论组合拳怎么打，最终要落到把思政课讲得更有亲和力和感染力、更有针对性和实效性上来，实现知、情、意、行的统一，叫人口服心服。数据显示，截至2022

年12月,我国网络视听用户规模首次突破10亿,用户使用率高达97.4%。其中,短视频用户规模达10.12亿,短视频成为网民"触网"首要应用,中青年群体网络视听使用率更高。[①] 看新闻、学知识已成为短视频用户的重要需求,用户黏性增长明显。当前许多高校教学资源库多以静态化的门户网站为主,缺乏与学生的共情与对话,视频化程度和互动性不足,资源利用率不高。校本资源的融入尽可能以音乐、动漫、访谈等形式的短视频呈现,增强思想政治理论讲解的立体化、视频化程度。无论是线下的课堂教学还是线上的网络延展式教学,都可尝试开启弹幕功能,及时关注学生的意见、回应学生的疑问,从而增强学生的视听体验和互动性。让学生在对校本资源的认知、认同过程中潜移默化地增强对学校、社会和国家的责任担当。

---

① 谷业凯:《用户规模达10.4亿,市场规模超7000亿元——网络视听 蓬勃发展(大数据观察)》,《人民日报》2023年6月7日。

观点撷英

课程思政教学研究的新进展
——第二届全国"课程思政教学研究"学术研讨会综述

程新宇　伍　健　吴　皓

摘要：由华中科技大学哲学学院主办，华中科技大学课程思政教学研究中心、《课程思政教学研究》集刊编辑部协办的第二届全国"课程思政教学研究"学术研讨会于2024年3月22—24日在华中科技大学成功举办。来自全国80多所高校、科研机构的130多名专家、学者与会，就如何进一步推进课程思政进行了交流，内容涉及大思政课的理论和实践、课程思政和思政课程的协同、各学科专业课的课程思政提质增效中遇到的问题、解决问题的路径和方法等。通过交流和讨论，相互取经，积极探索新形势下全面推进课程思政建设的有效路径和方法。本次与会学者的论文和报告体现了我国课程思政教学研究的最新进展。

关键词：课程思政；立德树人；大思政课；大中小学思政课一体化

基金项目：华中科技大学2023年研究生课程与教材建设项目(项目编号：5001406022)；华中科技大学文科双一流建设项目。

作者简介：程新宇，华中科技大学哲学学院教授，博士生导师；伍健，华中科技大学哲学学院2022级硕士研究生；吴皓，华中科技大学哲学学院2023级硕士研究生。

习近平总书记在2016年全国高校思想政治工作会议上的讲话中强调，各门课都要守好一段渠、种好责任田，使各类课程与思想政治理论课同向同行，形成协同效应。要把思想政治工作贯穿教育教学全过程，实现全程育人、全方位育人，努力开创我国高等教育事业发展新局面。课程思政是完善和加强新时代我国高校思想政治工作的重要战略，是新时代全面贯彻党的教育方针的必然要求，是落实立德树人根本任务、提高立德树人成效的重要举措，更是提高人才培养质量的根本保障。2020年5月，教育部颁布了《高等学校课程思政建设指导纲要》，为全国所有高校、各类专业、各科教师提供了总体指导方针和具体建设意见。2022年7月，包括教育部在内的多个部门共同印发了《全面推进"大思政课"建设的工作方案》，提出要充分调动全社会力量和资源，建立"大课堂"、搭好"大平台"、发展"大师资"，保证全面推进课程思政高质量建设。据此，教育部研制了普通本科专业类课程思政教学指南，建成了一批课程思政示范高校，推出了一批课程思政示范课程，选树了一批课程思政教学名师和团队，建设了一批高校课程思政教学研究示范中心。为积极响应国家号召、深刻领悟政策要求、贯彻落实核心思想，华中科技大学哲学学院继首届全国"课程思政教学研究"学术研讨会之后，于2024年3月22日—24日举办了第二届全国"课程思政教学研究"学术研讨会。来自全国80多所高校、科研机构的130多名专家、学者提交了参会论文，80多人在会场完成了学术报告。现择主要观点进行介绍，以飨读者。

一、"大思政课"研究和建设受到重视

本次大会的主题报告人之一，中共中央党史和文献研究院原院务委员、清华大学马克思主义学院特聘教授冯俊就大思政课建设研究做了题为"学好习近平总书记关于'四史'的重要论述——在大思政课中树立正确党史观"的报告。冯俊教授视野开阔，高屋建瓴地阐释了新时代课程思政建设的重要性与必要性，阐明办好思政课就是要开展马克思主义理论教育，用习近平新时代中国特色社会主义思想铸魂育人。教师要努力推动"四史"进教材、进课堂、进头脑，发挥"四史"立德树人的重要作用，在大思政课中引导学生增强中国特色社会主义道路自信、理论自信、制度自信、文化自信，厚植爱国主义情怀，把爱国情、强国志、报国行自觉融入坚持和发展中国特色社会主义、建设社会主义现代化强国、实现中华民族伟大复兴的奋斗之中。冯俊教授强调，真正建设好大

课程思政教学研究的新进展
——第二届全国"课程思政教学研究"学术研讨会综述

程新宇 伍 健 吴 皓

思政课需要师生合力，共同讲好中华民族的故事、中国共产党的故事、中华人民共和国的故事、中国特色社会主义的故事、改革开放的故事，以及新时代的故事。

报告后的交流环节，有在场老师向冯俊教授请教：一名专业课教师如何做好课程思政，具体而言，如何在"现代西方哲学"这门课中开展课程思政？冯教授在回应时一针见血地指出，首先要成为优秀的专业课教师，其次要将专业课程与思政教育自然而然地延伸、结合，避免生搬硬套和牵强附会，在专业课教学中润物无声地融入思政教育。这也对教师的专业教学能力及自身思政素养提出了更高要求。针对"现代西方哲学"一类课程，冯教授认为，可在与马克思主义哲学的对比研究中开展课程思政教育。

本次会议中还有多位教师就大思政课建设分享了自己的见解。广东职业技术学院的王燕琼认为，大思政课的本质是讲道理，在课程思政建设过程中要寄希望于各专业课教师发挥优点、深耕细作，在引导学生获取知识、思考问题、表达观点的培养中教学相长。华中科技大学同济医学院的欧阳真探讨了"大思政课"的"微"视角，认为随着现代信息技术的发展，传统教育模式已无法满足人们的思想政治教育需求，从"微"视角讲好大思政课是当下的重要议题，要更积极利用微实践、微空间、微传播等新技术新手段，将理论与实践相结合进行精准微切入，切实提高课程思政教育的效果。济宁学院的郑剑也认为，应重视现代信息技术发展的背景，教育数字化的转型和升级能够推动思政课一体化教学理念和模式方法的革新，数字素质所具有的便捷性、融合性、协同性、趣味性、规律性及人文性在促进思政一体化教学中具有鲜明且独特的作用，能助推课程思政获得良好实效。宁波财经学院的刘勇认为，大中小学思政课一体化是深化思想政治教育改革创新的重要举措，应做到顶层设计一体规划、教学目标一体贯通、教材内容一体衔接、教育资源一体供给、育人主体一体参与、师资队伍一体培养的"六个一体"协同推进。西南财经大学的徐跃辉认为，党的二十大精神是高校思政课的生动教材、根本遵循和重要思想资源，高质量推进党的二十大精神融入大中小学思政课应把握好阶段、确定好内容、选择好方法，教学全过程应遵循由少到多、由低到高、由浅到深的教学原则。南京工业职业技术大学的张婉婷试图将中华优秀传统文化和马克思主义原理相结合，提出了以非遗直播为载体，将数字技术引入实践课堂的新思路，通过喜闻乐见的教育活动，引导青少年厚植家国情怀、树立文化自信。

二、课程思政理论研究取得了一定进展

课程思政理论研究是课程思政的行动指南,但以往一直进展缓慢,成了短板。本次会议中有部分与会教师围绕思政课程与课程思政的关系、高校课程思政建设中存在的问题以及解决问题的原则和路径等方面展开了报告和讨论。

关于课程思政与思政课程之间的关系,河南工学院的杨玉春从思政课教师视角比较了课程思政与思政课程的"大"同"小"异,他认为二者在育人目标、办学方向、思政教育功能等方面存在共性,而在内容、地位、性质、特点等方面存在差异。教师提升课程思政能力须求"思政"之同,即主动加强思想政治理论学习,不断提升思政素养,树立大思政课思维;同时存"课程"之异,即在教学设计中分清主次,将思政元素与课程教学内容有机结合,追求润物无声的育人效果。广东外语外贸大学的黄泳茵认为,思政课程与课程思政都是人才培养、立德树人的重要途径,二者同向同行、缺一不可,可结合"三全育人"理念,从全员协同、强大思政队伍,全程渗透、强化理想信念,全方位合力、保障政策落实三方面推进思政课程与课程思政发挥协同育人作用。

关于高校课程思政建设中存在的问题及解决问题的原则和路径,与会者结合自身教学经验及实践观察,在分析总结后提出了一些有益建议。四川开放大学的陈娟娟认为,当前的课程思政建设还存在内容结构泛化、方式方法粗放和管理评价单一等问题,课程思政建设应遵循精准思维、精准教学、精准育人的核心路径。商洛学院的叶肖认为,当前课程思政建设存在价值功能定位不够准确、运行逻辑认知模糊、教师专业素养亟待提升等问题。应加强对马克思主义关于人的自由而全面发展的经典理论、习近平总书记关于教育发展和人才培养的重要论述以及教育学相关原理等内容的把握,为开展课程思政建设提供坚实的理论基础。完善通力协作和评价激励机制,提升课程思政元素挖掘的针对性和融入的合理性,强化教师的课程思政意识和教学能力。上海师范大学的孙浩源认为,近年来层出不穷的泛娱乐主义、极端主义等不良社会思潮,给高校开展思想政治工作带来了较大挑战。学校和教师应当准确把握课程思政与社会思潮相互关系的主要特点,积极发挥课程思政科学性、针对性、广泛性等特点,培养青年辨别、抵制及批

判错误社会思潮的意识与能力。

此外,还有学者从宏观层面思考了中国特色社会主义制度对于课程思政建设的理论指导及融入路径。湖北汽车工业学院的成继平认为,青年群体对中国特色社会主义制度的认识情况和自信与否直接关系到制度本身的稳固程度及党和国家发展的前景走向,要深度挖掘高校各学科专业课程中蕴含的制度自信教育资源,从加强制度自信教育要求的顶层设计出发,促进教师加强政治理论学习,及时做好学情分析与优质教学资源更新,构建起全面覆盖、类型丰富、层次递进、相互支撑的制度自信教育课程体系。

三、课程思政实践探索不断推陈出新

尽管课程思政在不同学科中有不同呈现形式,但其方法和路径存在共通性,这为不同学科间开展课程思政交流奠定了基础。多位与会者以具体学科的课程思政教案设计为生动案例,交流了在课程思政实践探索中的经验与困惑。与会者也就如何提升课程思政教学质量、构建课程思政教学体系、完善课程思政实践评价体系等进行了交流讨论。主要观点如下。

首先,与会者尝试从挖掘思政教学资源、贯通教育主体与对象的能动链条等路径出发,积极完善课程思政教学实践的各个环节。咸宁职业技术学院的龚斌安以大数据技术专业课程为例,基于学生对课程思政的接受程度及对课程思政实践效果的评估与反馈,提出应构建以案例学习、互动教学、校企合作为主的全方位课程思政实践模式。江汉大学商学院的王倍在明确"物流信息管理"课程的专业目标和思政目标的前提下,通过提炼具有思政元素的教学内容,设计了融合思政元素的多元教学模式,并计划以此在课程教学中潜移默化地引导学生塑造正确价值观。西北农林科技大学的韩敏认为,将以"爱国、创新、求实、奉献、协同、育人"为内涵的科学家精神贯穿于"中国近现代史纲要"课教学全过程,是建设社会主义文化强国、发挥科学精神和文化育人功能的重要途径。教育工作者可创新性地将科学家精神以话剧、桌面游戏、虚拟现实动画等形式融入课程教学。安徽农业大学的郎文静探讨了将勤俭节约精神融入高校思想政治工作的必要性和实践路径。山西警察学院的林利霞分析总结了当前禁毒学专业课程思政元素生硬植入、教学方式单一、评价机制不够健全等现实问题,提出应严格遵循"为党育人、为国育才、为警铸剑"的办学宗旨,以案例分析法、角色扮演法、实地考察法等教学方式开展专业教学及思政引导。

其次，对于如何提升课程思政教学质量这一问题，与会者结合自己的专业及教学经验进行了交流。曲阜师范大学哲学系的李培挺认为，可以"四史"中的典型案例为依托，将理论与实例相结合开展课程思政。上海外国语大学的吴成刚认为，师生之间具有明显的感染效应，通过双向的情感感染，课程思政教育教学能获得更优效果。因此应大力培养教师队伍"立德树人"的使命感和成为"四有好老师"的理想追求，在课程思政实践中以教师为主导，通过师生互动促进学生在情感感染中隐性地习得和内化思政教育成果。北方民族大学的赵丽对高校法学教师课程思政教学能力提升路径进行了探索，她认为法学教师需要从内驱力和外助力双向发力。外在方面，高校应建立科学合理的培训机制和考评激励制度，院系应加强管理。内在方面，教师应积极主动提升个人专业素质和课程思政教学能力。湖北汽车工业学院的高佳星提出了基于"家-校-生"联动的"Z世代"大学生思想政治教育策略，以期拓展新时代思政教育的时空范畴。

再次，在关于如何构建课程思政教学体系方面，黄冈师范学院的库在强结合NVivo软件探索了硕士生数学专业相关课程的思政体系设计，在充分研究现有文献的基础上，从主体育人、课堂育人、课外育人、环境育人四个维度，构建了与专业内容紧密结合的课程思政体系框架，并结合实践经验，分别从队伍建设（Teacher）、课堂教学（Class）、课外实践（Extracurricular）、育人环境（Environment）四个方面提出TCEE课程思政体系建设策略。南华大学附属第二医院的邓宏军结合个人从医及教学研究经历，从中国医师道德准则、医疗卫生领域职业精神、医疗机构从业人员行为规范中，提炼出"以病人为中心、加强与患者的交流与沟通、不歧视患者"3个医患沟通的课程思政元素一级指标和15个二级指标。并基于焦点讨论法改良出以案例（Case）、事实（Objective）、感受（Reflective）、诠释（Interpretive）、行动（Decisional）为内涵的CORID医学教学模式，以实现课程思政盐溶于汤、润物无声的育人目标。西北农林科技大学的何景毅提出"四个融合"协同驱动模式，通过拓展思政课教学内容、打造新技术教学场景、促进学科交叉融合、优化课程评价指标等举措来全面革新思政课教学。

最后，课程思政的效果评价一直是课程思政建设的难点之一，本次会议中有学者对此进行了探索。武汉大学课程思政教学研究中心的陈训威以"用教学评价驱动课程思政创新"为题，明确指出课程思政教学评价的核心是考察专业教育和思政教育的融合精准度,而不是单纯强调价值目标。面对以批判性思维、学习效能感、专业认同、爱国主义、核心素养、科学精神为主要内容的评价工具,教师可根据自身教学需要和课程属性进行适当调整,切实发挥好每门课程的育人作用,提高高校人才培养质量。安徽三联学院的陆文骏以"无线传感器网络"课程为例,主张在教学实践中构建三个版本的"德育评分"课程评价体系,将工程伦理认同感、科学精神与家国情怀、责任担当和学习态度的四维度评价指标作为整体,进行有质量、有目标的科学设计,以显性方式对学生进行价值引导。

四、文史类专业的课程思政百花齐放

本次会议中,文史类专业的与会者的报告涉及文学、历史、哲学、语言学、法学、教育学、经济学等。从专业特点及学科的教学目标等角度出发,与会者就课程思政元素挖掘、课程思政教学方式创新等内容发表见解,形成了百花齐放的局面。

在文学类课程思政建设方面,多位与会者就古代文学、当代文学、国际汉语言教育等专业课程展开交流。华东师范大学的吕志峰以"产出导向的汉语言文学专业课程思政设计、实施和评价"为题作了大会主题报告。他以"古代汉语"课程为例,从设计、实施与评价三个方面具体展示了华东师范大学产出、导向的汉语言文学专业课程思政的建设举措。他强调"课程思政"的中心语是思政、修饰语是课程,课程是实现立德树人的载体,在课程思政的设计中应当坚持专业特点,不与思政课程简单地混为一谈。从设计走向实施,教师应当对教学材料进行重组、增补,从专业课程出发来挖掘、传达课程思政教学要点,做到润物无声。课程思政的评价也要坚持"盐溶于汤",回到专业课程内部的考评,实施过程性评价。吕志峰多次强调,"课程思政"建设的基础在"课程",应完全尊重课程建设规律,切实强化课程建设管理,不断提升专业课教师的育德意识和育人水平。广西民族师范学院的王波平以"中国古代文学"课程思政的改革趋势为背景,指出要明确教学实施的价值理念和实践路径,把握"以文育人"的文化精神和"文以载道"的教育理念,注重教学内容的知识性、人文性、引领性、时代性和开放性,"挖掘课程的深度、拓展课程的广度"。忻州师范学院的李丹宇认为,"中国当代文学"课程相较于同专业的其他文学课程而言更具"中国化"要素,也更具"现代性"特征,因而在教育教学改革渐趋深入之际,确立中国式现代化宏伟目标,必须构建起相应的中国当代文学课程思政话语体系,讲述独特而有现实意义的"中国故事"。华东师范大学的刘海洋认为,国际学生既是教学对象又是交流异国语言和文化的媒介,面向国际学生的课程思政教学还存在语言有"门槛"、符合国际学生汉语水平的课程思政教学资源不足等问题,需在总体设计、具体实施和结果反馈等层面上探求课程思政与汉语教学的有机结合模式。就课程思政建设的国际化育人路径探索而言,武汉大学的李慧敏也从发展规划、制度保障、国际交流合作、外籍教师队伍建设、创办学术刊物、国际化办学等方面给出了自己的见解。

在哲学、法学等学科的课程思政建设方面,与会者着重探讨了中华优秀传统文化、马克思主义基本原理等思政内容与各学科课程之间的契合度,据此进行了课程思政内在元素挖掘与探究。电子科技大学的赵春音以"哲学导论"课程思政研究为例,将马克思主义与中国优秀传统文化相结合作为课程特色之一,在教学中融入道德意识、法治意识、社会责任、文化自信等课程思政内容的元素,助推"哲学导论"课程教学目标实现和思政育人目的达成。河北师范大学的赵晓达分享了习近平文化思想与"比较思想政治教育"课程的契合性,她认为可将习近平文化思想中的"文化价值论""文化使命论""文化道路论""文化精神论""文化领导论"等内容与"比较思想政治教育"课程进行深度融合,充分发挥"比较思想政治教育"课程在助力民族复兴与强国建设等方面的作用。北方民族大学的杨芳认为,中华优秀传统文化蕴含着丰富的哲学思想、人文精神、价值理念、道德规范,承载着中华民族的精神基因,是中华民族的根和魂。在建设社会主义法治国家的大背景下,如何正确看待传统文化及其法治资源,如何继承发扬中华民族优秀的传统法律文化,成为当下研究的重要课题。她从教学内容、课程思政融入点、教学方法手段等方面为"中国律法史"课程提供了相关思政教学的总体设计思路和实施路径建议。湖北第二师范学院的万爱莲以师范生的"教育学"课程为例,主张在挖掘师范教育史、教育类经典文献、教育经典事例等思政元素的同时,给予课外党建引领、师资建设、教学研究、线上资源等协同育人格局建设以重视。

在金融、管理类学科的课程思政建设方面,华中师范大学的杨柳提出金融类学科课程思政建设应以"全员、全方位、全过程"的"三全育人"理念为指导,以"学生主体"为核心,从课程思政总体设计、实践路径、考评方式和校企协同育人四个方面发力。通过思政教育与金融实践能力培养的有机融合,提升高级型、应用型、复合型金融人才培养效果。华中科技大学的甘煦以"财务金融实验"课程为例,从课程思政建设的教学目标设定、实施路径探索、教学手段与特色以及预期教学成效等方面,构建了一种以课程思政为新财经教育赋能的有效模式。云南财经大学的周珏认为,经管专业的法学类课堂教学是该专业法治教育的主渠道,其课程思政应当根据全民守法的核心目标来构筑教学内容,实现法律知识掌握和价值认同两部分内容的一体化供给。甘肃政法大学的何雅婧以"公共事业管理"课程为例,认为应设计具有专业特色的课程思政培养目标,进行靶向凝练。浙江警察学院的陈宏伟选择从国家安全视角出发,研究涉外法治类专业课程思政建设,主张依托政治学科自主知识体系构建,引导学生开展对比、批判与构建等思考和训练,全力培养高质量国际组织人才,以服务于我国公共外交、全球治理等战略目标。

五、理工类专业的课程思政静水流深

此次会议中,理工类专业的课程思政报告涉及材料、土木、医学、军事等多种学科的专业课程,与会者根据各学科特有的专业内容、培养目标、教学方式等,对思政如何在内容与形式上融入专业课程教学进行了深入探讨。

在挖掘和提炼课程思政元素方面,与会者多以各学科的专业特性及思政教育的内涵为出发点,阐述并提炼了学科中蕴含的精神性、价值性元素。重庆大学的陈泽军指出,新工科建设背景下推进材料类专业课程思政建设是国家创新驱动发展重大战略的要求,应瞄准国家需求全面修订培养方案,深入发掘课程内能够引起触动、引发共鸣的思政元素,建设专业课程思政示范课程群。通过强化"四有"教师队伍与师德师风建设、共建共享课程思政教学资源库等措施,贯彻落实立德树人根本任务。浙江工商大学的李祎认为,军事理论类课程思政建设关系到国防人才培养、动员和后备力量建设,应深挖"家国情怀"类思政元素,并从"现代公民、乡土情结、民族气节和人民立场"四个维度将思政元素融入军事专业课程教学。海军工程大学的孟庆昌以"流体力学"课程教学为例,将知识显性教育与思政隐性教育相统一,提出了"一中心四原则"课程思政理念,构建了以"引入流动现象、引入军事案例、引入科研成果、引入思想方法"为内涵的"四引入"思政内容体系,试图实现课程思政知识和思政元素的融合、课程知识与实践元素的融合。

在创新课程思政融入路径和方式方面,多名与会者的报告以教案设计为例展开。吉林大学第二医院的孟洁以"超声诊断学"教学实践为切入点,探讨超声医学课程思政的内涵与实施路径,她从"思政范围、主要任务、关键策略"三个维度设计了课程思政实践框架,形成了以"课堂教学—实践教学—情景教学"为主线的实践路径,做到了显性教学与隐性教学、理论教学与实践教学、传统教学方式与新媒体新技术教学方式三方面的结合。浙江水利水电学院的陈敏志总结了课程思政教学中通常存在的"系统性不足、教学内容与工程脱节、教学方法单一和教学评价难落地"四个痛点,创新设计了"双螺旋进阶式教学模型",建立了"课前—课中—课后"课程思政运行机制。通过在教学中采用项目式教学法与信息技术法的双结合,努力打造包含输入、内化、外显的课程思政完整过程。山西警察学院的曹敏以"电子数据取证与鉴定"课程为例,提出应以"取证规则流程、公安英模事迹、硬盘存取原理、计算数据的完整性校验值"为该课程教学的课程思政四个融入点。同属该学院的陈云云针对思政融入牵强等常见问题,提出构建以"创新性、高阶性、思想性、科学性和挑战度"为特点的新模式。主张采用现代信息技术,创新形成"以赛促学"人才培养机制,立足线上线下混合式教学模式,建立多元立体化考核评价体系。该学院的郭丽交通管理系东以公安院校开设的交通管理工程专业为例,提出了"四位一体"的课程思政体系建设新路径,即"整体专业课程思政教学资源构建、课程思政组织队伍构建、育人模式构建、教学评价建设"四方面一体化建设。

六、艺术和体育专业的课程思政独具特色

本次会议有11位来自艺术和体育专业的一线教师分享了他们开展课程思政实践的新经验和新见解。也许是艺术和体育专业课程的教学形式灵活多样的缘故,他们采用体育竞赛、艺术展览、舞蹈与建筑空间艺术互动等模式开展课程思政教学,其教学研究报告颇为亮眼。

在艺术专业课程思政建设方面,苏州大学的江牧首先以"交叉学科视角下新生研讨课课程思政教学改革路径研究"为题发表了自己的见解。他以"设计与人类的未来"课程为例,建议建设课程思政与数字化教学统一的教学平台,实施多学科交叉融合的教学策略,同时建立多元化的评价和反馈机制。云南财经大学的朱韬认为,培养爱国主义情怀对于旅游专业研究生而言至关重要,她尝试从爱国主义教育题材中为旅游专业研究生课程思政的建设挖掘教学资

源、创新教学形式,例如在教学中组织实地考察、开展创意项目竞赛等。常熟理工学院的席海建在探讨"大学生职业生涯发展与就业创业指导课"的课程思政建设时,提到了"赛育协同""以赛促学"的教学培养模式,主张通过职业技能竞赛来融合职业生涯规划与思政教育,形成一套具有针对性、科学性、思想性的教学模式。赤壁职业教育(集团)学校的程乐明分析了在职业教育的手工课教学中融入思政元素存在的问题,建议以举办主题展览的方式,辅以充分准备的教学大纲和精心的教学设计,达到将思政之"盐"溶入专业教育之"汤"的潜移默化思政教育。华中科技大学的龚雪莹探索了舞蹈与建筑空间艺术互助模式下的实践教学,她以"两个人的空间"建筑设计课为例,强调了艺术哲学最高境界的"美"是大美,是融合了"真善"的美,这种"美"正是思政教学之本真。通过建筑空间展示的艺术具象"美"来进行课程思政育人。

在体育类课程思政建设方面,湖北汽车工业学院的高永奇针对体育专业课程思政开展情况进行了一项关于混合方法(PRISMA)系统的理论研究,为课程思政与体育人文、原理性课程的结合提供了解决方案。湖南高尔夫旅游职业学院的陈斌认为,当前民办职业院校思政教育面临单打独斗的局面,体育教学评价过于强调标准型运动技术,忽视了对学生心理健康及价值观的引导和塑造,应进一步重视课程思政建设。此外,多位与会者从不同体育项目的专业特点和课程设计案例出发,对体育专业课程思政意义、思政融入点和融入路径进行了探索。与会者普遍认同体育专业课程在促进学生身心健康、塑造积极人格、提高综合素质等全方位健康发展方面提供重要支撑和保障作用,应树立健康第一的教育理念,注重爱国主义教育和传统文化教育,致力于培养学生顽强拼搏、奋斗有我的坚强信念,激发学生提升全民族身体素质的责任感。湖北汽车工业学院的王河镇探讨了游泳的本质以及如何在游泳课中融入超越自我、团结合作等价值观。该学院的张松珍探讨了体育竞赛中思政元素的挖掘和融入。该学院的王亚洲和安徽皖西学院的赵祚福分别探讨了篮球和网球课程如何通过互动式、情境式等教学方式开展课程思政教学,等等。

总之,第二届全国"课程思政教学研究"学术研讨会围绕课程思政理论研究、实践探索、文史思政、科技思政、艺体思政等主题展开,两场大会主题报告既有高度又有深度,各分会场的主题研讨也是精彩纷呈。本次会议为来自全国各地130多位专家、学者就课程思政建设的新成果、新经验、新方法、新路径、新模式的交流互鉴搭建了平台,呈现了一场目标明确、内容丰富、视野开阔、意味深远的思想盛宴。

与会专家、学者一致表示,要继续深入贯彻党的教育方针,坚持为党育人、为国育才,坚持在教育教学一线全面推进课程思政建设,合力形成全员全程全方位的"大思政"格局,落实立德树人根本任务。

《课程思政教学研究》征稿启事

《课程思政教学研究》是根据《高等学校课程思政建设指导纲要》文件精神，由华中科技大学主管、华中科技大学哲学学院主办，于2021年创刊的思想政治教育类专业性学术集刊。本刊旨在为高等学校全面推进课程思政建设搭建理论平台，为课程思政教学提供理论支撑，推动高等教育高质量发展，服务于高等学校为党育人、为国育才之鹄的。

本刊每年出版两辑，设置有"理论研究""实践探索""教案设计""问题争鸣""政策解读""思政焦点""专题研讨""经验交流""会议综述""书讯书评""人物专访"等栏目。欢迎广大高等教育工作者踊跃投稿！

投稿论文要求讲求学术诚信，符合学术规范，政治立场正确，问题意识明确，观点鲜明，论证严谨，研究结论具有可靠性、原创性、前瞻性。

论文格式要求如下。

论文应具有标题、作者、摘要、关键词、正文（字数0.7万～1.2万为宜）信息。全文字体为宋体，行距为1.25倍。作者简介、基金项目和注释以脚注形式标注，注释须每页重新编号，编号采用带圈数字（① ② ③ ……）。引用文献须加详细注释（注释为图书的，应包括作者、书名、出版社、出版年、引文页码；注释为论文的，应包括作者、论文标题、来源期刊、出版年/卷/期、引文页码；注释为报纸文章的，应包括作者、文章标题、来源报纸、出版日期、引文版面；注释为网络文献的，应注明作者、文献名称、网址、发表日期）。其他体例可参照本刊刊发的论文。

文末请附作者详细通信地址、电话、邮箱，便于联系和寄送样刊。

作者可通过本刊编辑部邮箱投稿（邮箱：kcszjxyj@hust.edu.cn），投稿论文应为word文件。联系电话：027—87557744。

本刊实行专家双向匿名审稿制度。论文重复率不得超过20%。严禁一稿两投。

本刊不收取版面费、评审费等任何费用，论文一经采用，即酌情支付稿酬。

《课程思政教学研究》编辑部
2024年6月